富察希陆·伯严（1910—1980）

富育光兄妹五人合影

二弟富世光（后排右一，已逝）、富育光（后排右二）、三弟富亚光（后排右三，在瑷珲四嘉子乡）；大妹富倩华（前排右，已逝）、小妹富艳华（前排左）

富育光先生近照

富育光(右)和三弟富亚光(左)2017年4月黑河相聚时合影

富艳华青年时期留影

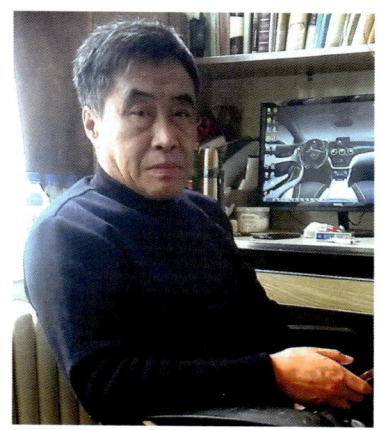

富育光先生长子富鹏志

富育光先生率弟子安紫波（右一）、富立民（左一）
2017年4月在黑河祭祖拜师时合影

富育光先生（右一）率弟子安紫波（右二）、富立民（左一）和外甥王文忠（左二）祭祖拜师时合影（2017年4月，黑河）

富育光先生和外甥王文忠在天池合影

瑷珲十里长江俗记

富察希陆·伯严 撰
富育光 富艳华 整理

学苑出版社

序　言

《瑷珲十里长江俗记》等满族文化人遗著的钩沉、整理与问世，对于丰富和弘扬濒临消失的满族民族、民俗及萨满文化遗产，具有珍贵的借鉴与启迪意义；对于开展民族学、民俗学和萨满教学研究，有着重要的价值。

本书收录的《瑷珲十里长江俗记》《瑷珲祖训拾遗》《富察哈喇礼序跳神录》均为先父富察希陆先生所撰。先父当年收藏之同斋密友、满族著名文化人吴纪贤先生所撰《吴氏我射库祭谱》和富察氏家传《满洲北菜系实录》也一并收录本书中。这些遗稿，均为先父珍藏多年。

富察希陆先生和吴纪贤先生，均系二十世纪二三十年代生活在黑龙江江畔瑷珲一带的满族著名民间文化人士。他们少年聪而好学，满汉文化知识兼优，在乡间塾学期间，因诵《古文观止》而受汉师奖赏。他们志同道合，怀抱共同的志愿，筚路蓝缕，以启山林，以淳朴敦厚的民族情怀，不恋仕途，隐居乡间，开化文明，教习乡童读文识字，余闲时常偕友不辞辛苦，为满族诸姓族众誊抄谱牒和萨满神谕；问俗访古，遍访乡间族中耆老做长夜谈，采录民风，日积月累，留下诸多笔记小册，不为刊印，唯求传世。《瑷珲十里长江俗记》开宗名义陈其宗旨："广谷大川异制，民生其间者异俗。"俗谚亦云，百里不同风，千里不同俗。古有问俗之制，体察民风，体恤寒暖，维民所止。美哉瑷珲，人杰地灵，北疆锁匙，誉满宇内。吾生于斯，长于斯，劳于斯，融于斯。一生慕太白秉烛夜游，好访亲问俗，喜做长夜谈。归茅屋，油灯相伴，挥毫忆录乡谭俚趣，不知雄鸡报晓焉。日久，汇曰《瑷珲十里长江俗记》，以资后念耳。

笔者自幼生长在黑龙江畔满族聚居之故乡，父兄长辈均操满语，深受家族温馨风情濡养与熏陶，更有幸从小便以满汉齐通、深谙《十三经注疏》塾学修养的先父富察希陆先生为启蒙之师。及长，赴省会齐齐哈尔师范中师进修，继而考入长春东北人民大学，毕业后到中国社会科学院吉林分院工作，投身于中国北方民族文化遗产的挖掘、抢救、翻译、整理与研究事业。在佟冬院长的关照下，1980~1983年赴中国社会科学院民族文学研究所，向该所所长、著名民间文艺理论家贾芝先生学习民间文艺理论，在贾老热心指导和引荐下，有幸结识并得到著名宗教学家任继愈、著名民族学家杨堃和马学良先生、著名清史学家王钟翰先生的指导，使本人确立了民族学和民俗学的研究方向。1983年返回吉林省社会科学院后，便风雨无阻地埋头于满族和北方诸民族原始宗教萨满文化遗存和民族民俗调查与研究中。其间，深得家父富察希陆老人的指教和帮助，家父1980年病逝前，将其多年访问采录及收藏的手抄遗稿，悉数交给了我，在我的民族学和民俗学论著中已有诸多披露，引起学界的关注。欣逢盛世，三十多年来，我国民族学、民俗学界渐呈欣欣向荣之气象。在与国内外学术界广泛合作交流中，我们也曾将这些遗稿介绍给学界朋友，以供同仁研究，相互切磋，推动本研究领域的发展。

有鉴于此，与我共同从事田野考察和研究多年的郭淑云教授，感谢她良苦用心。建议将上述遗稿汇集成册，并做了多方协助，积极搜集遗失资料，认真研撰注释，以传后世。

此书问世之际，更要提到我的胞妹富艳华，是她八十年代由黑河把姐姐倩华去世后，经她保存的诸多先人遗稿带到长春交给我，幸使之获有复生之机。在后期整理过程中，余又曾多番率长子鹏志、弟子安紫波、外甥王文忠回访故乡拜谱询访遗老，可惜时过境迁，多位当年方家亲朋已早逝，遗著所涉人情故事难以寻觅查对。

在整理过程中，我们力求保持原著者遗文原貌，各篇书写行文体例编排结构等，一仍如旧。整理者仅就误字、漏字、病句略作修订，并加了必要的注释。以原著最真实的面貌,供瑷珲史乘者参考评鉴焉。

最后我要衷心地感谢学苑出版社洪文雄先生和诸位编辑为提升本书的出版价值与影响,在书面装帧和语辞注释方面所给予的精心关注指导与热诚勉励,方使本书顺利问世。

先父及其同仁的在天之灵得以告慰矣!

富育光　谨志

2016 年月 12 月 28 日

目录

1	**瑷珲十里长江俗记**
28	周边民族
33	满洲古俗
88	瑷珲城记
93	满洲风俗
116	满族古谣
117	**萨玛古训荟萃**
119	瑷珲祖训拾遗
119	1. 盛祭
119	2. 代敏恩都力
120	3. 顺思
120	4. 测物候
121	5. 豫卜候
122	6. 玛虎朱陈
122	7. 百艺
123	8. 图喇

129	9. 言魂
130	10. 萨玛神话
133	11. 笼猪古肴
134	12. 降神
135	**富察哈喇礼序跳神录**
135	1. 神歌
136	2. "佛喝申哥"（小海豹）创世歌
136	3. 天女白云格格创世歌
137	4.《宁摄里妈妈》神歌
137	5. 释梦
138	6. 萨玛歌舞
139	7. 宁摄哩神山
139	8. 野祭
139	9. 大祭
140	10. 跳神
140	11. 祭坛
141	12. 求知
141	13. 达拉尼神歌
141	14. 家祭
142	15. 钱姓乌仁神语
142	16. 哈勒玛刀
143	17. 驱邪

143	18. 涉奔神歌
144	19. 任卜歌
145	**吴氏我射库祭谱**
146	（一）窝陈乌朱·神歌
148	（二）神谱
150	（三）祭祀
153	（四）祭卜
153	（五）问病与医术
154	（六）降神
157	（七）神术
158	（八）观经
158	（九）耳经
159	（十）医经
159	（十一）舞经
161	（十二）乐经
161	（十三）迷经
162	（十四）业经
163	（十五）气经
171	（十六）雪经
174	（十七）树经
175	（十八）石经
175	（十九）水经

176	（二十）色经	
176	（二十一）星经	
176	（二十二）禽经	
177	（二十三）豫经	
177	（二十四）图喇	
178	（二十五）神兆	

179　满洲北菜索实录

181	整理说明
182	满洲肴馔索实录
187	北菜秘旨
187	烧烤类
194	清蒸类
198	炖馔类
202	鲜生类
203	汁饮类
205	干果类

213　附录

215	《满洲北菜索实录》手稿
295	瑷珲富察氏托雍额宗支谱系

瑷珲十里长江俗记

《礼记·王制》云："广谷大川异制，民生其间者异俗。"俗谚亦云，百里不同风，千里不同俗。古有问俗之制，体察民风，体恤寒暖，维民所止。美哉瑷珲，人杰地灵，北疆锁匙，誉满宇内。吾生于斯，长于斯，劳于斯，融于斯。一生慕太白秉烛夜游，好访亲问俗，喜做长夜谈。归茅屋，油灯相伴，挥毫忆录乡谭俚趣，不知雄鸡报晓焉。日久，汇曰《瑷珲十里长江俗记》，以资后念耳。

　　余富察哈喇，先世古居长白山珊延毕拉巴纳①，祖上追随后金和清先祖，隶满洲正黄旗，首驻京师沈阳，太宗时受命吉林，继任宁古塔。时光荏苒，顺治朝，终以宁古塔成祖籍地。康熙二十二年（1683年）春为抵御罗刹，奉旨选拔宁古塔满洲八旗诸姓各一支随同族首任黑龙江将军萨布素北戍瑷珲，雅克萨之战胜利后，为永固北疆从此世代为家焉。据康熙年间于北疆新立《瑷珲富察哈喇谱牒》载："吾满洲富察望族，初由宁古塔拨来瑷珲。富察氏家族一枝中之头辈祖名讳托雍额，隶正黄旗二佐伯尔泰佐下领催。本枝托雍额传子发度、发度传子果拉查、继之为嘎哈、嘎泰、达期哈、吗奇泰、岳力、西林保、吉屯保、伊朗阿、德连、希陆，至今已十三代矣。自康熙历朝皆袭文武职司，唯宁古塔远世祖记载不详。十代祖富察·吉屯保，曾祖，生于嘉庆七年壬戌（1802年），约咸丰末晋二等侍卫，赐讳发福凌阿，汉译'庄肃'。咸丰十一年辛酉（1861年）秋，帝崩于承德离宫。明年壬戌（1862年）载淳继位，为同治元年，发福凌阿蒙太皇太后慈禧鸿恩，准允休致，膺同治勋臣之荣，率子伊朗阿告老还乡，安度晚年。同治四年（1865年）冬腊月二十七日，病逝于大五家子故里，享年六十有三。"

　　十一代祖富察·伊朗阿，发福凌阿长子，余太爷。道光二十四年甲辰（1844年）旧历五月初五生于京师，属龙。三龄时发福凌阿命其随母并奶

---

① 长白山珊延比拉巴纳：满语，汉意长白山白河地方。按谱书载即纳殷故地。

娘回瑷珲。少年长于故乡，严受母教，六龄入选西丹兵，少勇有谋，勤而好学，屡受耆老钟爱。及长至十三龄，适逢夏届乡试弓马竞比，伊朗阿等报号上阵。将军陪京师参领校场验审选优，伊朗阿出类拔萃，遴选入京师健锐营，与其阿玛发福凌阿在京同操马箭，传为佳话。同治初年曾赴张家口外清剿匪患，有功，由骁骑校晋升协领。同治二年癸亥（1863年），太皇太后慈禧勉进发福凌阿父子，恩将宫中侍女赐名琪任格格格下嫁伊朗阿，伊朗阿时年二十。发福凌阿父子涕零叩谢。恩准发福凌阿乞愿，携子返里完成大婚礼仪。光绪二十二年丙申（1896年），伊朗阿擢瑷珲副都统衙门防御，四品记名佐领，委哨官，时年五十一岁。伊朗阿青年时就通晓北疆多种土语，与诸地众多满洲同胞或语言相近的外族亲戚，情感相通，使漠北动向瑷珲副都统衙门都随时掌控，上报军机处。故将军异常喜爱伊朗阿奇才，常密授机宜，乔装北上，与恰克拉、尼夫赫、乞烈迷人①关系密切，融如一家。

光绪二十六年（1900年）庚子俄难前夕，伊朗阿奉旨拟赴京述职并蒙陛见。时逢沙俄兵火烧海兰泡，杀过黑龙江，火焚瑷珲古城，虎狼兵乘胜北进，黑龙江将军寿山殉国，新署理黑龙江将军事务的凤翔大人受命率军抗俄。伊朗阿见此危情，便毅然未去京师，辅助密友凤翔大人指挥清军与俄敌搏斗。终因敌我势力悬殊，清军从黑河海兰泡节节败退到嫩江大岭，终未能阻挡住来势甚猛的北进沙俄军。伊朗阿与凤翔，征衣血染，痛于旧历八月十五日双双殉难于嫩江大岭。伊朗阿卒年五十有六。伊朗阿御敌有功，死后授三品顶戴，长子德连恩赏世袭拨什库衔。

十二代祖，富察·德连，同治十二年癸酉（1873年）旧历二月十二日生，属鸡。清末至民国年间瑷珲名贤、富察氏本族穆昆达，因其祖父清咸

---

① 恰克拉、尼夫赫、乞烈迷，东海古代民族名称，系清代远居于黑龙江出海口对岸周边一带土著民族部落，与女真人信仰习俗语言相近，基本活动游猎于库页岛地域的土著民，今属俄萨哈林岛地区，称尼夫赫人。

丰重臣，父著名抗俄勋将，光绪朝赐授世袭拨什库①，民间尊称德拨什库，德大人，颇有声誉。德连对富察氏家传宗史、风尚礼俗之敬重及对阖族儿孙后世影响，起着重要承前启后的作用。光绪二十四年戊戌（1898年）秋，德连二十五岁时，由瑷珲名贾作伐，迎娶卜奎郭姓富门郭老太君之女为妻。妻郭霍洛·美容，生于同治十年辛未（1871年）旧历四月二十日，属羊，比德连大两岁。美容知书达礼，文采尤佳，深得德连敬重。德连同辈有三个弟弟，全连、顺连、明连。皆娶妻生子，独立门户。家族人口众多，德连在大族中居长，为总穆昆达，谨言慎行，甚有威望，常怀蔼然仁者之德，善待世间诸物。德连虽长于富贵之家，却常言"治家应常怀节俭度日、细水长流之心。"平日一应衣物、器皿，用得格外仔细，不刮不破，总是整洁如新，很少劳妻奴们动手修整。凡见有被随意丢弃之半新物件、衣柜、桌椅及各种农具、家具，都重新拾回精心修复后收藏好，当有人家急需便无偿任其使用，从不求酬谢。

余清宣统二年庚戌（1910年）旧历腊月二十三日丑时降生于瑷珲大五家子拖克索望族之宅。家严德连公原有长男乳名阿齐格，不幸十岁早夭，时在民国初年。今德连公天命之年，喜生贵子，故而余成阖家唯一宝儿，娇甚，视为喜神赐福，祭拜祖祠，并亲为襁褓中之余起满语名讳"乌勒昆精额"，汉义"喜聪"也。余弱质，自幼冲龄多病，双亲延请族中萨玛②诊看，为余频认七位"干姥"。据言此俗可祛病延寿，并常请萨玛祈逐灾星。余五龄时，曾请一塾师，授业汉学书法，然父严母慈，惧父威严，余胆怯病益重，遂于十龄辞退塾师，课业皆赖母教。时崇尚汉风，友朋皆以有汉名为耀也。余年十二翩跹少年，蒙瑷珲晚清秀才于阁老厚爱，手书汉名希陆，字伯严，印信沿用至今矣。及长，初入瑷珲学堂。十三岁随母转学，赴卜奎大姐秀芳、姐夫陈明山家求宿，入省会卜奎中学堂读书。在卜奎因

---

① 拨什库：满语，属清代八旗丁勇中下层官员，即汉语领催衔。
② 萨玛，今称萨满，司管阖族礼俗祭仪。

病辍学一载有余，母归乡里，余住卜奎大姐处继读卜奎中学。陈明山，经通商务，为人谦和。大姐爱弟殷殷若母，循循善诱，使余学识大进焉。大姐为人正直，治家有方，诸事整洁有序，对余影响甚深。余年十九毕业，姐夫明山襄助路资，赴哈尔滨市找何荣恩表哥，谋求仕途。

　　故乡瑷珲地处黑水之滨，兴安绵延，平畴沃野，渔产丰饶，是享誉满中外的北方锁匙。瑷珲城多经变迁。瑷珲古城即旧瑷珲，在黑龙江江东，与江西之二道沟隔江相对。今日若从瑷珲城隔江向东北遥望，江畔河岸柳林丛中隐约可见炊烟与人影者，1860年已属苏境村落矣。

　　追溯瑷珲之名，颇有历史深蕴。此地乃满洲先世古肃慎故土。汉至三国时属挹娄。唐至辽属五国部。金元以来属开元路。明代此地有著名之忽里平寨，归奴尔干都司统辖，清初已有"艾虎"称谓。瑷珲者源出一小溪称"艾虎河"，蜿蜒流入黑水，因盛产紫貂而闻名。"艾虎"，亦为"艾呼""爱霍"，为女真语音译，汉意即为"母貂"。忆昔吾祖托雍额一枝并眷属，最先奉命阔别故乡宁古塔，经牡丹江、松花江，再逆水北抵黑龙江。万事开头难，一应船檣、车马、兵备、补给和选定之最初并最佳御敌前哨，是在江东额苏里以东甩湾子至精奇里江口一线。那时所谓瑷珲城系指江东岸被选定并由众八旗将领和兵弁日夜汗水共筑之旧瑷珲城而言。当年我祖托雍额等丁勇，由萨布素、瓦里祜谨遵彭春公清八旗军御敌总略，于康熙二十二年（1683年）奉旨迅乘帆船顺牡丹江北进依兰三姓，与吉林兵汇合，再陆路星夜直抵瑷珲，初驻黑龙江江东额苏里，东扼呼玛尔河口，南控精奇里毕拉，当地达虎儿人闻清军到来，争相送肉送烟送酒，腾出茅屋、献出无数藏在江套子里清军急需用的"快马子"① 小船，清军颇为借力。当地居民风雨无阻，挖壕垒坯筑城，灯笼火把，慷慨激昂，在此筑建黑龙江城永戍北疆，并在此设黑龙江将军衙门驻地，后赢来雅克萨保卫战的胜利。

---

　　① 快马子：即北方民间江上航行时，使用的一人双桨木板小快船。

康熙二十四年（1685年）春末，彭春公虑旧瑷珲僻处江东，波涛涌险，有军情急务与京师联络不畅，遂在达虎儿人呈荐之下，迁黑龙江将军驻地于下游右岸达斡尔族托尔加寨旧址，在沙俄军焚毁之江西古寨废墟上重筑瑷珲新城。据历史考证，当年彭春公和萨布素以及奏报康熙帝准允在江右达斡尔人托尔加寨旧址筑建瑷珲新城，是经过深思熟虑，几番考察的。余很好奇，曾于伪康德①七年在三架山以西四季屯、大桦树林子、小桦树林子、霍尔漠津与乡民攀谈，其中不少姓氏多在庚子后逃难过来，谈起江东老屯堡，说到江东肥沃黑油沙土地和与江西同样的气候、物产、马场、地营子以及久遭平埋的无数座祖坟茔地，无不长吁慨叹。四季屯关锁元之父关博特洛老人、富凌和之母何老太君及大桦树林子臧庆柱爷爷亦向余讲述孩提时曾听老辈人传讲，江东之隘口摆渡的情况，天堑难阻人们北上北海、北极打貂猎狐捕鲸。各地摆渡遂成歇脚包②、宿营站。如车陆、霍尔莫津、大桦林子、小桦林子、四季屯、黄旗营子，一直到瑷珲、小黑河，早有为车马和人过江便利，建有不少大小渡口，小者威虎③、大者扎卡④船，能坐十几个人，还有用大木板搭在两个船上的大帆船。

又如下马场开豆腐房之杨青山，年幼时赶上庚子俄难，是由他叔叔背过江，活了下来。据他说："听老人言，康熙年间黑龙江两岸人来人往不断。在瑷珲上下水附近屯落，当年就有两个著名的大摆渡木棚房子，供跟前几屯人马或车辆狩猎运货，远近皆知。康熙二十四年（1685年）黑龙江将军移驻黑龙江江右岸的达呼尔族城堡—托尔加城，仍称此地为黑龙江城（瑷珲城），将军及副都统均移驻新瑷珲城。而江左岸的城堡称旧瑷珲，设城守尉镇守。康熙二十九年（1690年），黑龙江将军驻地移至墨尔根城，

---

① 康德（1934年3月1日~1945年8月17日）是溥仪在伪满洲国的第二个年号。
② 歇脚包：包系满语，指房子或屋子，歇脚包指临时站脚所搭建的小窝棚。
③ 威呼：满语，威呼系指用兴安岭粗大原木凿刻成的独木舟。
④ 扎卡：满语，指用原木和厚木板火胶煨制而成的大型帆船，载物或坐人都非常顺便。

黑龙江城由城守尉驻守。从此经逐年垒泥修筑土寨，渐成北疆两岸要冲，北上南下之中枢，名声愈大，并增修南抵京师、盛京、吉林驿路，哨卡密集，方成黑龙江新城景象。据传当时最兴盛期，瑷珲新城规模空前，除流动人口无法数计外，城内外常住人口达五千余众，有铁匠炉、木匠铺、点心坊、裁缝铺、牛马行、戏棚子，热闹异常。猎马驰骋，鸡犬啼唱，成为内地北渡黑龙江，进入精奇里等诸河道的枢纽，再由此补充食品衣物，远涉北海、楚克奇及雪原诸地捕猎、打貂。此地遂成为八方谋生者、求财者最温暖的驻在站，店铺林立，市井繁华。有清一代，来自京师和江南的名商富贾乐聚此地，京津八大件、江淮丝绸、景德陶瓷，在北疆瑷珲均可选购。清咸丰前江东沿岸皆青山绿水，人烟罕至，唯独瑷珲城车水马龙，夜有灯笼闪耀。瑷珲古城有一个十字大街，建成有魁星楼、演武场、关帝庙、娘娘庙、土地祠和水师战船坞。庚子后至近世，已归俄境的江东故土乃至精奇里江口，火轮鸣笛，高楼灯火，睹西岸则怆然冷寂，茅舍依旧，远盛于吾岸矣。

瑷珲在当时战旗招招，征鼓咚咚，驱逐了嚣张数十载的罗刹。瑷珲成为黑龙江将军衙门所在地，成为大清安邦固国的北方锁匙。瑷珲圣地，古有风鉴先生赞曰："瑷珲从下游东向的头道沟一直西向柳林绿洲，堪称江岸笔直的十里长江，乃天造藏龙卧虎宝地也，物华天宝，可出十位将军。"预言果有应验，据传，清代瑷珲最终出过九大将军。后来拱卫瑷珲平畴沃野，四周创建起无数八旗军驻防的托克索①。这便是至今日益兴旺富裕之旗屯。

余出生地便是清康熙年由八旗戍边将士所建众官屯之一。遴选官屯之初，据闻颇有情趣。钦定在江西瑷珲建城并为将军衙门驻地后，要求安置八旗劲旅辟建官屯，无事耕牧，有事迅集，必应像众星拱月一般，紧聚瑷珲城周围，形成御敌铁拳。当时，瑷珲地理形势东临黑水，西岸一片沃野，

---

① 托克索：满语，部落里的基层组织，相当于村级组织。衣拉哈达和郭勒敏哈达，均指大五家子西南山脉，即三架山和长岭子等诸丘陵山峰。

宜居宜耕宜牧。北依卡伦山，南稍远有三架山和著名的水师营船坞衣拉哈达阿林，西与西北倚靠着核桃沟和郭勒敏哈达阿林，山富硕果，松林苍翠。众将领都期盼获得有利地址，建自己的托克索。萨大人从来办事公道，对下属不偏不倚。他笑对着各位战功卓著的参将佐领们提出凭"艾杭"（射箭靶子）和"布库"（摔跤）比赛，依最终名次先后递次选定筑建本家族托克索居址。

宁古塔戍边瑷珲的几姓头领齐推富察氏总穆昆达托雍额老将出阵比武。托雍额便让儿子伯齐泰上阵。伯齐泰年轻力壮，战胜同僚，最先选定南离瑷珲四十五里地的牧马甸子。这里就是后来起名的"朝胡鲁莫林托克索"，汉语"骏马之乡"，或称"阿姆胡呼路托克索"，汉语大五家子。因为最初聚本拖克索的姓氏，除我富察哈喇外，还有吴、祁、葛、关四哈喇（姓）族人，故统称"大五家子"。大五家子，位于大阳河入黑龙江河口下游，北濒大阳河，南接下泡子沿屯（下泡子沿，满语"欧木拖克索"），东临黑龙江，南北长三华里，东西宽一华里余，整个村屯坐落于黑龙江第二阶地，地势较高。黑（河）逊（奇克特镇）旱路自北向南穿越全屯。北距黑河屯一百六十里，南经潮水抵孙吴镇一百三十余里，距哈尔滨千余里，铁车公路便利，四通八达。

余家族乃大五家子望族，自清末至民国仍阖族几支共居，仍百余口之大户。主政穆昆达办理日常事务皆在阖族百余年之九间正房，俗称"老房子"，凡有要事，鸣锣议事，皆聚于"老房子"。后来，各支日盛，另辟建新房，"老房子"归本支居住。余及姊妹皆生于"老房子"。

余七龄时，即民国七年丙辰（1916年）夏，北地突染天花瘟，人人恐惧，四处逃避，且天花瘟病难治，治病花费银两甚巨。合家商议，大户人众霎时躲灾搬迁实非易事，何况近些年久遇荒旱，海兰泡店铺也不景气，生活拮据，支撑日艰，遂议定分家自持。是时，余已记事。那日，由后窗口瞭望管家大院内，人声吵嚷，遥见院内堆有不少银元宝，亲族长辈手持斧柄剁银子。据闻家族数十载积蓄银锭半窖，从此分家各支独撑门户，可分获三锭半银子。除此，分居家资尚有屋舍、骡马、牛羊、农具等，另由各支抓"阄"分配之。我支人丁稀落，父母、两姊，另有余未成年之男丁。家严德连公为求吉利，称余之乳名，笑而言曰："阿济格（小儿），尔人小，手气必好。亚布哈（去），为阿玛求个吉祥。"额妈和两姊在旁，亦笑语勉慰，大大壮了胆气，余随母姊步入人声嘈杂的大院子，挤进人堆里抓"阄"。蒙天眷顾，余竟抓得二岁小马多匹，另有耕具、牛羊豚禽若干。不知何时，家严德连公亦赶来，与众长辈为余能掏得此"阄"而同贺惊喜。不久，我等依分家所得，入住富氏大院西厢房，另闲有三间原为铁匠炉之旧房卧子。

父德连公原为清世袭拨什库，时虽民国，因其为人乐善好施，从不与人争，故在乡里甚有声望，由清末至民国十年间，屡任阖族穆昆达而不得辞。不幸天道多艰，患"山达哈"（天花）危及多少族亲邻里，纵舍银抢治而难挽狂澜，致使二百年之望族，大厦将倾，族心涣散，族中久已有人屡提分家之议。穆昆达德连公四处安抚经几番规劝亦难平息，阖族举行分谱鲸鱼宴拜祖盛祭，偌大之家族溃然离散，相互抱腰礼挥泪叩别，似有难扼愧对祖宗之情。

灾事连连，适值县首命各屯各户出义资修筑大岭至嫩江段雨毁之旱路，吾富宅尤当属献工者之首。德连公率子弟寄宿科洛村，冒雨搬运砂石。因赶活心切，拉砂子牛车，夜雾中滑行沟里。惊慌失措间，德连公之长辫夹入车轮，跌倒在泥地上，后头皮被牛车拖伤，血流如注，人事不省。幸遇科洛老药师土药急救，次日护拥回大五家子赡养诊治。身边老从人张富贵爷爷见主病重，废食多日，疼痛呻吟，心甚难忍，一时无法，竟悄然讨来鸦片，偷助主人醉饮，疼立解。呜呼，岂非饮鸩止渴也。后竟难舍致瘾。母对张富贵老人之良苦，谢耶，恨耶，赏资逐门。时余年少，阖家无主事之人。双亲与众长辈几经商议，谁来掌理家业？反复思忖，遂定于分得之新房卧子地基上，增建三间屋舍，给予二姊小荣子，大号富秀荣招赘养老姑爷，管理家业。招赘事奔忙好些时日，家母对张富贵终有旧情，遂选定蓝旗沟屯张氏富贵之子张石头为养老姑爷。张石头本是余家长工，年轻力壮，机灵忠厚，久为余父母喜爱。新舍迅起，彩礼迎亲婚成。自此，阖族之家业遂由二姊夫妇与抓"阄"分拨而来之另两名劳金何福有、刘小小共理。父德连公深受祖训，素喜金无明清北菜食膳，整理许多任肴美食。闲时，父德连公仿陶然公之乐，安度晚年。余蒙父应允，赴省城大姊处中学就读，后在大姊和大姊夫引导下步入仕途。不久，母亦由故里而来，同余齐在卜奎度日。父德连与二姊秀荣夫妻同守田园，亦曾来看视儿媳孙儿，兼外游强戒鸦片，终因身体日衰，伪满初年病逝故乡，亨年六十有三。

  母平日向喜讲唱"乌勒本"① 家史与故事，余受母熏陶，自幼谙熟族中故事，晓知祖籍原出宁古塔，当年随本族首任黑龙江将军萨布素，于清康熙二十二年十月奉旨抗击罗刹，开疆屯垦，永戍黑龙江。赫赫有名"风刮卜奎"之齐齐哈尔名城，即祖上八旗将士血汗所筑，至今城周沙丘之下埋有多少忠骨。余对卜奎故地，总怀难言之依恋之情。富察哈喇宁古塔分支宗谱，即以当年北戍先祖伯尔泰佐领下领催托雍额长子伯奇泰为首，谨遵族规于北疆瑷珲创立起来，子孙绵延，代代承袭，至今已历有十三代、二百余年矣。据老人言，往昔争战流徙，阖族最先所创之谱史，早已无可追索。而所知之通之当地著名文士四海亭老先生，以满文书就谱书。由此，阖族形成定制，凡龙虎年旧历二月二日届期办谱。第二次抬谱为民国十七年（1928年）旧历二月二日，父德连公大人主持此次续谱。伪康德五年（1938年）旧历二月二日，恰逢余由吉林携家返里之第二年，时在四季屯小学任教，闻讯后徒步七十余里，赶回故乡参加了第三次在富臣山家举行

---

① 乌勒本：满语，传与传记之意。满族及其先世女真人各部自古就有"说根子""讲族史"，激励后人，不忘祖先英雄创业之艰，久之形成传统的满族"乌勒本"说部艺术，一人说或多人说，在国内外颇有影响，现已成为国家级著名非遗文化遗产名录。

之续谱大礼。

余大姐秀芳比余年长十二岁。因当时东北被日寇占据,大姐随姐夫陈明山从齐齐哈尔来到哈尔滨,准备从哈再逃关内。时值余在哈市同景霞新婚,秀芳大姐与明山姐夫参加婚礼祝贺。大姐夫妇随即设法逃进关内,到达山西。姐弟从此天各一方,分别数十载。1938年后,余在孙吴县四季屯和大桦树林子任教时,曾与他们有过书信往来,并喜收他们夫妇为恭贺光远小侄满月照。后明山在山西参加国民革命军,与日军苦战,战死于大同。东北光复,社会动乱,姐弟之间音信皆无,生活均陷入困境。大姊丧夫后,流落北平,被多家雇佣,以照看孩子度日。景霞病逝后,余带儿女日日苦度窘况,哀情何诉?直到1953年生活出现转机,余与赵小凤结婚,家庭有了帮手。1955年夏余偕小凤赴京看望大姐,姐弟四十余载喜重逢,双方抱头痛哭,呜呼,叩谢上苍恩赐也!人生离合岂可预料?1963年大姐病逝北京。动荡社会,亲人之间的悲欢离合令人泣泪满襟。

忆昔余曾寄宿秀芳大姐卜奎四合院,受姐夫明山热心资助,余得以医病和求学,毕业后又顺利赴哈。在荣恩表哥提携下,在哈市粮秣厂①任录事职,并由荣恩表哥做媒,娶名中医郭氏之女景霞为伴侣,未几,迁返吉林,生二子育光与世光。时逢日伪时局,余立志不习日语,粮秣厂被日伪撤销,被迫携妻儿子1938年秋返籍,在故乡大五家子亲族的举荐下,经考试及格,在五十余里外之邻县孙吴县四季屯小学任教。屯董噶珊达乃富察氏同宗长辈,余到任,方有学堂。全屯如办喜事,集资征购屯中心一处农家小院辟为校舍,招收农家子弟二十余名。开学之日,鼓乐齐鸣,耆老庆贺,四班复试皆由余一人承揽。田园风光,别有情趣。月夜,常同乡民夜火钓鱼,甩线投入江中,次日黎明信步河滩,拉出甩线即可得一篓活鱼。课余时间,遍访乡亲,帮村屯居民抄写萨玛祭祀神谕、代写信函和各种文书,

---

① 粮秣厂:张学良东北军时代供应军需的粮磨加工厂。

不求酬报，相处融洽，关系日密。余性癖访古问俗，喜聚精会神听咏渔歌，听讲世代传承之传说野闻，其乐无穷，岂非妙哉，冥冥中必有神佑也。余午赴四季屯之初，闻考官介绍："汝去任所，向无塾学，乃愚氓未开之地，谨而为之。"余为生计，慑怵而往。经余躬亲礼让，知己益聚，日日盈客不暇。余自幼聪慧，记忆惊人，更受家母、家姊影响，甚喜民情俚语，自小便可用本族语言讲诵族中众多脍炙人口之大小"乌勒本"故事，从未怯场，深讨大人喜爱与夸奖。尤令余勿可忘怀者，家母与大姊即余之启蒙人。在余记忆里，保存数不尽之民族往事，堪称一座珍贵宝库。慈母与大姊传承诸多祖母陶霍罗格格生前所述故事、宝音大萨玛传记，皆为慈母与大姊留余之珍贵遗产也。

宝音，姓富察氏（1831—1913年），满洲正黄旗，清道光十一年生。康熙朝，其直系祖先发年富力强，被将军在"布库"（摔跤）竞技中优选，由宁古塔戍边黑龙江，驻防旧瑷珲，即精奇里江西大营。因其雅克萨侦探罗刹，殁于呼玛尔河口，而获战功，嘎哈力承袭其祖为本族大萨玛。康熙至咸丰六朝百余年，一应祭礼皆由该支世代萨玛主祭，至宝音嫡传盖已九世矣。宝音十二岁被其祖魂抓萨玛。光绪庚子年旧历七月十七日，宝音年近古稀，时罗刹得寸进尺，霸占我无垠北域仍不满足，竟兴兵强夺我江东仅有之六十四小屯。一日天未晓，罗刹突驱虎狼之师，刀光闪烁，策马嘶嚎，冲杀吾族妇孺老幼。寸铁无依之江东噶珊故里亲人啊，悲兮，惨兮，村村烈焰，户户哭嚎。俄人强逼各噶珊人等，抛弃世代居住的故土，跳入怒浪翻滚之黑龙江，以求活命。可怜一群群固恋田园者，遭罗刹兵刀劈马践，血尸横陈。祖母本支陶阔罗女，年方十七，厉斥强盗。罗刹兵裸暴后悬尸树尖，痛不忍睹。时江东古稀遗老，大萨玛宝音老玛发，抱根大柴渡江，罗刹兵排着长队枪射江水，族众沉亡者无算。大玛发在族众佑护下，挣扎着爬上西岸，方知妻儿罹难黑滔，顿时赤脚疯号，痛不欲生。本支有祖母拾养于舍，住原祖父伊郎阿所居之西暖阁，厚侍之。宝音常教余辈满文，讲满洲掌故习俗，彻夜吟歌疾书，乐不知疲，书成《富察哈拉礼序跳神录》《满洲跳神发微》《满洲古图喇秘诀》等多册珍物。民国初，春正月元宵节后，老玛发命祖母选族内男女数人，亲授家萨玛"乌云"礼制，九日业满。阖族喜庆夜，谢拜八十老寿星。翁茶未凉，已在酣睡中无疾而终。木匣所遗草簿狼藉，慈母虽年逾古稀，惟能为祖母代劳，遂受命梳理宝音大玛发生前语训兼译其残稿，即前文所述诸册。不久书成，日寇沦陷东北。伪满初，母将遗稿传余，余携家至四季屯，仍锁匣中。余后调大桦树林子，为小学校塾师有年矣，忙于教，古册积厚垢尘竟无暇顾，愧疚也。后余调孙吴兴隆屯小学，时东北光复，辗转奔波多地，母授古册终未敢失，祖物也。1949年初春，天无情，寒彻骨，悲莫悲兮，爱妻早逝，停瘗道观。妻郭氏景霞（1912—1947年），父为呼兰名医，尤擅接骨，藏祖制红伤药"还魂接骨丹"，甚有灵效，远近驰名。其母乃大五家子富氏女，为德连公亲叔伯小妹，属至亲。满人故习，亲族内不出五服通婚为常规，倍显好花艳开自庭院，赏心悦目，亲密无间。余与景霞连理，亦属此俗。闻妻病逝之噩耗，余含泪携子女由孙吴返归故里大五家子。妻郭景霞，生于呼兰，长于大埠哈尔滨。女子中学肄业，擅女红，心灵手巧。景霞有一姊，名景云，嫁于哈尔滨铁路世家，其夫与子皆铁路职工。景霞性耿直，简朴，雅静，不恋都会，不慕浮华，与余乃前世之缘。不少哈市名门子弟，重礼求亲，均被景霞拒之。余本漠北无名之辈，在表哥荣恩引荐后即应允下嫁，岂非天作之合。伉俪十六载，偃居荒舍，精心持家，勤龟自慰，而立之年便为余富察家族育子女有八，长子次子吉林育婴院接生，三女四男四季屯村姑助生，五女六女与七八两儿则于大桦林子和孙吴两地，竟谎瞒顶余，不延隐婆，斥退众孩，围幄自娩。造物主恩赐景霞崇高母爱之心，为日夜育婴体质日衰，三女"燕儿"、四儿"孩儿"分别于三岁和四岁时患瘟疾，不幸夭折，景霞悲泣月余，同余天葬二孩于四季屯后沟老杨树林最高枝杈上。余调离四季屯赴大桦树林小学时，景霞与余去后沟泪别两亡儿，当时悬棺尚未朽，第三年余再去时树上悬棺已无，俗云阴司已引两亡儿转世焉。景霞性格倔强不服输，村邻凡有之宴之衣必暗习自悟，令夫与子女衣食不逊于村人。村民叹佩景霞，凡有婚葬之宴，必请其为灶师。病来采药自疗，执针放血颇有法。苦日何艰？虽子女多，家贫寒却倍自强。以夫与子之安为安，以夫与子之乐为乐，己者安思饱暖耶？为吾子女来日有成，不令智体有失，朝夕抚爱，年三十六竟魂归天穹。余悲痛欲绝，恨不能与其同归。但念膝前六子女尚幼，天职未尽，洒泪携子女祭拜，暂停棺于孙吴道观。

1955年春，余亲护棺椁返里，酹酒葬大五家子北岗杨树林祖坟。之后，余喜讯连连，激情难抑，衷心感戴新社会，感谢共产党。1954年10月，长子育光由黑河专员公署考入东北人民大学；次子世光同年春由黑河苗圃选送富拉尔基发电厂学习，毕业后被分配到苏联援建的长春发电设备修造厂当钳工；三子亚光哈尔滨农大毕业后，分配四嘉子乡政府工作；大女倩华、小女艳华分别在金融、邮局部门工作。余于1954年秋，被乡政府举荐到黑河地区供销社学习，三月期满，被分配到大五家子供销社任职，后调下马厂、锦河等地供销社工作。1953年夏同赵小凤成婚，生活安定，工余间，在油灯下入心追索遗文轶事。余遵循地区供销社党委富万林副书记嘱咐："二叔，您通晓满语满文满史，在党教育下会焕发新的青春。在努力做好本职工作外，多为国家留下珍贵的民族历史记忆，为新中国文化建设事业贡献力量。"

故乡大五家子，东瞰黑龙江，浩浩荡荡，南眺三架山，巍然耸立，西有小兴安岭护卫，北望一望无际之黑龙江平原。风光秀美，景色宜人，土地肥沃，气候适宜，是瑷珲富饶之鱼米之乡。大五家子屯，满语称"阿姆胡呼路拖克索"（阿姆，大；胡呼路，五家子；拖克索，屯），一般只称呼"胡呼路拖克索"。民国八年（1919年），大五家子屯有百三十六户，共二十一个姓，其中富姓三十户、吴姓二十三户、臧姓十四户、关姓九户、杨姓八户计百零五户，现屯中长者都认为屯名源于最早定居于此之五大户。屯中吴氏祖辈早年从外地迁居于此。吴氏（佛满洲，吴子哈喇）原籍长白山，祖辈哥仨，当兵过来时（康熙年间）老大留吉林，老二留卜奎，老三巴塔哈留瑷珲，至今传十九辈。吴氏族谱为满文书写，今存吴文喜处。又该屯富氏（富察哈喇）祖辈哥四个，世居宁古塔，康熙年间雅克萨之战期间，过来一人，至今传十八辈。富氏族谱现存富礼民处。据此推断，大五家子屯建立不迟于康熙二十二年至二十三年，即1683年至1684年间。

　　大五家子屯历史悠久，村落较大，一直是方圆三十多里之行政中心。民国三年（1914年）属瑷珲县第六派出所管辖，有百零六户，屯南的下泡子沿屯二十八户。民国八年（1919年）百三十六户，八百三十九人，小铺九家，商店四家。伪康德三年（1936年）建立大五家子保公所。伪康德十年，日伪并屯集户，强令下泡子沿屯居民迁入大五家子屯。伪康德十一年建村公所，全屯百七十户，七百五十四口人。解放后，1945年十二月十六日，建立大五家子区，区政府设于此。1949年八月，大五家子并入爱辉区。1956年十月十七日成立大五家子满族乡，乡镇府设于此。

　　大五家子东接小五家子屯，又叫后小五家子屯（满语"艾吉胡呼路拖克索"）、东小五家子（满语"歪力杰艾吉胡呼路拖克索"），位于大阳河入黑龙江河口上游二里处，紧靠黑龙江。该屯因相对大五家子而得名。该屯东临黑龙江，南隔大阳河与大五家子屯相望，西去约四里是小兴安岭余脉，北与一队接壤。全屯坐落于黑龙江第二阶地。黑逊旱路自北向南贯穿全屯，南距总场三华里。民国三年（1914年）仅有二十户居民，民国八年（1919年）增至二十五户，人口百一十八人，耕地七十垧。居民多为达斡尔人，以耕田捕鱼为生。达斡尔人称该屯"吾氏弓里呼路"，意为小屯子。伪康德十年日伪并屯集户时，全屯二十来户人家被强迁大五家子屯。次年，日伪多次召集该屯的达斡尔人开会，命迁往巴彦旗，在吴长山等人反抗下，该屯大芬堆屯、西小五家子的达斡尔人才未被迁走。当年，在小五家子屯西南约三里大松树一带，曾有过西小五家子屯（民国三年有七户，民国八年二十八户，百四十六口人，二百二十二垧地），人丁兴旺、安居乐业。伪满并屯集户时，全屯只剩十来户，被举屯迁出，再没有重建，遗址现已开垦为耕地。

下马场位于大五家子屯下游黑龙江弯曲部，北邻黑龙江，西与大五家子屯搭界，南为三架山，东隔白沙滩黑龙江，整个村屯坐落于黑龙江第一阶地之黑龙江岸，西距大五家子屯十二里，有车马相通。土质肥沃，良田千顷，渔产丰盈，为黑龙江畔之明珠。下马场，满语"哇亚拖克索"（哇亚，沙土的意思）。汉语写成"下马场"，即牧马场地。此地原为一片草地，整个地区地势平坦，北、东两侧濒临黑龙江，水草丰盛，为理想之牧地。据祖辈居住该屯之赵福元（1910年生）言，清时，驻瑷珲城之清兵在此放养军马，人们遂称曰"马场"，因与黑河北另一马场相区分，故俗称黑河北之马场曰"上马场"，此地为"下马场"。清末，大五家子乡民常于此放牧，日久看中这片沃土，渐有人迁来居住，而成屯落。光绪二十六年（1900年）以前，屯内只住有吴盛连、臧喜旺十来户人家。光绪二十六年，沙俄强占江东六十四屯后，"跑反"到卜奎之江东难民不能重返家园，陆续于江西定居。当时，在下马场定居者有今之陶姓、葛姓、关姓、何姓等祖先。由此，该屯居民日盛。民国三年（1914年）全屯六十户，民国八年（1919年）八十六户，男丁百六十七人，女妇百二十六人，幼男百零五人，幼女八十三人，计四百八十六人，耕地五百一十二垧，小铺四家。自清末有人定居始，下马场屯已有近百年之历史。

故乡大五家子与四季屯虽属两县，近若咫尺，中间有三道奇妙神峰相隔，成为瑷珲与孙吴两县之天然屏障。此三道奇峰，即闻名遐迩之一架山、两架山、三架山，皆头枕龙江水，突兀挺拔，横亘东西，逶迤峻伟，雾霭沉沉，古木参天。因其四周皆为黑龙江畔冲积平原，独显三山之秀，若攀山远瞩，平畴沃野，江帆舟影，群峦屯堡尽收脚下，蕴藏北方部族许多迷人神话。相传是天母阿布卡赫赫，派来三位侍女下凡，化作三座美丽圣山，让萨哈林乌拉岁岁年年，风调雨顺，五谷丰登。还传大清国爱新觉罗之祖布库里雍顺，在长白山布勒呼里即圆池由天女佛库伦降生后，遵母训，由神鹊飞引，泛舟来至萨哈连乌拉三座圣山处，声闻争杀，便停舟靠岸。当年，女真先民和黑水达呼力土民皆居住在江东岸，布库里雍顺确被风光秀丽之江西奇异风情和对岸三道圣山所动心，劝说相互和睦为贵，被当地部族扈伦达拥戴为额真主子，附近诸部亦纷纷俯首，布库里雍顺称罕，并将三架山亦称漠北白山，女真从此崛兴焉。三架山中之两架山，最有传闻，俗称"半拉嘎阿林"，相传是天神鏖战留下的遗痕，也传说是罗杀恶魔炮轰的。山形奇妙，远眺三架山唯它突兀隆起，展露出秀美而高昂的隋圆山顶，海拔最高，远眺即见，呈现瑷珲兴安一景。有方氏赞曰，说突兀出来的半圆山尖正是神女的斗笠，那是守山侍女正头戴个大斗笠，端坐着凝望着苍穹和人间。大约在清雍乾之际，居住四季屯富察氏穆昆达约聚瑷珲城、大桦树林子、大五家子、坤河、富拉尔基等四周满洲穆昆达们，为祈求三架山冬夏车来人往少生灾祸，顺利平安，集资在一架山顶平坦地面修建山神庙。满洲与达呼尔人最崇拜关玛发，即关圣帝君，就是三国中的关羽关云长，认为他能救困扶危、义薄云天，称其谓山神爷，庇佑八方，统御群山，就筑建了关帝庙，也俗称"关玛发窝车库"山神庙，设有大殿，供奉泥塑金身关玛发和关平、周昌神像，侧房修有僧道居室和斋舍，大旗杆，大影壁，四围筑有高墙拱卫，并曾有马姓、王姓道长住庙主持。晨钟暮鼓，香火旺盛，左右闻名，祈求冬夏车马上山下坡一路平安，来往客旅均言护佑灵验。日伪时日军在山上建守备队，驱散民众，寺庙冷落，到末期，驻三架山日军，终为防苏秘密派员潜水犯境，强迫拆毁焚烧古庙。四季屯人秘密将最后的一位王道长，接回屯安养起来。

屯南三架山脚下之黑龙江河湾处，清末时期为一船坞。每年自松花江驶往瑷珲运送物资之大小帆船，皆于此修船越冬。当地满人称此地"依拉哈渔套子"。民国后，有人始于此捕鱼。千八百斤重大鳇鱼、千百尾大玛哈鱼皆在此河套处网获。每年春秋"依拉哈渔套子"，处处听闻渔船号子声，最繁忙亦最热闹。民国五六年（1916—1917年）时，在渔套子东江崖下，乡民偶见河金（沙金），争相开采。至伪康德元年（1934年）采金者如织，招引外地采金者达千人。当时大小商号十三家，有饭馆、烟馆。伪康德五年（1938年）矿源枯竭，采金萧条。然零散采金者，直至1950年前后，仍未绝迹。

蓝旗沟屯位于大五家子屯西十多里处大阳河西岸，背靠小兴安岭山麓。屯前一道十里深沟，熊鹿出没，盛产松柞古槐，葱郁之古松，自西、北两侧拥抱小村，居高临下，依山临水，碧绿葱葱，风景秀美。东面是一片台地，方圆十里，宜居宜牧。这便成筑建蓝旗沟噶珊的好地方。蓝旗沟，满语叫"阿林拖克索"（阿林，满语山的意思），世为满人聚居之旗屯。该屯满族多属正蓝旗，系从宁古塔迁来。康熙二十六年（1687年）雅克萨战役胜利后，将军萨布素移驻墨尔根（嫩江），从征官兵返回瑷珲后，一部分留守瑷珲。此时，清廷为了长期防御沙俄入侵，将土地分予驻防八旗官兵及其家属作为份地，驻防八旗官兵由此建立起来之村屯称"旗屯"。蓝旗沟等屯即当时之旗屯。

余父德连公之妹，乳名丫丫，嫁于瑷珲商埠陈某，光绪二十六年庚子俄难，俄兵侵入瑷珲，为不被屈辱，同夫引火殉节于室。民国八年（1919年）县首孙蓉图所撰之《瑷珲县志》，记载颇详。余录全文，儿孙永念之：

> 陈忠禄，汉军陈姓，娶妻满洲富察氏，系已故防御发福凌阿之次女也。素性温柔淑娴和厚幼，而侍亲最孝。且忠禄原系贸易，嗣因腿病，家居连年，医药频投，不但无效，竟致不能动转。其妇甚贤侍养，一切必恭必亲，治家以克勤克俭，夫妇伉俪情笃。遭际庚子之变，均

已年逾四十矣。自六月中，边衅互开，瑷民络绎逃避，而忠禄病势增剧，其妇仍不改常。一日，富察氏之胞弟西朗阿，御车来迎同逃。其夫曰："予病已危，命在旦夕，万难转移，汝即同汝弟去，远逃为善。"妇曰："何竟看予，不识大义如此？夫妇之间，祸福共之，生则同生，死则同死，理之然也。"虽夫再四劝导，坚持不动。嗣经其弟三复迎接，虽姻兄弟伤恸不已，其妇神色不变，坚志已决。迨至七月初十日，俄兵攻破瑷城，夫不能移，其妇居室燃火，并家自焚。夫妇死事甚惨烈哉，坚贞大义可彰。

黑龙江省以水为名，古肃慎氏遗墟。后魏时有黑水部属勿吉，辽时始专其号。金元以后，部落散属，或羁縻臣之，不列版图。清太祖高皇帝，征尼堪外兰于鄂勒欢城，在今齐齐哈尔（卜奎）城西南三十余里始用兵。自天命讫顺治，岁遣兵将出征，凡历三朝二十八年，黑龙江诸部次第服贡，分旗游牧，全境乃定。时诸部有名者，索伦部、萨哈连部、卦尔察部、萨哈勒察部、呼尔哈部，各部附属，又有屯、城、路诸名。而惟索伦、达呼尔两部据地为大，并骁勇闻焉。康熙二十一年（1682年），圣祖仁皇帝大遣水陆诸军，至黑龙江、呼马尔等处防剿，与雅克萨城对垒，并分路筑城设站，造船建仓，以资屯运驻守，虽有斩获降附，而将军、副都统官，因以设立。二十八年（1689年）内大臣索额图公，与俄罗斯使臣费要多罗，定议于尼布楚城，遂以满、汉、蒙古及俄罗斯、喇地诺五体字，刊界碑于安巴格尔必齐河、额尔古纳河等处。其界约二则：一、将由北流入黑龙江之绰尔诺，即乌伦穆河相近格尔必齐河为界。循此河上游不毛之地，有外大兴安岭，以至于海，凡岭南一带流入黑龙江之溪河，尽属我界。其岭以北一带之溪河，尽属俄罗斯国界。二、以额尔古纳河为界，河之南岸尽属于中国，河之北岸尽属于俄罗斯。

黑龙江省齐齐哈尔城，西南距奉天1800余里，西距吉林1400余里。

由京师出关凡三道，一由奉天省，历吉林省属长春等地，为东道，俗称御路。一由奉天省出法库门，历蒙古草地，为北道。一由奉天省出法库门，历吉林省伯都讷等处，为中道。齐齐哈尔本旧站名，一名卜奎。康熙二十八年（1689年），设副都统镇守，三十二年（1693年）将军由墨尔根城奏准移此，定为黑龙江省，与副都统同镇。

黑龙江建学，始于康熙三十四年（1695年），将军萨布素奏准，在墨尔根两翼各立一学，设助教官，选新满洲及锡伯、索伦、达呼尔每佐领下幼童一名，肄习国书，教习书艺，是为建学立师之始。嗣齐齐哈尔、呼兰、墨尔根、黑龙江四城，均设满学官一员，有同额缺，凡八旗子弟愿入学者，由各旗协领保送，习清文骑射，日不过一二时为率，多至百余人。

黑龙江省土著部落，向以游猎为生，不娴耕种。康熙二十五年（1686年），中俄分界，议定就黑龙江、墨尔根境设官庄，以为屯兵恒产，是为全省屯政之始。

黑龙江省土贡，以貂皮为重，肇自天命、天聪之年。清朝初征诸部落时，而额定岁时名物，则不详其始制。除貂贡外，有年贡、春贡、夏贡、鲜贡等名目，届时例由将军委员，驰驿进呈。

黑龙江省诸部落，归服清朝时，编旗纳贡，初统于乌喇（即吉林）章京，不设额兵。康熙二十二年（1683年），平定罗刹，置将军、副都统等官衙于齐齐哈尔、墨尔根、黑龙江三城，移吉林宁古塔出征汉军披甲家口，永作驻防，开设屯庄。

江省木植极贱，而风力高劲，匠人制屋，先列柱木，入土三分之一，上复以草，加泥涂之，四壁皆筑以土，东西多开牖以延日，冬暖夏凉，视瓦椽为佳。近年多以瓦为美观，仰而不复，以水灰嵌合之，否则大风揭去。官廨外无厅堂，或三间四间，俱为房。环三面土炕，燃薪其中，以御寒湿，入夏亦然。初时，男妇混杂坐卧，不相回避。夫妻者亦仅一幔相遮，有外来托宿者，同炕宿之而不忌也，故有不雅轶趣常笑谈满人。民国后汉俗日盛，陈习渐革，敬宾待客，素尊常规。凡满洲民居，三间结构，分上间、下间与中间。上间为大，称上房，长者与宾客所居；下间为晚辈所居；中间称灶房和佣人所居。上房回形火炕，西炕上供有祖宗神龛，窄炕上摆红木炕桌，饮茶待客，不准住人；主家夫妇或年长者为住东炕，宾客或子女宿西炕。东炕如系主人夫妇居住，必设龙头大幔杆，晚上入睡必挂长幅幔帐，或绸，或布，因家主生活状况而异。然离市集稍远僻处，犹仍旧俗。富有之户，外垣亦多无门，夜以大木纵横立之，早起平置地上，近如齐齐哈尔、呼兰诸城仕宦之家，则仿内省高阀厚墙，别设厅事，延宾客矣。地气冱寒，将军恭镗公易内木城为砖城，取木出土深至丈许，经二百余年，径围朽蠹不过三分之一，斥卖民间，尚足为架屋巨材，其中油松为多，坚节耐久，与桦柞同资民用，西北山到处有之。

北地入冬后，窗皆高丽坚纸蒙蔽无隙，辄上厚冰寸许，视如积雪，盖屋中之火，与庭中之雪，相薄而成，至次年三月始消。北墙尺许厚亦然。每雪落地，则散粒如砂，往来行步踏之，有声而不滑足，其下坚冰二三尺不等，经春间东风迅起，渐化为水，泥深没马，月余乃平。入伏后小热数日，然即晚辄凉，当身必须夹衣。冬坐室内，环以炉火，着羊裘亦不畏寒，一出至庭，则肌骨为悚，须眉皆冰，土人戴皮帽，蒙首至颈，仅留目孔视云。

冬雪外出，耳轮辄以皮囊之，否则冻欲死，然以雪沃之，则回暖如旧，不觉其痛，盖寒气类引而出，反则闭之益甚，谚所谓"关门杀贼"也。奉天产梨，经冬则冻如枯木，以盆贮冷水浸之，历日乃转润可食，理正同耳。

江省风俗素朴，嗜酒之外，饮馔极简。然性耿直好客颛愚，客来虽素不相识，亲如到家，酒菜衣食主家慨然助之，乐而不求酬报。北疆山有榆柞兔鹿，江有鲤鳗鱼虾，只要劳作，天公慷悯，便可温饱，养成北民生计从不知计算，习于游惰，稍近劳力之役，辄避不前，有与言开垦之利，足饶俸饷者，则答以库存二百余万何忧，盖指咸丰以来发额饷之数，其愚至此，堪可叹也。

卜奎西土城外，积水成洼，以小舟渡过，平冈上有观音庙一区，据诺尼江三里有余，环榆柳百数十株，帆樯隐没，胜似水乡风景。每岁以四月初八日起，二十日止，土人喜办赛歌演剧，热闹空前。四邻居民则背儿携女，竞带乡邦名特土产互市，其中尤以毡疙瘩、木烟斗、鹿角帽最受喜爱。商贾各就草地，挑帐布席，以物易物，各取所需，兄弟相帮，岂不快哉。

卜奎古有土风，相邀朋辈，原野郊游，饮食嬉乐，谓之"耍青"。引出多少乡间情种，届时相邀柳林，幽诉衷情，亲者乐见，避而不怪。外城亦间有驱车来者，百货骈集，琳琅满目，时于此中交易，是为年中盛会。旧制草青时，西北蒙古部落及当地土人，胥来互市，向无定址，最先多由商贾散贩依凭经商经验，挑选一块地处高阜、交通便利、容易招徕八方顾客之福地，大家认同后均移肆以往，鸣锣擂鼓，瞬间聚成闹市，有布帛市、杂品市、铁匠市、牛马市、驼骡市，等等，号称"楚尔罕会"。此会多设在城北十余里外，历时二十余日始散。今城北无此会，而城西庙会，已盛行廿余年矣，有商品与应食，不知起自何人也？

故乡多为满姓同族，明清以降皆崇仰日月星辰宇宙万物和族系祖先，祈求天和地和人和顺，平平安安活百年。族中贤者智者尊称为萨玛，满语"萨玛"汉意就是知晓之意，他们通彻预知天下事，族人把他们奉为"百事通"。世代沿袭有灾有难找萨玛奶奶，她们心细好强，会采药会疗病患。山乡僻壤，交通不便，一旦有事唯求萨玛奶奶去化解，他们都与族人生存与共，息息相通，也最晓得病因。余自幼多病就靠萨玛奶奶治病了。她们最知患家心理，怕要针，怕苦药，唱着神歌让你安眠，喷洒按摩吃点配的草药就好了。故世代萨玛威望高，信仰盛行。家有病者，不知医药之事，辄招萨玛入室诊治。萨玛装束各姓氏互有异同，祭时以鼓随之，应声跳舞，然后由萨玛祭祀传神语,云病由某祟,刀矛或铜镜驱之,或向病身按摩数次遂愈。或延请萨玛再治之。萨玛平时亦采集中草药、或施用神奇的按摩术,因病施药。20世纪初,瑷珲县大五家子满洲富察哈喇萨玛毓德大人便精于此术,其手如女人手,如鸟啄,如重锤,如捧火,如捻冰,轻柔令人入睡,抚后痛苦顿减。

俗有丧,满洲男女高龄长者辞世,丧家儿女要树高木杆于庭中,杆上高挂用红布制成长幡。幡有头,有长长的四根飘带象征人的四肢,在长风中宛如一位德高望重之老者,彩带飘洒,舞动着身躯,再现其一生一世为儿女们操劳的神姿。寓儿女成人,家业旺盛,功业圆满,其洒然西去,向故土亲友惜别,意尽在舞幡中。尔后,起丧棚置柩其中,或数日,或十数日,儿女日夜陪祭,以示儿女在老人膝前最后孝敬与亲昵一程,阖族吊唁,择时昇至郊外。亲属服粗白布,无麻,赴吊者亦白冠。初多火葬,或近水置之,随江涨而没。嗣感不敬,常因水落流棺滞野,甚伤情怀。清初,转战诸地,仍多火化,留骨灰于罐中,寄奉某处静室,应时致祭。清定鼎之后,各有所业,社会安定,便设茔厚丧,高家遍插佛朵,茔域树碑,沿袭至今。满洲富贵者,择选苍山绿水、松柏鸣鹤吉地,筑建家祠、家堂,常与祖茔相合,四时盛祭,此举近朝益增焉。

满洲人着履,曰乌拉,制与靴同,底软,连帮而成,或牛皮,或鹿皮,缝纫极密,走荆棘泥淖中,不损不湿,且耐冻耐久,市有专肆。力食者,入冬皆倚赖之,价亦不昂。传闻盛京上库,贮有清太祖皇帝的遗履,形名同此,所以示创业时,崇俭习劳之概,意至深也。各城妇女皆满洲装束,即垦民亦习从之。初禁通婚,近颇多私相聘娶者,并无嫁娶民人子女,按月一次,仍循旧例云。

清太宗皇太极曾于明崇祯九年、清崇德元年(1636年)致书明崇祯帝,书云:"予缵承皇考太祖皇帝之业,嗣位以来,蒙天眷佑,自东北海滨(鄂霍茨克海)、迄西北海滨(贝加尔湖),其间使犬、使鹿之邦,及产黑狐、黑貂之地，不事耕地、渔猎为生之俗，厄鲁特部落，以至斡难河源，远迩诸国，在在臣服。"此语概述清代东北疆域之诸族，可谓言简意赅。

黑龙江与乌苏里江流域诸族归附清朝，大部分迅即与满人融合。"满洲"之名称，系皇太极鉴于后金民族日益繁多，需有可涵盖女真各部融合之统一称谓，故于明崇祯八年、后金天聪九年（1635年），宣布废除"诸申"（即女真）族名，改称"满洲"。此乃满洲名称之由来。《八旗通志·八旗满洲谱系》载记六百五十六个满洲姓氏与分布地区，其中居住于黑龙江流域之姓氏一百三十九个，占总数的五分之一强。诸多地名皆源出满语（女真语），如满语"萨哈连乌拉"，汉译为黑龙江；外兴安岭之"兴安"乃满语"极寒"之意；黑龙江口著名之"奇集湖"，即满语"海参"之意；"乌苏里"系满语"天王"之意；锡霍特阿林，当地土著称其"老爷岭"；"锡霍特"，满语为"牲畜缺少"之意。乌苏里江以东之毕歆河、尼满河、阿库里河，即满语"鞍辔铺件""山羊""鱼皮衣"之意。八旗中有名之氏族住绥芬河流域那木都鲁氏，住乌苏里江之富勒察氏，住乌苏里江雅兰河流域之鄢扎氏，住黑龙江下游之乌扎拉氏，住精奇里江流域之精奇里氏、博和里氏、郭贝勒氏、噶尔达苏氏、颜苏里氏，居雅克萨城之鄂卓氏等，皆出自黑龙江和乌苏里江流域。编入八旗之人，"出则为兵，入则为民"，负有平时生产、战时出征之义务。索伦兵乃清代俗称，即鄂温克人，尚勇擅骑射，无畏善战，誉为八旗劲旅。

清咸丰以来，将军特谱钦倡议扩边安民，奖励流民来珲兴商，无力经商者亦资助牛马田亩，垦荒耕稔民，流民并未编入八旗居民，清政府将其编入民堪（汉人）户籍，以村屯中之各氏族为单位，按其人口多寡，各设姓长（旗长）、乡长，分户管辖，由此瑷珲汉族人口遽增此类村屯遍布黑龙江、乌苏里江以东直至库页岛广大地域。

各村"有警则声气相通，安常则渔猎得所"。明崇祯十年、清崇德二年

（1637年），皇太极任命吴巴海为镇守宁古塔副都统。自此，宁古塔便为统御黑龙江、乌苏里江流域的政治中心。北方诸族有向清王朝缴纳贡赋之制，《清朝文献通考》载："索伦、达呼尔为东北最远之部，散处山林，以捕貂为业，亦称林中人。自国初天命、天聪年间，即相率内附。其后列于军伍，多以材勇自效。至于鄂伦春，一名奇勒尔，其所属竟为辽远。使马鄂伦春在诸部之外，使鹿鄂伦春又在使马之外……特以丰貂之产岁时纳献。"《卜奎记略》载：混同江（黑龙江下游）以东，有喜鲁林山，山在江之南，为奇勒尔、赫哲人等所居。江岸之北有库鲁河（今俄罗斯库尔河）、奇穆尼河（今俄罗斯毕腊河）。库鲁河以西、奇穆尼河以东，亦奇勒尔、赫哲人等所居。又东有阿克特里山，东北为费雅喀人等所居。混同江口（黑龙江口）有看舟河，汇江入海。隔海有岛（库页岛），为费雅喀人、库页人、鄂伦春人等所居，皆岁应贡貂。乌苏里江以东之恰喀拉人，间年（即来年）五月会集于尼满河地方，缴纳貂皮。库页岛居民缴纳貂皮之地点，为黑龙江下游普鲁乡。

明崇祯十七年（1644年），清军入关，外兴安岭以南之东北地方，由盛京总管统辖。清顺治三年（1646年），改总管为安班章京①。清顺治十一年（1654年），清政府将盛京安班章京所辖之松花江、黑龙江、乌苏里江流域，包括库页岛与尼布楚等地方，划为单独行政区，在原设之宁古塔副都统之上，增设宁古塔安班章京，加强对该地区之管辖。

康熙二十二年（1683年），清政府又将原属宁古塔将军管辖之亨滚河上源支流哈达乌拉河、黑龙江北岸之毕占河，及东流松花江等河流以西之地分出，划归黑龙江将军辖区。黑龙江将军治所始设于黑龙江左岸之瑷珲城，即今俄罗斯布拉戈维申斯克附近精奇里江东岸之维肖洛耶村。黑龙江将军（俗称"瑷珲将军"）之辖区，大致包括现今黑龙江省以及黑龙江省

---

① 安班章京：清代官衔名，管理地方的最高官长。

以北直达外兴安岭之广袤地区。

瑷珲自古便尽享富饶之江海之利。兴安逶迤，江河连连，更有泱泱萨哈连黑水，一泻东海。亘古以降多少探海神话，成了老妈妈最迷人的口头禅。居民世代兼事渔猎，并以舟帆为交通工具，水运一度昌兴。黑龙江成为边塞各族野民，泛舟中原王朝之必经朝贡水路，大小帆樯日夜不断，各种乡音棹歌此起彼伏，听者心醉。有史可考，明初女真亦使哈①承袭家族造船古图，用兴安劲松建造九帆大舟船四十艘，探东海，访库兀，为乞列迷、雪山野人送粮谷、布帛。黑龙江口岸有大丘坟传说，为清初雪妃娘娘和包鲁嘎罕母子殉难地，留下多少船工号子凄凉的吊丧谣，倍让听者心碎矣。清末至民国，沿江舟帆林立，渔歌互答。

黑龙江也记载着北疆各族人民沧桑的血泪史。"九·一八"后，该地沦为防苏国境线，戒备森严，江上实施特殊灯火与输运管制。伪满时仅有一艘日人为老板之"仙裕号"客货"腰轮子"船，通行于上水至呼玛镇下至瑷珲、大五家子、四季屯、车陆、乌云、奇克特屯堡，大约三日许一次往返运客，省会黑河和瑷珲城为中途商埠大站。私人帆船有六七艘，往返于漠河与乌云之间，受日伪警视厅严管，仅运控制范围内的物品，且每岁苛税甚重，无货常抛锚闲置，苦不堪言。伪满末期，最后仅剩两三艘，苟延残喘而已。其中方便邻里，不计所得，信誉颇佳者，有瑷珲城船东世家王喜春者。王喜春一生经营帆船，航行在上自呼玛下至乌云或车陆及下道干之间，十余日一往返，对人对货客，一向热心诚信，有难相帮，童叟无欺，颇有声誉。

---

① 亦使哈即亦失哈，女真语汉字标音，明史有传。亦失哈，明成祖著名宦官，海西女真人。明永乐至宣德二十余年中，出使黑龙江下游奴儿干，兴建永宁寺，一生对奴儿干都司建立和辽东地区开发，亦有不朽的贡献。亦失哈的故事在黑龙江一带满族人中有生动传说。满族传说部《萨哈连老船王》，讲述了他从小承袭祖上造船古图，筑造大船，被后世颂称"船神"。

周边民族

赫哲人

久居同江街津口、勤得利之赫哲人，常在席间畅述其生活习俗。其多与瑷珲一带满人有姻亲关系，往来密切，亲朋饮酒，纵情豪歌古老的乌勒本和伊玛堪①，共叙艰辛往事和北疆探海打鲸的惊险经历。

赫哲人生活之所，如若该地生活条件遂心，合家无病无灾，河里游鱼成群，林间多有野兽出没，即为吉地，民喜居之。若该地江鱼稀少，林兽日稀，便阖家载舟而去，另觅新址。为此，常泛舟数百里，直至觅得富饶之所，才重盖棚搭屋，立灶为家。夏日喜穿鱼皮鞋。冬日喜穿野猪皮长袍，踏鱼皮靰鞡。为防蚊虫，头戴兜帽，只露眼、鼻、嘴在外面。主食唯以鱼、肉，米粮甚少。昔者，家存主食粮米者堪为富有之少数人家，居者多为无粮贫贱者，俗称"木克尼亚玛"，即"水民"，终日以在江河捕鱼虾糊口熬岁月。酒可酿制，与满人同，喜做米儿酒，青壮年尤喜白酒，亦会自酿。不过，家居长者管教甚严，烈酒大多傍晚才饮。凡有来客，必上佳肴。赫哲人善熬鱼脂，会贮藏，冬夏每菜必用，烹饪各菜，皆用鱼脂，鱼香满室，亲朋来访，家族皆用上好之熬过或未熬过之新鲜鱼脂，烹制佳肴，视为待尊贵上宾之礼。赫哲人男女分工十分明确，各有所遵，井然有序。男人专

---

① 伊玛堪：是赫哲人世代传统讲唱的民间口耳相传的英雄故事和神话，故事生动曲折，有的很长，能讲唱数日，深受族众喜爱和诵讲，是重要的民族民间文学艺术形式。

事捕鱼、狩猎，自凿小船，自制船桨。女人操持家务，勤俭慧巧。男性长者为一家之主，居于较高地位。

赫哲人死后殓于松木棺材之中，深埋地下。全村族众不分男女，齐来送葬，尽显阖族敦睦情深。葬礼中，喇叭声声，人们痛饮烧酒，甚至连饮两周，以告慰先灵，安抚丧家，一般举哀常要持续一年之久。

达斡尔人

距故乡大五家子村八里远之坤河村，乃达斡尔人世居之地。自清以来，满人与达斡尔人相互通婚，实为亲套亲、辈连辈之一家人，皆为亲戚。故此，坤河有余多位长辈。逢年遇节，必骑马拜年。达斡尔人性格豪放、倔强，有清一代，涌现众多卫国英雄，为人所仰慕。余童年，常在达斡尔人家居住，有几位慈祥的老妈妈，犹如余之祖母。达斡尔人多选用兴安岭高峻之原木，建成一桩桩窗明几净、涂满兽油的木屋，窗棂用彩木雕刻花鸟虫鱼，上面糊有用九色高丽纸剪制的美丽纸花。民国初年，男人还像满人一样蓄着长长的辫子，身穿绸缎长袍。喜养马、牛、驴，勤于农业和畜牧业。村落四周种大麦、燕麦、糜子、荞麦、豌豆等。菜园里种蒜、香瓜、西瓜、黄瓜。院内养着鸡、鸭、羊、猪。出去打一天猎，可带回十张或更多的貂皮。亦喜泛舟捕鱼，黑龙江上达斡尔人的大渔船颇有名气。其先祖多为雅克萨抗俄之后裔，善观江上风云变幻，最擅使帆，曾到黑龙江口捕鲸，猎物带回部落，分给各族品尝。近些年，达斡尔人在黑龙江上网捕鲟鳇鱼、大马哈鱼，丰收趣事不亚于满人之能。

阿枪人

阿枪人是满人世代之友，应为鄂伦春早年因他们生息在密林间，俗称谓栖林人的一支，语言、习俗与之近似。清初，亦在海滨捕鱼，其中不少阿枪后裔加入八旗，共同抵御罗刹南侵，留下许多悲欢离合之感人故事。

近世，阿枪人主要生活在黑龙江出海之地方，即纳特基地方，行路依靠狗，不靠马，吃鲟鳇鱼，打到鱼便在太阳下曝晒，制成鱼干，成为日常口粮。整个冬季全赖此法储备食物过活。以鱼熬油食用和照明。将鱼皮制成细皮条缝缀起来，染成各种颜色，加以剪裁，制成服饰。长此以往，北地民众所俗称之"鱼皮鞑子"，便指该部。阿枪人习惯于鼻上戴银环，两耳则佩戴几个大环。发髻在头顶梳成一团状。平日喜作鱼皮衣服，成为常服。服上以各种花蕊汁液涂色，美观花哨。因长期与满人接触，仿效满人薙头，仅留颅后发，薙净颅前发，头发梳成辫子，两耳不戴银环，形象颇像满人。阿枪妇女喜欢将钱币和小铃铛，缝在衣襟上作装饰，走路啷啷有声。佩戴宝石戒指、小镜及从汉族商人手中买来之小饰物。富裕之阿枪人，所居住之房舍，外表多以鹰鸷羽毛装饰，室内挂有鸟羽幔帐。行李与被褥喜用貂皮和狐皮为之。

基里亚克人

居住在黑龙江下游和黑龙江河口，同阿枪人一样，多以捕鱼为业。其人悍勇，喜破浪泛舟，乘坐自制小桦皮船，驶入大海之深处捕鱼，甚至直抵库页岛沿岸，无所畏惧。库页岛上住有与其有血统关系的部落"毛人"，即爱奴人。其人皆用圆木搭成帐篷和不设窗子的仓房。屋外悬挂成排的干鱼。基里亚克人性烈喜斗，素有"好斗而凶狠的野蛮人"之称，男女常喜半裸身躯，穿兽皮或鱼皮缝制的长衣服，鼻子和耳朵上挂有自制的小圆环，不薙头，喜将长发卷结成团。基里亚克人善养狗，每家均养名犬，多者达百余条，甚至上千条，高大、雄健，熊罴不敢惹。基里亚克人像满人，崇信萨玛教，尤其崇敬熊神，自古户户有驯化黑熊之传统。故年年总有熊祭，每杀熊必先祭熊，阖族齐至，每岁祭熊，繁缛祭礼后，方食熊肉，禁忌颇多。家族中男女老幼谨遵族规，熊肉所食处均有讲究，不可滥食，滥食必有祸。熊骨也有固定放存之所，不得丝毫违拗。其俗恰如黑龙江有地民，如尼夫赫人等即将熊罴视为神，平日豢养帐中。过神圣之熊节，阖族参加，祭熊、敬熊、颂熊、杀熊、吃熊、葬熊、祭熊，亦有极为热烈而隆重之仪礼程序。鄂伦春人亦有"古落依仁祭熊"仪式，敬熊，养熊，称熊"阿玛哈"（祖爷），有隆重的送熊神祭礼，祭熊神歌异常委婉动听，反映游牧民族动物崇拜观念。

蒙古人

蒙古等民族马具上带满银色刻纹的金属铃铛和纯银银铛。除此，还挂有珊瑚和孔雀石等饰品。家藏价值昂贵之马鞍，及价值过城之金银腰带。男人还要用珍贵物品装饰腰带、火镰、烟袋及马鞍；女人则用来装饰发辫。富有之妇女头上满戴晶莹之珊瑚，尤显尊贵不凡。蒙古男女均穿威武之皮袍，以水獭皮镶边，间或用海狸皮镶衬。宽大的袖口亦用同样之毛皮镶有长方形的花绦边儿。紧靠前襟、袖口、下摆镶有毛边之地方，又贴有一道黑天鹅绒式绵绒，更常见的是镶道色彩鲜他的呢绒。皮袍以光彩夺目之绸缎作面儿，诸如锦缎或花缎之类，有时亦用呢子。有的皮袍以中国特有之绣龙丝绸料。不太富裕的人家亦穿皮袍，不过不用珍贵毛皮，而用白羊羔皮或黑羊羔皮镶边。夏季男女皆穿肥大之布制灯笼裤，两侧口袋周围缝有很多金属片，冬季皆穿皮裤。烟袋和皮烟荷包为蒙古男人装束齐备之必要饰物。蒙古人头上戴着镶毛皮宽边之小圆帽，顶上存有大放红丝线做的缨子，帽缨用一大块珊瑚或孔雀石固定在个小金属圈上，帽子后面吊着两根红绦带或两条红色薄呢带。汉人之常服与北方诸族服饰区别，在于汉服长袍外面套一件马褂，长袍冬季是棉质，夏季则为单布，样子类似罩衫。马褂夏季为呢绒或缎质，有小丝绒领子，冬季则以各种贵重毛皮挂里儿，如珍稀的海狸皮马褂。

窦尔墩后人

瑷珲古镇东北约七里许，有窦集屯，最初只住有窦姓，皆窦尔墩后裔。

相传清乾隆年间，窦尔墩率众在河北献县、河间一带起事，被诱擒后，乾隆帝传旨面见"奇侠"。窦尔墩力陈官税如虎，罪在皇上，民皆无罪，肇事者唯我尔墩一人，与他人无关。孝贤皇后之弟，大学士傅恒劝谏乾隆帝招抚窦尔墩，乾隆帝采纳此策，令窦家戍北。自清康熙朝以来，瑷珲周围原建诸多旗民官屯，唯窦集屯为汉屯，宛若众星之月，备受重视。往昔，窦姓家族自有祭礼，村东有祠堂，居民习称"窦尔墩庙"，春秋忌日香火旺盛，门庭若市，前来拜庙者络绎不绝。民国以降，"窦尔墩庙"亦堪称塞外一景。

  库页岛乃我中华故土，中国旧称苦叶、苦兀、骨嵬或黑龙屿，面积相当于台湾，位于黑龙江出海口东南鞑靼海峡中长靴形东海巨岛，盛产林业和矿藏，颇具战略意义。大明万历四十五年、后金天命二年（1617年），清太祖努尔哈赤，遣兵四百，北收濒海各部并诸岛，远涉黑龙江口鞑靼诸地，并派驻小舟二百，涉险往取库页，收服土民，设姓长，世袭统治，岁贡貂皮。此后历代，库页按时纳贡，按贡领赏。康熙二十三年（1684年），将军萨布素曾派员北巡库页，安抚乡民，岁时收贡。乾隆二十三年（1758年），日本松前藩王遣其臣，到库页巡查，后常进库页。乾隆三十年（1765年），俄人东侵，抵千岛，渐蚕其地，并抵库页，送囚徒在当地私开矿业，库页遂成外藩觊觎之地。嘉庆十二年、日本文化四年（1807年），德川幕府改库页为"北虾夷"，统御当地渔民。嘉庆后，沙俄又肆意占据库页，企图将库页并入西伯利亚。至道光三十年（1850年），沙俄移民于本岛，宣布库页岛为俄所有，并改名为萨哈连岛。清朝无暇北顾，1860年后已彻底归旧俄管辖。自此，痛失漠北黄金宝地矣。

满洲古俗

满洲古俗，祭礼繁缛，因部自裁，有祭神，有祭祖，有墓祭等，又有随祭之类。辽金以降，礼仪倡兴，岁时盛祭，皆有常制。满洲古昔多兴野祭，因渔猎莽林，蛮荒旷野，居无寻址，时无常息，冬穴夏巢，因季而更，就地唤神，就地罗拜，故有火祭、山祭、海祭、柳祭、星祭、雪祭、鹰祭传世。所献牲类，亦因祭因地而异。迨入清后，颇受制约，且大祭靡费甚巨，祭祀所用禽兽渐少，郊野大祭已不复闻睹矣。

女真先人"跑柳城"便于柳祭，满语"佛朵罕扎发"，即"捉柳王"。"跑柳城"之戏，此举皆在初春。届时，大地雪消，气象更新，嫩柳含苞，绽开绒绒小毛球，俗曰"毛毛狗"。女真屯寨，举行欢乐的柳祭，数祀天神地祇，祭祀柳神柳母，祈祝一年人寿福祉。萨玛太太扎高大的柳木人，村妇做柳叶饽饽，捣酿柳叶酒，除存瘟，祛邪秽，喜歌绵绵，生机勃勃。其中，尤畅跑柳城之乐，为女真妇孺欣悦之迎春雅趣。男女青壮和童子，争先报号，入阵参赛，玩法要领：

首先，公推德高望重长老为判官，设柳椅，执柳旗，秉公而断。参赛分两朋，两伙人数一般为十至十几人不等，自感结合；两方各选出一位秀美之女扮神王、或称柳母，余者皆为其侍者或卫士；选好柳王之后，双方便设自己的柳城，划地为界，立柳旗，各踞一城；两方争战，采取机智、悍勇、巧妙之策，攻对方之城。各自护卫守城，双方设法冲入对方柳城之内，争抢对方柳王，将其背抱抢夺自己柳城为胜。被争夺走之柳母，便参加被抢一方，成为对方斗士。凡任何一方之柳王，被抢走之后，便要在本部内迅及再立一柳王，继续争战。但绝禁不可从外部另招新人入伙。双人数始终不准增加。看最后哪方人数锐减，只有柳王，没有兵将，不了争战为止。以双方人数之悬殊，判定胜负。

跑柳城之戏，锻炼女真后生智勇双全的尚武精神。争魁首的方，胜后可享败者敬奉之柳宴一席。柳宴猎春江鱼、春雀、春花烹烤佳肴，春酒则撷柳叶与米酒共酿之。败者献舞，胜者享丰肴。故每年跑柳城之趣，女真少年认真组伙，精心布阵，互不相饶，勇夺魁元。此古俗盖源于辽金女真后裔从小培训其习练布阵撼敌之能。

满族萨玛降神俗有征候，其兆鲜明，吴姓、白姓、关姓、臧姓、张姓皆有萨玛降神之术，世代传颂"兆候歌诀"，以兆候验身，以证萨玛是否神来，或云癔症，验法如下：

神来躯壳，因神而异，头眼身手，各不尊一，首生双肩，次递肋骨，兀突昏厥，不避堪忧。

萨玛生世，先验显兆。开生鸣雷，地生光火。声尖若雉，不饥不食。恶症奇愈，恶难立解。喜烟卧火，暴渴吞泽。生啖茹血，吞刃嚼铁。肌紧挛颤，皮如鸡肤。瞳散取聪，舌笨识清。跃枝栖穴，脉洪撞手。身灼烈火，呼号无定。怒跳笑唱，昼夜无眠。贵呼神来，明卜通医。神讳皆知，萨玛降焉。神来骤变，焉若乃身。儒者而猛，痴者而聪。愚者而敏，足笨而驰，手笨而举，飞若捷禽。跃若麋鹿，水火何擒。

满洲家祭预诹吉日。是日，黎明恭迎祖宗匣于前祭者之家。祭器有哈马刀、轰武、抬鼓、抓鼓、扎板、腰铃、裙子、盅、壶、匙、箸、碗碟、幡架、槽盆。祭时，宰猪去皮毛及盛肉之所用方盘诸类，均须备齐。是日，同族咸莅襄助，祭祀于正室西炕上，设祭神几案高架，架上恭悬祖先影像，俗称"瓦单"，几案陈供摆有黄面饽饽木碟数盘，另设黄米置酒一盅。家萨玛二人捧香碟烧年期香讫，萨玛击腰铃、持哈马刀，族人击单环鼓，助神二人手击轧板，相与娱神。萨玛咏歌词三章毕，主祭与助祭咸行叩首礼。礼毕，乃宰豕去皮，折为十一件，熟而荐之，盛以槽盆。萨玛手摇轰务，咏神歌三章，主祭与助祭叩礼如前。朝祭讫食福胙，亲友毕，至方盘代几，肠、肚、心、肝二碗，白肉一盘，酒饭相款族人，即将木盆实以肉，抬于炕上，下铺油纸，席地而坐，共食共饮，曰"食阿木孙肉"。即夕，复祭，萨玛手持抓鼓，咏神歌三章，主祭与助祭叩礼如前，宰豕、摆件、献牲如前，萨玛行背灯祭，阖族息烛静坐。族人击大鼓，栽力敲扎板，萨玛震腰铃、晃神铃，咏神歌六章，祭毕，燃灯烛，阖族共食福胙如前。次日，黎明祭天地，俗曰"还愿"。院中照壁北置大案一具，上供木酒盅三枚，小米子一碟，宰豕去皮解为十一件，陈于照壁，东偏其西偏安锅、设灶，取肉熟之，切为多数小方，盛以瓷盆二，又以木碗二实小米饭，同供神案。萨玛单腿跪地，口念安祭祝词，以铜匙举肉与饭，南向分布。主祭者行九叩礼，寻以豕尾、小米纳置锁莫杆锡斗，以答天贶。礼毕，阖族食祭余于院中，名曰"吃小肉饭"。午后，煮肉、燎皮会食于屋内，名曰"吃大肉饭"。是夕，祭星，无灯烛，宰豕、摆件、献牲如前。祭期，燃火烤皮，俗称"吃燎毛猪"，仍与亲友共食之。满洲诸姓凡祭，必用无杂色之黑豕，祭肉必食尽，余者瘗院中，勿留。豕骨弃之江河。祭期以三日为率，富者或延至七九日。萨玛前多为女，后男女皆可，人数多寡，随家丰俭。旧时家祭每岁一举，近多间年矣。

孙吴县大桦树林子，满洲臧姓家族之萨玛神服，有用陈年千斤大鳇鱼皮制作，上佩铜镜、彩铃、瞒爷像百余枚。传为百年前，该族在依拉哈网房子，祈占所获鳇鱼，用其皮缝制神服，具有通灵之威，族人虔敬不疑。孙吴县四季屯满洲张姓家族，萨玛神服用黑鼠皮百张缝绣，唯铜镜为金黄色外，全服黑色，萨玛跳神时，犹如风卷黑云一般，象征浓云密降，黑色象征无敌，以恶制恶，以邪镇邪，惊遁万魔千恶，逢凶化吉。

萨玛跳神所穿神衣甚奇，有诗云：

榆蘖藤槐豕鹿衣，前七背九珠玲玉。
两袖彩条登天翼，群雀啾声报神语。

萨玛魂行有路，天有无限之高。所云九天，非指纵数，而言其域。四季屯清代有名曰张七十六玛发者，云其呱呱坠地时，阿玛已七十有六矣。古者人生七十古来稀，其父寿达古稀瑞兆，非有神亨安得七十六寿禄，视为荣耀，故以数为子之名讳耳。

北人重观气，晨露升气为雾，峦升气为霭，江河升气为霁，此观寰宇之气；悍人气实，赢人气亏，膏肓气走，亡人气消，此验人体内气；寒气升为穴，地气升为巢，此述北民寒居地室，夏居树屋。

章佳大萨玛跳神有感，颇有寓意，盖解萨玛良苦用心云：

古之先贤，其铭惟群，古之文贤，其铭惟教。古之愚贤，其铭无畏。茹毛饮血，盖出其类。为族饱暖，牧猎勿辍。目疾舌笨，鹅血可愈。蒙鼓壮声，力施千里。古人无言，蹈舞动心。心思渴饭，张臂振步。虎啸熊围，蹲技口啼。匿失高草，闻鹤长号。呆痴愚顽，针验良善。百命求安，预避惊诧。模学牲鸟，地树长栖。传情双花，传讯插雕。鞭鼓身脚，动动有言。仿鸳翩翩，神意方领。模声拟态，祭神观戏。岂谓奉先，拯世云云。

　　沙曼即萨玛，为满洲古制，有史籍可证，辽金久盛矣。非满洲所独有，其他民族亦然，大小轻重，模式不同而已。满洲诸姓望族，各遵祭礼，互有参差，皆相尊仰敬也。沙曼称谓近世则多称谓曰"萨玛"，实乃女真古语。西伯利亚诸族已有萨玛教之说，即同此祭礼也。宝音萨玛训弟子言：萨玛教敬祖爱族，以立人为本，凡欲敬神、爱人、劳作，情而痴、情而迷、情而恒，无所不成，无所不通也。富察小昌，民国二年（1913年）生，满洲正黄旗，大五家子人，农民，因病许萨玛，宝音之传人。宝音1932年病故后，小昌为富察氏家族著名大萨玛。幼年就读私塾，平生记录一些满洲故俗与萨玛祭礼规程传世。宝音师众多语训均由他回忆书写，并曾回故乡宁古塔会亲与传讲礼俗。因其粗通文字，了解乡土文化，富氏家族祭祀皆由他传授，弟子甚多，直至伪康德九年（1942年），家族萨玛礼俗未断也。1944年病逝家中，终年六十有三。小昌晚年将其师宝音萨玛一生为绩书写成文，曰《宝音萨玛传略》传于世。解放后，书稿传于众人，后不知去向。余平日喜记族亲轶事，皆赖昌爷之功耳。

　　宝音萨玛教阖族弟子"乌云"时，常嘱诸萨玛色夫曰："余有幸偶获吴姓哈喇萨玛先师醒世名言，睹后受益匪浅。方知天外有天，人外有人，学无止境，应谦恭好学，勿心高气傲也。"吴姓哈喇吴伯通老萨玛，存有萨玛"特曷"本子，其中"序言"，记其自悟心语云："古曰神者申也，而余谓神者即心也。人之所思，人之所念，人之所想，人之所冀，便是神也。神无不有，神无不在。"

　　臧佳氏哈喇臧六十七萨玛，在教"乌云"的遗训中曾说："学萨玛要通晓之真谛，萨玛神力非求索其不可觅得之幻术奇能，而是要藉万物之气，仿万物之能，汇万物之力而独揽一身，久习久练不可中辍，日久石杵成针，真神即现，便谓之有神。"

四季屯富察哈喇著名大萨玛、穆昆达依崇阿祖爷训示族中标昆萨玛云："神也能也。神不在外，而在内；神不在表，而在里；神不在肤，而在心也。心有则神有，心无则神失。神处处有，神处处在，广聚万神独善己身。要学勤蜂劳蚁，百草可知其药性，百兽可知其禀性，百鸟可知其翔性，百鱼可知其水性，山川星月可知其动性，不知不解不能不做非萨玛也。"

钱姓哈喇著名神飞大萨玛穆昆达阔郭突里曾说过："余九龄梦有一对白鹰落怀而得神，族人不领，欲架木焚之，火熊燃，余冲柴腾空抱鹰腾空，急驰疾走于九株高树之巅，不坠、不惧，如玩跳于炕上。梦后久习鹰功，神前效力为萨玛，寒暑不惰，便练轻功，纵涧跨树自如，成为神飞萨玛，神也，万物之能助已用也。"

呼姓哈喇呼什哈里大萨玛毓昆则言："万物皆有魂气。人有魂气，树有魂气，鸟有魂气，狐兽等有魂气，石有魂气，江有魂气，山有魂气，星月等有魂气。魂气无不有，魂气无不在，魂气无不升，魂气无不降，魂气无不流，魂气无不游，魂气无不入，魂气无不隐，魂气无可见。魂气却可交，魂气长不灭，魂气永不消。言神不玄秘，魂气侵体谓有神，何魂何气谓属神，魂气常存谓领神。"

古昔生计，向以域地巍石为徽，以岩画铭胸臆，以踏摇声号啸聚群氓。辽金以降文兴，族人乐吟"乌勒本"扬家风，缅祖之心益诚焉。满洲众姓唱诵祖德至诚，有竞歌于野者，有设棚聚友者。此风据悉康熙间来自宁古塔，戍居瑷珲沿成一景焉。我满洲崇尚祈先，敬祖忆祖唱根子。富察家族，自辽金迄清，守边卫国，多慷慨忠义之士。慎终追远，当思安寝美食来之不易。训育子孙，咏颂乌勒本雅鲁逊，乃祖制家规，不可疏怠。早在清初，吾族尚在吉林乌拉时，便谨遵掌家祖太奶奶遗命："每岁春秋，恭听祖宗'乌勒本'，勿堕锐志。"乌勒本皆咏己事，不言外姓哈喇轶闻趣话。盖因祭规如此，凡所述故事，与神案谱牒同尊，享祖奠，春秋岁列阖族祭仪中。讲唱者身份各姓不一，有穆昆达，有萨玛。而以萨玛讲唱者居多，睿智金口，滔滔如注，庶众弗及也。

每开场，族中长幼，依序恭坐，述者焚香漱盥，而后诵叙之。所陈故事，皆族源祖德忠勇诸类催人奋起者，慎终追远，光耀先贤。因情节繁简，讲授有数日、数十日抑或稍长时日者。近世，瑷珲富察唱讲萨公布素，习染诸姓。富察家族家祭收尾三日，祭院祭天完毕，中夜后，阖族聚集老房子，屋室宽敞，肃穆无声，德高望重的妈妈或玛发，西墙神龛请下神册，漱口，焚香，起讲《萨宁姑额真安班尼亚勒玛笔特曷》（《萨大人传》），诚为敬怀将军之义耳。

满洲草屋土墙，南向三间，俗尚右，以西为上，长辈所居；东为下，晚辈所居，中为灶室与佣人憩处。曩者为地室。古人习地鼠，巧用地温弥深弥热之窍，冬寒地暖，大户常掘正室外连侧室和窖穴，以容员纳物也。筑地室，必选黄土高地，掘后火焚，土层硬固，抹泥夯石，四壁石砌，或以栅木固之，有皮筒和枯树筒连于外通烟气，有扉，昼开夜闭自如，顶以桦皮、茅枝为盖。四周设堤防水。通道盖顶开口。后世丁口日旺，易火患，出入不便，地上架梁屋出焉。

往昔，祖居黑水流域之满洲等北民，为捕鹰狩猎，亦为采集珍稀萨玛神服饰件，常跋涉数千里，北上小海或称北海（鄂霍次克海沿岸）、东抵库页岛附近之沿海以及鲸海（日本海），往往冬初离家，春末返归。因在冬雪天出行，爬犁易行；夏秋无路，泥泞难行。出海采集海象牙、海豹皮、牛鱼睛、鲸鱼鳔、海贝、海石、雕翎、海龟骨等珍品，制作神服及其披肩皆用此类珍宝。如鱼鳞披肩系用数百根大杆条鱼、圆鱼鳞粘嵌后又镶加东珠而成；龟纹披肩系用千年龟盖之外层花纹壳，取下后拼成花饰；贝饰披肩最为北方诸族喜爱，披肩披饰取材于海中一种褐背白腹小贝，甚昂贵，可作信物或代替交易货币，形如指肚大小。北方诸族采来小贝后，洗净，晒干，将背部凿平，再翻过肚底向上，皆呈银白色，镶嵌成花饰。海贝拾之不易，倍显虔诚，且光泽洁白俊丽。北人皆尚白，乃光明、幸福、安宁、无瑕之象征。东珠披肩为白色，亦为北人崇尚，选用粒大纯白之东珠，组制披肩，皎白如雪。

　　古有地测术，可归纳数条：其一，凡观者，见山拔地而起，树木茁生，遍布山谷，为之富山。再细观之，首望山形，观其高度、方位、走向。其次，观其态势，分丘陵状、馒头状、锥状、驼峰状、鸡冠状、筒状、桥洞状、熊首翘天状、人禽鱼虫拟物状，等等。其三，观其表被，有榆、松、桦、柳等种类之分，又有主生林、辅生林、混杂林之别，林中诸藤、草、花卉、物产，亦各有不同。此外，山间林木之长势、年轮、色泽、光度、密质等皆有细微差异。其四，观山之土质、地层，可见山之寿命。山有土山、土石山、石岩山之分。从石山为何岩所凝，可知矿藏丰富与否。若岩中含金属矿产，岩石在光照下便会反射出五光十色之彩，从而窥之山岩中藏有何种矿质。其五，观测山体及山麓是否有特殊之物体，如洞窟、沟壑、山泉、石丘、瀑布、小溪、岩画、古迹、山隅倒塌、兽窝、鸟巢、石碇、陡崖，等等。民国初年，在瑷珲县大五家子和四季屯一带满族老人中，仍有沿用刻木记事者，并以此方法记载山的形状，被尊称"山色夫"①，云其善视山势吉凶的名师之誉。

　　江东满洲陶姓萨玛，常向族中讲述本哈喇国初选制神服，所遇之艰难经历与所施之精湛技艺。陶姓满洲，镶蓝旗，原属索伦部，后属达斡尔部，渡江南迁三架山附近，清初抬旗入满洲镶蓝旗。其祖数世居于黑龙江东黄河（精奇里江，俄称结雅河）之滨，阖族五大支，有五位大萨玛。百余年来该族主祭萨玛的神服均选黄河中之上等黑水獭皮为料，兼用白貂皮、黄狐皮、花鹿皮、蛇皮、青雕皮等镶边和做飘带与饰物，银蛤三百制成披肩，铜镜前五后三，其中五拳铜镜两面（五拳：铜镜直径长度为拳并列五次），

---

① 山色夫：色夫满语即师傅，就是山里通。

三拳铜镜两面，两拳铜镜四面，并摆成前后的式样。该姓萨玛去世后，依族制，其神服多随葬，新的主祭萨玛必须遵祖制重做神服，通常需要花费三年至五年工夫虔心准备。首先，萨玛要与族人一起捕猎制作神服所需之活牲，忌用带崽母牲。每捕获一牲，便在木笼中驯养一段时日，待牲捕齐后，萨玛再血祭杀牲求皮。剥皮时要谨记不能刺破皮张，皮取完后，牲肉则全部焚烧，不许食用、转送或扬弃郊野。熟皮必须由穿此神服人的萨玛亲自为之。皮张宜放置阴干处，严防虫咬、鼠嗑、霉烂。神服之裁剪、设计、缝制也由萨玛亲为之。神服上镶嵌着诸类花饰图案、纹线图案、符号图案等，盖依前代萨玛神服式样及风格，不可随心改动。若有变更，萨玛必依梦授，或阖族大祭中新获神兆之启示，潜心模拟，增添所获式样。神服每增一饰，视为增神一级，倍显萨玛个人之才智，故该家族萨玛世代小心为之。

《乡祀笔汇录》乃宝音大萨玛的弟子、富小昌萨玛所录。全书汇历世萨玛卜筮之最，堪可传世。萨玛卜筮，独一无二，俗曰瞒爷崇拜。近世，受西人影响，泛称偶神，姑妄用之，不为不敬也。满洲及漠北众族，瞒爷神众多，代代相补，可谓名副其实之偶形圣殿。瞒爷神像采诸种物质，绘画、彩绣、编织、镂刻、雕塑、缝纫等，制成各式人形瞒爷，作为神祇的代表，加以奉祀。神偶最初之远古类型者，多采木、石刻制，或泥土烧塑者居多。随着社会进化，出现毛、革等缝制神偶，后随颜料及彩绘手艺之发展，神偶又改用天然色，彩绘艳丽之色调，加以精细绘画，尤使神偶惟妙惟肖，栩栩如生。

人形偶分裸体偶、整体偶、半身偶、肢体偶（为突出某一部位而单制的头、耳、口、齿、手、足、脏器神偶）。

半人形偶分为人兽合体神偶、人禽合体神偶、人鱼合体神偶、人蛇与人龟合体神偶。萨玛教中出现羽人、蛇人、鱼人、虎人偶都极突出。望柱形偶为城寨部落及郊祀所用之大型人形偶，采树干、石柱或烧冶泥土为柱而矗立地上，小则咫尺，大则有人高或城门高，竿顶端雕刻神偶头像，亦有斫石、削石而成人头形者。望柱偶特点为立柱上之偶头型，有人头形、魔头形、兽头形、鸟头形，亦有怪兽怪鸟形、双头人或多头兽之望柱，意在象征卫士或守护神。

　　面具型神偶，为萨玛祭祀或祛邪所用面具偶。偶面具上绘彩面、人面、兽面、魔面、禽面或彩绘虫蛇等。在北方萨玛教祭祀中，偶面神具尚不多见。据家传《萨大人传》中，记有偶面记载，且用于"乌春""莽式"之中，并传讲其源盖来自"古昔狩猎""捕兽或鸟群，头遮草伞、渐近捉得矣"。达斡尔人在隆重的斡密纳祭祀中，要在两棵桦树（达语称"格日依·托若"，即为家柱）挂"霍桌日·阿彦"（娘家神）和"阿巴嘎·日岱"。阿巴嘎·日岱即为红铜制成的面孔狰狞、以黑熊及贴有胡须的面具神偶。古人便将祖先人像绘制成简拙粗糙的人形偶，尊其谓神祖，予以虔诚祀拜。祖先崇拜之人形神偶，随岁月变迁，人形神偶制作已由粗陋而日趋精美细致。人偶形态、内容、类型、大小已益追求细腻逼真。偶像脸态表情，由简单之表意性"▽"刻法，发展为精刻眉眼耳鼻。衣饰亦着意显示生活化、形象化，并且外罩皮制衣衫、毛皮靴，尤近似真人形态。明清以后，北方萨玛祖先崇拜神偶，由木刻而发展为彩画影像。近世所知古墓与征集得之偶像，多为彩面偶像，除祖先形象外并插画日、月、鹰、鸟、虎、熊、豹、蟒等图案，亦有单画祖先影像和日月骏马、聚宝盆等图案，显示年代更为晚近。

　　萨玛形态神偶，皆为极庄重而珍贵之传世神物，非寻常者可染指。各部落姓氏，所创制及传承之经世神偶，制法、质料、出处并不统一，各有独自的传承规律和禁忌事宜。而且瞒爷诸神入世之宗教礼法与程序，千变万化，非可划一，仅举以下诸例：

梦取神偶

　　梦幻梦，在古人思维与心理意识上占有非常重要之地位。古人之灵魂观念，即认为灵魂是浮游之气质物。它浮游在人，便是浮魂、游魂，无依托梦；若它浮游于人体，便是人通过梦幻与其交往，俗称做梦。故而，做梦有两层含意，一是人本身的浮魂外游，二是人自身浮魂与宇内浮魂交往，二者结果都能产生梦幻，即梦境。萨玛教认为，一般人做梦，只是人之浮魂外游，亦可产生某些奇幻，但都是平常低级之梦境，且梦游之时间与深邃程度皆较浅薄，看不到神迹魂影；而萨玛，尤其是神道卓精之老萨玛，通过一定的宗教祈神程式后入梦，便传言会发生奇幻之梦界。其浮魂外游，凭借"迷溜""星桥"，浮魂可以穿云破雾，攀登数层昊天，在幻觉中可行程数十日，搜访寰天，吸引与召请浮魂或寄居在某层天中之灵魂和神祇。这些灵魂或神祇，可能是本氏族和萨玛数代以前之祖先神魂，亦可能为依附于他们之诸动植物神魂，亦可能为谢世不久、生前便相互熟悉、知己、亲友，甚至是生前相互仇雠乃至不相识之灵魂。在梦中相见，相交谈，相议事，原为仇雠者与之解说、抚慰，使之消怨为友，浮魂不再来氏族有地启衅生非；若是祖先魂或诸善神浮魂则要费尽口舌，引其降世，为氏族护佑康宁；若是本氏族新魂，亦引其归葬，享本族祭祀。故而，在萨玛观念中，灵魂与梦紧密不可分。萨玛祀神之昏迷术，实际就是被看成萨玛魂魄出窍升天之特异能力，出魂后之萨玛身体形成闭眼安眠之入梦情态。故而，梦在萨马信仰中被解释成浮魂的外游，它与灵魂观念同是宗教的基础，可以讲是萨玛教神道观念的孪生姑妹。正如萨玛教所言："魂无依则浮，魂有依则静。魂浮通天，魂静通人。""浮魂依梦，静魂依形。梦中得数，梦中悉形，梦中感意，故成六序，曰：梦神、会神、面神、识神、悦神、引神，方谓寤得神体，制材藏魂，神魂寓焉，神悟蕴焉，居尔家室，阔清氛围"。这些昔人总结，其意便是申明偶体之形成源于梦，不是萨玛任意可为者，而是梦中见偶形，梦中引偶降世，然后依魂中所得幻体，遵其形谨制偶体，不得疏漏简率，只有这样才将梦幻偶形变成现实中实际奉祀之神偶。萨玛教中绝大多数都是这样形成的。

梦幻中得神偶，是由萨玛进行，而且必须是主祭大萨玛承担，一般采取两种方法：

一种方法是，阖族要请神偶，即请瞒爷（泛指萨玛崇拜偶神）众神，永远祭典。主祭大萨玛便要首元净身，全身沐浴、更衣，而且必须到河里去洗清净水澡，严戒房事。萨玛要在族内堂子祭拜诸神后，便携带神鼓、腰铃，穿上神裙到东方或北力的高山林莽之中，如附近没有高山，亦选高丘清幽之处，搭好草帐或皮帐。萨玛忌食原族中或家舍的饭菜，在山里帐篷门口立石架柴，吃烤牺牲肉、鸟肉、兽肉、鱼肉皆可，吃山中野菜、饮山中清泉或河水，不与常人来往。每日焚香击鼓，拜日神、星神。开始三宿黑夜不准萨玛入睡，而由众侍神小萨玛守护，鼓声总在耳边不断响。第三宿黑夜星星出满天之前，由总祀萨玛亲自选来榆、柳木架床，上铺干草、桦树皮、兽皮，凡萨玛原有之神谕全要摆在帐棚里，兽牙、兽骨等亦要与野花一起撒满萨玛睡觉之神床上。一切安排就绪后，主祭大萨玛才向临时陈设之神堂磕头跪拜，默诵乞求夜里应该梦得之神祇，要按族中辈分默念到远祖、近祖之名讳，以及历代本氏族萨玛传承名讳，杀野物祭祀，牲血除要祭天外，其余牲血围绕帐棚全要洒便。在萨玛信仰观念中，神祇及灵魂都喜享食血汁，俗称"以血代水""以血代酒"本祀神灵。祭毕，时近午夜，萨玛才入帐穿神裙、神衣、神帽、神袜而睡，只将股铃摆放在枕的两边和双脚的两边，共四副腰铃，要立放。传这夜之腰铃，总是嘤嘤有声，仿佛天宇间神风浮荡。若众侍神人听不到有微微报州之响声，便说明萨玛尚未能沉沉入睡，梦魂守舍，未升九天。便要跪地焚香、磕头，但绝禁帐外有声响。此刻，林中野鸟都要赶走，其实连着三天两夜的击鼓，山中一切动物飞鸟早已惊退，所以帐内外是极其静谧清幽，万籁俱寂。总祀萨玛睡在床上，身上可以防寒冷盖上皮被等物。据许多老萨玛追忆，都认为"取神影之梦最难得，常连要三宿，无眠无困，硬要睡也睡不着觉"，"萨玛折腾得像在闹场大病，不食、不喝，头晕昏迷中，不知不觉就像吃了神草，飘悠悠身子上了天，才能见到有欢乐的、跳莽式的，人很多，来接自己，就能见到许名神书上的神祇幻象和萨玛先人们"，只有这时才能在梦中出现一个个幻形神像。清晨，萨玛如醒不过来，众传神萨玛要跪地用鼓招魂，迎请萨玛魂魄返回人间。萨玛求神形之梦，只准在三宿之内，不准用过三宿。如三宿均无梦，就绝忌再求神形，只能待下一年再设祭求梦。萨玛醒一后，便击鼓跳神，向神堂叩拜，口述神谕，众侍神萨玛与总祀穆昆跪地听谕言。萨玛便讲述，是否得到创神梦，是什么样的神低降临，叫什么名，什么形状，用什么质料制神影，此神司管何事，此神有何秉赋和特长，喜欢什么，憎恶什么，此神临降要安放什么地方，旁边必须有什么和不准有什么，喜欢吃什么，是本族祖先神中名少代，有过什么建树和英迹，祭视时此神怎么摆放顺序，是否可族人，可放族众家用还是由萨玛供守，临界多长时间，何日返问九天神楼，返界时要有什么祭礼，送山上还是河里，抑或是火化或土葬，萨玛死或族人名望者殁逝可否随魂入土，等等。萨玛讲的极为细致，这便是萨玛祭祀中化留下来的诸位瞒爷神谕，其中保留众多的萨玛神学观念和神话故事以及本民族的民族禁忌等等，是一个民族往昔民俗生活之最高总结与经典。萨玛所以能世代传承讲述本族诸神传说，便是由此梦后发端而来。

这种梦取瞒爷神影，均属本族首次请神影之祭礼活动。当然，萨玛教在最原始之初，据许多老萨玛回忆和听先代人讲，只住山野数日，潜居山林之树上为蓬，或山岗架皮帐，渴饮山泉，饥餐兽肉，如野人生活，何时梦得神形何日返回村寨，与众萨玛制神影，常有为此而死于猛兽或坠落山涧不得者。萨玛如果早殒，便由序第二位总祀萨玛接替，一直到梦得神影，方得休止。有些姓氏，求神影，要两个萨玛同梦一神，二人讲法基本一致时，方谓得影，否则继梦不停。萨玛虔诚之心，艰辛倍至，故在萨玛教中有句老嗑："神鼓、神衣可得，神影难寻"。必要经过梦幻，而要在奇梦中识辨神影。神影得后还要经过艰险多难的过程，方可制成神影，即瞒爷神形。

　　第二种方法是，在正常情况下，萨玛因某种事件（灾异、病瘟、敌侵、内斗、问卜、结盟、出兵、释俘）而获奇特之偶梦，梦中有神影佑助，醒后果有灵验者，必重祭而按其梦中影体，制成新一位瞒爷神形，与众瞒爷神形共祭。这是属于新增神形。这种情况，在历代萨玛中都可能出现。因此，各姓氏所供奉之神偶——瞒爷神形，不是世代承袭不变，不增不减，而是时有增添。瞒爷神形，随着萨玛教之发展，在每个氏族中都是不断增添扩大的，形成浩大而威严的神影神群。而且，每有增添，并不是局限一个，而是依照萨玛梦中所得神影而定。因此，许多姓氏神偶甚多便是这个缘故。此外，因战乱、火灾、水患、离移，萨玛或本部族名贵人逝去，瞒爷神形有丢失或者陪葬而减少，经过一段时间，萨玛偶然获梦。同梦甚至常常连得数次，梦幻中的神影才可确认为应该补制的神偶。新补得的神偶，虽然其神名可能不变，然而其影态可能按新梦所获影像制成与前存神偶不一定一致。在萨玛教观念中认为是正常的，视为神形千变万化，有时同一神名神形一样，不知经过若干年其神形又幻化为另种神形，可能又经过若干年，其初形又复归数十年或百余年前所熟悉的神形。因此，神祇的名称、职司不变，然其形态是多变的。神偶的形态变幻繁复，只有造诣高深的老萨玛方可辨认出来，它最原始是什么形态，变幻过几种形态。因此，复制瞒爷神影——神偶是否准确，要经过老萨玛确认后方可补制，才被正式列入神堂。

　　通过梦幻所请降的瞒爷神形或者是通过梦幻补增的瞒爷神形，要经过制成神体还要过许多周折，才能够最后完成神祇形体的制作工作。据老萨玛追述，大体要经过这些过程：

　　定形体　梦中所得神影，形态十分模糊复杂，有时像人形，有时是半人体形，有时又似是人体某个肢节部位，甚至有时就是畸体形态，或者就是不似人又似物态的异状神形等等，千姿百态。萨玛们要首先辨认形体，确定形体后，便要按梦中神形敬制作成神体，便成为正式奉祀的神偶。定形体，是梦得神影中最重要一环。在主祀萨玛亲自率领下，朝朝暮暮献牲、焚香、磕头。萨玛要根据梦中所见神形体态，只能选用细嫩洁白的白桦里皮为纸帛，亦有逢夏秋日时用洁白的芍药花瓣为纸帛，亦有用獐、狍、鹿、兔等经过熟制成的方形柔软洁白的皮为纸帛，用祭神升火中捡来的黑炭为笔，据梦中形态由求梦萨玛主述，由第二位大萨玛（统称扎里、二神）执炭绘形，总祀萨玛可以改动，直至众萨玛都认为确认无误才是定形体程序圆满完毕。定形体，萨玛们非常虔诚不苟，常常为觅得真确神祇形体，竟要彻夜达旦跪地不起，忘食忘寝，其情如在赤心谒迎崇仰的众守护神祇，在迎神迎祖，不敢怠惰。

梦幻，本是大脑睡眠活动中的生理反应。因此，梦幻是幻映物，是非常活跃和光怪陆离的。故而，梦幻中之所有形态是瞬息万变、繁杂多样的。梦幻中尤以梦幻体形与畸形梦幻为多，原始人类在无法予以科学解释的情况下，便视为宇宙中另一世界的灵魂幻体，进入萨玛的寤寐之中来了，便惊视为神祇，按梦索冀，制成偶像，加以膜拜。

寻梦谕 在萨玛求梦中，也常出现另外一种情况，萨玛在反复得梦中，不见神影，只得到某些冥示，即有神告诉萨玛或萨玛自觉地领悟某些启迪，告示萨玛到什么地方去便能得到瞒爷神形，这种梦幻也是很常有的。萨玛凡遇到梦谕的情况，便要当众萨玛宣讲谕言。主祀萨玛便要率领众萨玛按梦谕去寻觅神形，要经过艰难的历程，以坚韧的意志和无畏的精神苦心求索，不能有半点草率马虎。为此，常常要经过数日、数月甚至数年，直到觅得与梦谕吻合神形为止。据满洲诸姓老萨玛追述，先辈萨玛们常为追索梦谕神形，经过千辛万苦才能如愿以偿。如，萨玛在梦谕中得悉，神形要到东方九个山头上的最高松上，坐等太阳升出后的第一只飞鸟骨上得神形。萨玛按此谕示，爬山攀树按时辰捉鸟，此鸟可能为小鸟，也可能是苍鹰，要用箭、网捕捉。这种行动，萨玛要与穆昆达合作，甚至要动员倾城族人同放箭捕捉神鸟，捕得后，按谕示由萨玛制神形，小雀多为整形标本，大鸟则多取其胸骨磨制偶体；又如，萨玛在梦谕获悉，神形要在北向三条河湾过后，爬陡崖两座，再西行下陡崖，过桦树林，有团形小丘，遇见洞口，深挖其内，黑色光石为神体。萨玛亦要谨遵谕示，不可偷懒，否则必受神惩，得到黑色光石后便要雕制神形偶体；又如，萨玛在梦谕中悉知，神形要向东向，经过九个山头，站好后闭眼前行，往复九次都能举刃砍准在棵枝繁叶茂的树干上，不论此树何类，便是神形寓居之所，方可为神偶；再如，萨玛骑马或骑驯鹿，骑罕达罕或有三条狗、九条黑毛狗、一只缚线捆在手上的雄鹰引路成乘小威呼顺流而下，要经过几个日出日入，信马由缰，随引物前行，不可拗性，一直到诸物停止不前时，便在该地寻神形，以第一眼见到的东西便是神形寓所，采擷归来方可敬制神形偶体。此物可能是草、是石、是木、是土，是某种虫类、小兽、小兔等，甚或是墓地，采得的是遗骨。总之，按谕示所获的物体，便是神形偶体。我们常见到北方诸民族神偶不仅形态繁多，而且质料甚多，无物不可为偶，其奥秘便是因梦谕而定所形成的结果。颇有趣的是，如果萨玛由诸物引导，周返数日，又返回本寨本宅停止不前，萨玛也只能白白多日爬涉，而在家舍门前或用门框，或用树桩，或用帐棚皮毡，或用地土为泥制作神形偶体；如果萨玛由诸物引导，停在活人前边，据萨玛神谕传讲，远古时代非本部落之人则殉人为神形偶体。如遇本部落族众，便在该族放人东向九步外选一物为神形偶体，后世便沿装此规，不再殉人。而如果遇到的是人，便在其东向九步（亦有就其脚下、头上）处选物为神形偶体。按照萨玛教观念，萨玛之所以要由某种动物引路寻找神形偶体，认为梦谕中所示的某种动物，生于阔野之中，体魄清净，最易接近浮游之魂灵。魂灵有寄生性，可在一定时期内依附于某一物体之内，支配该物体产生灵性。若是术、石、土，便可在暗夜有兰光，知阴晴雷雨。若是禽兽身上有依属灵魂，该禽兽便自生异态，如疯癫状，终日奔跑奋飞狂叫，远比平时胆壮凶猛，不惧火、不惧水，甚至可与更猛烈的禽兽搏斗，并喜嚼石土，能知阴晴人意。其多种反常情态很易为萨玛们辨识，其依附魂魄有召引力，凡按神谕求寻神体时，其依附魂便发生吸引力，无论多么过远隐既，最终都可以找到。故此，萨玛们在按谕示寻求神形时，据说都是充满信心而又都有百折不回的意志，不得神体绝不罢休的。

综上所知，梦幻是萨玛教诸瞒爷神体（神偶）的孕体，是萨玛教偶像崇拜中最普遍、最基本的创偶形式。在萨玛教中，梦与灵魂，与神偶偶体是最直接的相互因果关系。萨玛神道观念认为"无魂无梦，无梦无形（神体）"，而复杂幻渺的梦境，则又是极其不易觅得的诸神偶形体的最重要依据和诱发体。许多珍贵的萨玛传世神偶，不少是经过坎坷曲折、甚或要经过一世、两世，甚至几世萨玛在苦心寻觅中才获得的，尤显萨玛所崇拜的偶体的神秘性、静穆性与千金难买的崇高价值。故而，在萨玛教中，各族萨玛与族众都将本族所奉祀的诸瞒爷神体（神偶），视为神圣不可侵犯、神威无敌的圣物，虔诚敬祀不衰，代代相因，视如族魂与生命，引为阖族之荣耀！许多部落首领、族众在征杀、御敌、狩猎、守卡、谋生等操事上，只要见到神偶形体或身佩神体，便焕发出势不可敌的智慧与威力和勇气，成为无声的领袖与侍卫。

病许神偶

除梦幻中正常谋取瞒爷神形外，在特殊情况下，族内或某个族人也可能因患天花、瘟疫、伤残等因由，可由萨玛主祭，经过萨玛跳神得到神谕，或者跳神做梦中得到某种瞒爷神形。不过，凡这种情况，所制成的偶形多为某部分人或某个人服务，除非是全寨瘟疫、灾祸（包括猛兽对屯寨的袭扰），所制的神例偶是为全氏族服务的。

这些神偶不像梦幻偶体，要寻觅很长时间，而是萨玛按神谕意旨，降神附体后，可口述神偶的形态、制法、质料、数量，有萨玛迅即动手赶制，因此，神偶形体比较单一、简略、粗糙、不求精细，只求其形似，能治病祛灾便可以了。这种神偶非常近似替身神偶，如患者重病不好，可制成替身神偶，祭神前将神偶送到旷野，或顺水冲走，便认为将灾难的恶魔之魂被替身神俱带走了，疾病便可痊愈。如果病人死亡，这类神偶亦不存放、要随之葬埋，不得收留。如果病人痊愈，由当事人家将此神偶供供奉珍藏，此人逝后再陪葬，不死便做护身神偶日日奉祀。也有些人家将治好病的祖先神偶，业代保存供奉起来，传流后世。此类治病除秽之神偶，一般多悬挂于病者室内、门上，或用针线缝在患者上衣衣襟上，或压在患者枕下，亦有挂于病家大口上的。近世满洲人家，医病神偶亦有由萨玛简化，而只有彩布条、彩布块缝在病人上衣内，或者挂在门口。也不用彩布条者，而以草把代表医病神偶挂地大门上，寓在驱邪祛病。这些神偶的另一特征是不全由萨玛制作，不全出自萨玛之手。而是崇信萨玛教的诸族人家，不论男女家主，都可以向祖先叩拜，然后制成祛病神偶、彩条、草把，由家人保管，日后也由家人陪葬、送走或火化。其三，这类神偶有专一性，一户病家神偶，另一家绝忌带入家门。在郊野见到不捡不理睬，视为秽气；病家人死，也不能乱扔，必须火化或随水流走，或掩埋，否则认为其灵魂还会返回回家室，伤害人畜。

　　在萨玛教观念中，人世间也有真、善、美、假、恶、丑之分，在萨玛神道观念的灵魂世界里，也有真、善、美、假、恶、丑的分别。萨玛教萨玛中之黑萨玛，即满洲先世女真称为"呼都高萨玛"，即邪怪萨玛。他们所驱策和主宰自己的神祇，便是邪神，以及瘟病、魔鬼诸神和魂魄。黑萨玛是害人萨玛，而神偶神群中之病瘟，灾祸神偶便多由他们掌管。萨玛依凭自己的神力与神威，能够迎请宇宙诸神来慑服宇内的邪恶灵魂，如治病便是萨玛依凭自己无敌的神威咒令病瘟神形入世，为族人治病除邪，这便是请来治病神偶的本意。萨玛神力低劣，是请不来病神偶的。萨玛能临时按谕示请来治病神偶，说明萨玛能慑服宇宙内灵魂的威力，当病人治好疾病，便当即送走治病神偶或令其在守护若干年份再离开人世；如果神偶治不好病人疫病，萨玛便惩罚它——以火化等宗教仪式除掉灾祸。由此也可以进一步说明，萨玛视所有形态不一、大小不等的瞒爷神世界，不是无生命的人造的"偶像"世界，而却实实在在地将他们看成一个活跃的、有知觉、有灵魂、有生命的另一个灵魂世界——另一个神人世界。它们是值得崇敬的，亦有氏族的敌仇。萨玛通过与各种神祇形体的交往、驱策与驾驭、格斗，才保持了平安宁静的人世，才有了人类的繁衍、生命的萌发、世界的阳关与春天。

传袭神偶

传袭北方各族众多的瞒爷神形（神偶）得以保存下来，除了梦幻、病许等程式保存下来外，还有突出一条因素是各族萨玛教的内部承袭。正如前述，神偶视为本族的珍宝圣物，由萨玛与本族总穆昆承袭下来，而且又在临终前传袭给下一代萨玛和总祀穆昆达，世代不息。除因战乱、民族部落争杀使神偶毁坏、遗失外，都能代代传流和供祀不停。在萨玛教观念中，瞒爷神形（神偶）越保存经年，越有灵气与神力。正因如此，近些年见到的满洲神偶，因年久色泽都变成暗黑色。从满洲诸姓萨玛祭礼证实，各姓承袭萨玛神偶不必有何礼仪程式，只是本族姓氏萨玛因生老病死，不断更替，萨玛不断"教乌云"培训提携新萨玛主持神堂，神堂前的萨玛因时光流逝在不断更替新人，而神堂前陈列的瞒爷神众形体只会在世代丰富，不会减少。它不随主祀萨玛的生老病死，而被更换，依然代代为本氏族服务。不过，依照萨玛礼法，萨玛（主祀大萨玛）去世时，他可以带走他生前梦幻中请来的偶体，或选定几种偶体陪葬，作为他在另一个灵魂世界的侍者和卫士。后世萨玛迎请祖先神时，常常有随葬过的瞒爷仙体，突然复现，代那位逝世的先哲萨玛传达神谕。复现的方式，多数是后世萨玛偶然梦见前世萨玛授给他陪葬的瞒爷神体，或者在道上又得到同样的陪葬的瞒爷神体。凡遇到这种兆候，萨玛必要在神堂焚香、击鼓、叩头，按梦意再复制曾随葬的瞒爷神偶。依照这种神偶所职司的事物范用，卜测会发生的事件，以防不预。

传装神偶

多数都属各族姓氏保留下来的常祀瞒爷神体。各族又根据本部落生活环境和生活特点，保留下来直接与自己生产生活密切相关的神祇形体。如，满洲及其先世女真诸部，比较早就定居，并发展了农业生产。因此，各姓氏神偶更多为育婴神偶、祖先瞒爷神偶以及对自然界崇拜的天宇神偶等，而祖先英雄神偶——瞒爷神占有突出数量，表现生产、工艺以及文化的发达和发展；而一些游牧民族如鄂伦春、鄂温克等民族，则多为猎神和其他动物神偶居多；过去久居东海窝稻部的满洲等一些姓氏，除有瞒爷神偶外，还保留有鱼形神偶及水神、船神神偶。

在北方满洲等民间常将瞒爷神体——神偶，称作"皮人"或"黑人"，其实不一定是用皮制成，也不原来就是黑色，而是常多往神偶上涂血迹，日久天长，红变褐，褐变黑，越积越厚，越坚硬，而成为黑色的"皮人"了。其因是北方原始诸民族最早皆以狩猎为生，饥饮兽血是饭食中之美餐。至今在鄂温克、鄂伦春、满、达斡尔、锡伯、蒙古等民族中，在萨玛祭祀中都有以血献神、祭神、跳神的习俗。北方民间久有"饮鲜血生壮力"之说，并将牲血滴于米酒中敬神，杀牲献血正是古代生活的遗风，给神祇敬献血汁，正表示神祇享用了祭物。

敬鲜血是最虔诚的表示。萨玛言："魂依血流，血行魂行，血凝魂止，则浮高体外，曰浮魂。魂依血养，魂凭血育，血旺魂壮，血热魂强，无敌天荐、鬼魔难当，曰养魂。"所谓"以血养魂，以血育魂，以血延魂"之说，在医学中是有朴素唯物道理的。所谓"魂魄"，实际便是生命。生命没有血液育养，生命是不能延续的。萨玛教将瞒爷神体的众神偶，完全视为其人形体，看作也是"人"，若维系其生存本能，使其生命绵长，就是补血，或者称为"嗜血"，使偶体内的灵魂长存，永活世间，为本氏族服务。萨玛教根本不将偶像崇拜看成是麻木无知觉的木石陈列物。这点，萨玛原始观念也非常纯真炽热的，反映了原始人类的生命观。

偶神形体制作时，皆与杀牲献血之宗教活动紧密糅合一起。偶体若是禽骨，便杀鹅、雁等飞禽血润骨，即将作偶体的材料先要泡在禽血中一宿，依神谕规定有时甚至七日、九日或一九、二九、三九不等；偶体若是木质、石质则要放在动物（鹿、犴、刺猬、猪）血中浸泡；偶体是牲骨，则什么动物就要捕捉什么动物，用其鲜血浸骨润骨，亦依照神谕昭示的时间浸润。其他如偶体是用皮革、布质、草质，亦要用牲禽鲜血润。经过血润后，偶体草、皮、木、骨等，有光泽和柔润性，再裁、编或缝制，乃至刻制偶体，质料脆硬不变形，而且木质经血润后内层增加红色血纹，永不燥裂，因血中含油质，浸润木内使木质经年不朽。萨玛所有瞒爷神形体，都专门放在一个瞒爷神匣中。有的是用桦皮编成的小筐篓，有的是用黄柏皮编成的长方神匣，有的是用白桦锯成的薄板钉成长方匣。有势者望族亦有用鱼骨、兽肋骨加鱼鳔胶，粘成的银色神盒，存放神偶。神偶喜放静地，一般多放室外、帐篷外的北方背阴处，以防烟熏燥热。为防虫蛀，常采走马芹、狼毒等野药草干燥后，磨成粉末，撒在神匣中，经年驱虫防腐。每逢春秋祭祀、年节等祭祀，都要敬请诸神体寓神堂，由总祀萨玛率众致祭，并要杀牲、蘸牲血于神偶唇边育魂。由此可见，嗜血与神偶口唇点血，都是神偶赋有神性的象征。若常年荒旱，没有猎物，萨玛育魂偶体，便要将神匣拿到清静的山野，使神偶能润得朝露与夜露，也可在大河中心处，用河心水点润神偶的眼、口、全身，传为有灵气。

北方萨玛诸神偶，按其单纯的原始心理意识，使他们不必用耳听，而让他们事事处处用眼观察，不论是白天还是黑夜，不论是多么遥远的地方，不论是多么高峻的山岩，不论是每个人心里在想什么、谋策什么？瞒爷神体在神匣中便可以洞策分毫，保护氏族部落永世吉祥安宁。所以，萨玛在制作神偶时，特别突出神偶都具有一双深邃的目光，突出眼珠和眼神。凡是雕刻的木、石、骨神偶，双眼炯炯有神，直视前方；即使是绘画的布、皮等缝制的偶像，则用黑珠或红珠代替双眼；即使是绘画的布偶神形，双眼都是睁得大大的。北方萨玛诸神偶都是睁眼神偶，绝没有闭目或半闭目的神偶，即使偶体再小，也必须画好双眼。这都是体现原始人类寄托所崇拜的瞒爷众神体，永世不知疲倦地遨游宇宙，观察人世万物，明察秋毫，扶正除恶。萨玛在制作神偶时，神偶的双目必须要用鲜牲血润泡，布帛神偶的双眼也要用血汁点染，甚至有的神偶眼珠就用红色石珠代替。血润神偶双目，也是萨玛教"以血育魂，以血涧魂"的观念的体现。萨玛特别是在有重大事如问卜等，请出瞒爷神体时，必要杀牲，用鲜血润点唇、目，并默诵神谕，祈祷神祇能"睁大眼睛，看穿千里迷雾，百里恶云"，卜得吉音。

最早的神偶，只有人形，不分性别。一般女性神偶居多，多用尖型头顶（或称柳叶头）代表女性神祇；平型头顶（或称方头）代表男性神祇。亦有些神偶，用脖颈部围一块"▲"型符号，代表女性，象征女阴。男性则不围，或者以"一"线型代替，象征男阳。制作男女双对神偶，据《吴氏我射库祭谱》中介绍，多在初春时血取黄羊、雄鹿、雄犴、刺猬等，血取其皮，制作男女对神偶。上述动物传讲生殖能力最强最速，而且制成仙体用本动物血汁浸泡数日，其皮色血润殷红闪亮透明后，才裁制成皮，然后再缝制男女皮人。吃这些动物的血糕，安胎壮子，一般家家都供祭血皮人数对，并于春秋两季狩猎麋鹿，制血糕、晒干胎等，边当茶饮边祈祷生育吉顺如意。

《瑷珲祖训遗拾》为富察氏家族历代长老，训教萨玛和族中子弟礼仪规范的备忘录，由富小昌、富德连讲撰。首章开篇，即富小昌口授之"萨玛血魂"说:"魂依血流,血凝魂壮,则浮离体外,曰浮魂。魂依血养,魂凭血育,血旺魂壮,血热魄强,无敌天荐,鬼魔难挡,曰养魂。魂无依则浮,魂有依则静。魂浮通天,魂静通人。浮魂依梦,静魂依形。梦中得数,梦中悉形,梦中感意,故名六序,曰梦神、会神、面神、识神、悦神、引神,方为悟得神体,制材藏魂。神魂寓焉,神悟蕴焉,居尔家室,阔清氛围。"

古昔生计,向以域地巍石为徽,以岩画铭胸臆,以踏捶声号啸聚群氓。辽金智能文兴,乐吟"乌勒本"扬家风,缅祖仪礼益诚焉。

满洲众姓唱诵祖德至诚,有竞歌于野者,有设棚聚友者。此风据悉康熙间来自宁古塔,戍居瑷珲沿成一景焉。

祖母忆云:满洲古有唱祖之制,虔诚备至,逢节庆而兴焉,俗曰"乌勒本"。祭祀颂祖,萨玛为之。庶众颂祖,"乌勒本"弘之。"乌勒本"颂己事,不言外姓哈喇轶闻趣话,盖因祭规如此。凡所唱述情节,与神案谱牒同样至尊,亨俎奠,春秋列入阖族祭仪之中。唱讲者各姓不一,有穆昆达,有萨玛。而萨玛讲唱者居多,睿智金口,滔滔如注,庶众弗及也。每开场,族中长幼,依序恭坐,述者焚香漱盥,而后诵叙之所陈故事,皆族源祖德忠勇诸类催人在起者,慎终追远,光耀先贤。因情节繁简,讲授有数日,数十日抑或稍长时日者。近世,瑷珲富察唱讲萨公布素,习染诸姓。富察家族家祭收尾三日,祭院祭天完毕,中夜后,阖族聚集老房子。屋室宽敞,肃穆无声,德高塑重的妈妈或玛发,西墙神龛请下神册。漱口,焚香,起讲《萨宁姑额真安班尼亚勒玛笔特曷》(《萨大人传》),诚为敬怀将军之义耳。

瑷珲蒙受雍乾嘉道几路修葺,堪称一绝,北方锁匙之誉。十里流波,龙旗舡舰,林岸岿石阵,商旅乐聚,物阜昌裕,两翼官学与塾馆齐盛。

家雠国耻,莫甚于庚子之难。黑水流尸,海兰凌辱,瑷珲火劫,北疆历代档册悉数一空。痛哉,富察氏族众于萨公逝后,为怀念将军曾在瑷珲北关立祠,并在附近建有小木楼一座,称"将军楼",藏康熙朝以来所征获之萨公文诰墨宝及友人馈赠之绢品、雕塑等纪念品。光绪俄难前俨若古城一景，迎迓多少远近名胄，均荡然无存矣。然，人心永不泯耶，满洲人家祭奉祖先，必动鼓板之乐，敬诵"萨将军、母子坟、三啸箭、救儿魂"①，以消长夜。

瑷珲满文长于宁古塔，几族同窗，共延满师，日久打虎儿、索伦有国学绝精者，盖兴旺自圣祖朝彭春公之创。诸多满族大族，多自明末即居此地，其子弟多随龙入关入仕，但祖产祖代却恪守瑷珲田园，民国至今老幼均操满语，严袭满洲礼俗。

盖因交通闭塞，地处边陲，开发晚近，遗留一片罕有之满风浓之地。宁古塔则为清初黑龙江将军驻地，清初招收的新满洲皆落户宁古塔，清初流人来瑷珲者甚少，至宁古塔者居多。伪满中期，族弟安禄曾受本族穆昆达之命，赴宁古塔寻根，归后讲，宁古塔满族多已不再说满语，甚奇之。应为宁古塔开发甚早，满风日淡，汉化影响颇深故也。伪康德四五年县教育科印发通讯记述了孙吴县满语使用情况，其中四季屯、大桦树林子、小桦树林子、霍尔莫津、吴家堡、曾家堡、潮水等村屯，满族男女老少多数都讲满语，婚丧嫁娶、年节和萨玛祭礼期间尤盛。

凡吾富察家族，自康熙朝为老将军立祀故乡之祭始，便独立成祭，祭必有颂，沿成常例。阖族文武渔猎涉外事务，由男穆昆达主持，人丁育教、饱暖杂艺及家祭等，但掌家姑奶奶昐派。虽互有分工，相辅主政，其中掌家姑奶奶权柄最大。说部育教，严尊掌家姑奶奶昐派："每岁春秋，恭听祖宗'乌勒本'，勿堕锐志。""乌勒本"内容宏富，有神龛中诸神的非凡故事、氏族发轫艰辛史、为氏族兴旺矢志献身的先民和各族精灵的英雄传说等。先妣曾言，忆昔吾宅声名赫赫，先翁发福凌阿接英和大人拜谒瑷珲，

---

① 所述"萨将军、母子坟、三啸箭、救儿魂"，系指满族传统"乌勒本"说部中讲唱的著名故事，《萨大人传》《雪妃娘娘和负鲁嘎罕》《飞啸三巧传奇》《音姜萨玛》。

曹彝卿、李秋亭亦临瑷珲，家翁依郎阿大人轿马陪护秋亭赴北域造访金棚。① 瑷珲有讲《英大人传》《秋亭大人归葬记》《北海寻亲记》（即《北海鄂霍次克海海祭》）者，叹已失传。余谨遵母命，遍访龙江众名镇，知者寥寥。北地人稀，文化未开，多采金谋皮之徒，掠富后迅即南归，皆惮风雪也。民国九年（1920年），孙蓉图修撰《黑龙江省瑷珲县志》，江山更易，故人难寻，史料搜求益艰，多有略述之处，情理之事。余穷尽陋乡，广征博闻，求亡羊补牢之役也。

相传清咸同至民国施政，老瑷珲城关魁星楼下十字街口，书艺场栉比鳞次，为北陲一景。有用扎板、琴弦、八角鼓弹唱《雪妃坟》《征马靥鲑》者。其中有位艺名"小雷公"者，为《征马靥鲑》所动，将它改为长段子河间大鼓《漠北精英传》，沿黑龙江上下奔走，住工棚子里给放排哥儿们弹唱，挣铜文百串，颇有声望，成一佳话。从吉林、盛京先后到瑷珲求财落脚，类似"小雷公"者，尚有"扇子刘""小彩凤""堂笑天"等诸老板。

伪满之初，瑷珲街里有芦家铁匠炉、刘家油坊、董家棺材铺，均雇有伙计，生意兴隆。董家棺材铺老板，河北人，手艺精巧，丧家凡订纸行活，如扎牛马童男童女等，均栩栩如生。伪满中期后，芦、刘、董几家掌柜先后离开了瑷珲城，只有金兰斋点心铺尚在，但门庭冷落。

多罗礼，一岁两举，以虚柳二星为祝期。虚见于秋，柳见于春，龟寿临天，秋弥春搜之日耳。届期，成丁者由族中长老引荐，俗以"图喇"（图腾柱）验身高。上刻花纹，成人依纹线定级，一般分半成丁、成丁两阶。随着社会进步，人口日繁，标尺多有改变，后以年龄为度。大约从八周岁视为幼丁，习弓马仪礼；十至十一岁半成丁，除习弓马、学智能外，亦参加渔猎及家务；十二至十四岁（后改十五至十八岁）为成丁，准社交、

---

① 金棚，北方采金人在金矿搭起的各式居住用的简易房子。

立家室。成丁礼，旨在沿袭氏族对族人伦理道德、人生礼仪、氏族传统教育之古制。由萨玛奶奶先击鼓吟唱本氏族发端神话、先民英雄故事并宣谕各种诫规、禁忌等，以维系整个氏族部落之诸众一心的凝聚力。原始萨玛教，在数千年来，极端低下的生产力生产关系孕育中所形成，并世代传袭着朴素的理想主义泛爱亲情意识，坦荡磊落，没有丝毫儒教观念的羁绊。氏族中高扬有赤诚的情爱，没有卑贱的分野。怜恤族众就是爱已，欺哄弱小必受氏族习惯法唾谴。氏族间充满野性的自由，应爱者就要大胆爱，应恨者就去大胆恨。没有虚伪，没有造作。即使族亲不可性爱，然氏族深情常在，倾溢着原始幼稚的真情、善情、美情。萨玛教崇道骨肉情深，视为立人之本，凡欲敬神、爱人、劳作，情而痴、情而迷、情而恒，无所不成。

"意淫"，是萨玛用语，满语常用"安巴姑宁"表示，汉意是增强的心意、意念、意图。萨玛教观念认为，人有三魂，孕育一种意念魂。据讲可离躯体，去延展和实现自己意念与情感中，想做而又不能办到的意图。意念魂，是最活泼的智慧魂、情感魂。"意淫"，也类似这种意念。"淫"在汉字中，含有洪、过、延之义。《管子》："淫淫乎与我俱生"，便含有增强、增进之意。"淫"为情痴、情真借喻词。"意淫"，便是意念中之痴情、情知和梦情。其原始意图，在于稳定氏族秩序，是萨玛观念中一贯追求着的最高理想意境。萨玛创世神话和满洲萨玛夜祭中，还崇拜虚宿。虚宿即北陆星，一名太清，立秋时现于北天。成丁礼多在春秋两季举行。

瑷珲大五家子村张石头，满洲正蓝旗人，祖居蓝旗沟官屯，其父张连贵与先父交友，常有往来。张石头幼名石头，幼年骑马摔伤右腿，走路蹒跚，然口齿伶俐，聪明过人，颇受先父喜爱，遂将二姐秀荣嫁之，招为养老女婿，管理余家房产田园，成为家主。先父故去，余在外地工作，老母帮他们照料家务，亦常住我处，双方走动亲密。他嗜酒喜烟，为人正义，肯于助人，自幼受本族文化熏陶，谙熟祖俗，能说一口流利的满洲话，且擅唱北方民歌、擅讲满洲神话故事，家母收其为"乌勒本"传人，更擅讲唱说部，附近村屯红白喜事均少不了张石头师傅光临，有声有色，老幼喜爱，风雪无阻，远远闻名，传播满语英雄业绩功不可没。

满洲素有北菜，盖有百年。满洲北方菜肴款式，系牲禽鱼蛇、燔烤、烹煮、蒸晒、面食、干果、汁饮等独特庖工之总称。金以降已备雏形，迨入清康熙朝，圣祖始发端，奉旨北戍黑龙江城、雅克萨城之八旗劲旅，所创意、承袭并渐形成之满洲席筵佳肴。满洲北菜以黑龙江将军所在地瑷珲新城为中心，辐射及墨尔根、卜奎乃至吉林乌拉等地方渔猎民族，特有之传统食俗与庖工技法，构成满洲北菜之独特风格，其中揉入满洲名厨岩木吉《北菜遗谱》，圣祖东巡所备制《布特哈行宫御膳食单》等，野意膳食诸款，后经雍乾诸朝历代选粹精求，自成一宗。有清一代，在黑龙江、吉林、盛京誉名斐然。满洲北菜，自雍乾以来，尤与京、川、鲁、粤、潮等诸席相合，而成名噪中华之"满汉全席"。清后期，国势日微，又因北菜用料苛严，疆域变迁，再因燔烤庖法尤难驾驭，故难得发展。清末民初，虽有经营者，叹已鲜为人知。北菜，系因与京、津、闽、粤、川、鲁、潮、港等中原大菜齐名，相较得名。北菜用料广域，近者黑水白山，远者萨哈连乌拉以北，东及锡霍特阿林及海，万类生物均入北菜之盟。而燔烤炙冰、烹炖蒸煮、晾晒生食，自宗庖旨。圣祖东巡，雅称北膳为北菜，相沿袭用。北菜，满语"阿玛里刻包哈"。"包哈"，即肴膳之意。清廷设包哈局衙门，专研和备办满式席肴名菜，即饭食饽饽等，为皇家所御用。满菜源远流长，女真民间餐食成于系统菜肴，登入宾筵大雅，成于金代。据传，金太祖阿骨打宴群臣即用女真炙烤法烧燔狍鹿，并制芍药饮；太宗吴乞买慰宋臣赐女真肉粥；后金努尔哈赤时，筵宴皆凭猎获，使北菜得以光大。抚顺、开原马市时，女真设满席款待明臣商贾，常被女真野意庖法所倾倒，回明廷竞夸女真奇筵。弘扬北菜，著书载述者起于清名儒朱锡鬯，著有《食宪鸿秘》上下二卷传世，涉满菜（北菜）尚多。先父德连公，受母郭霍洛·琪任格训，习得宫中烹饪之术，积年心得，整理《满洲北菜索实录》一册，记述烧烤、鲜生、炖煮、窖贮、汁饮、干果、烤具等多项内容，并载庖工秘旨，对北菜饮食文化的历史演进，提供了珍贵的参证资料。郭霍洛·琪任格格格，乃清咸丰朝太皇太后身边侍女，因德连公之祖父发福凌阿，为咸丰帝侍卫，荣归故里时，太皇太后嘉其功，懿旨下嫁身边侍女郭霍洛·琪任格于其子依郎阿将军，赐名福晋，另有《满洲北菜索实录》一函。

白蒙元，绰号白蒙古，性格豪爽、擅猎、喜酒，满洲镶白旗人，祖居江东六十四屯，祖父曾是本族萨玛，病逝有年，从祖父处传下闻名的"乌车姑乌勒本"神歌九大"腓凌"（章节），附近妇孺皆知，为人崇敬。余同好友程连元等，于伪康德七年（1942年）春节间，在其马架子小舍内，由富凌和叔叔翻译，他本人敲着扣有无数小铜环的马鹿哈拉巴骨，利用四十多天时间，断断续续地为我们唱"乌勒本"神曲，将曾为满族妇孺皆知、但失传有年的黑水女真先民"博德音姆女萨玛乌车库乌勒本"，记录下来，留为传本。这部神话讲述的开天辟地的故事，故有些满族老人称之为"天宫大战"，我们在整理时沿用了这个名字。在黑龙江一带满族老户中，有多种传本。在满族富姓、吴姓、祁姓等家族中，也有讲述者，但都没有白蒙元传本完整。白蒙元一生未婚，无后，50年代病逝于四季屯。

民国初年，宝音萨玛弟子富德才老人，曾于病中，梦到黑龙江边钓到九条黑色七星鱼，醒来疯狂地满屋找七星鱼。全家大惊，结果，果真在屋外木盆里有九条活着的七星鱼。北民民俗，七星鱼俗称"鳇鱼舅舅"，见此鱼，渔民视为不祥，渔产不丰。德才痴言七星鱼引他见江中一白发婆，口授"乌车姑乌勒本"九段，从此便能讲述"天宫大战"，其情节竟超过萨玛本传内容，为萨玛敬佩崇仰。瑷珲满族有佟姓、胡姓家族，有大力神玛发，其神形为具有人的慈善之心和智慧的人形，但其灵魂则是一种顶天立地的怪兽。其降神时可用腹腔之气吹灭油灯，距离由近及远，或吹摇树叶，传留下口喷术要领："口圆、颈挺、腹收、腹填、脚顿也"。徐姓神词中有"安班德德瞒爷",头生独角,创地开沟,堆石为山,山高石落,安班德德瞒爷死于石害,埋于地下。土日日增,地日日沉,出现了高山,沉在地下的土化为白石。族人吃山产、住石棚,传嗣百代。

满人先知古昔常以符号为记,其法多以堆石积荆述事。如观鸟落枝层层,便仿之于地上划出一层一层道子,以此法宝计数,进而出现由"一"字演绎而成的各种划法的图案。符号计量法日趋简要便捷。

新石器时代辽河流域出土的陶片划纹（富育光绘）

民国年间,瑷珲大五家子满族一些富户即用木刻法记载借粮、借款的数字,当地满人称作"刻牌法"。刻牌是用木板制成,分户单立。有几户经济往来关系者,便备设几块刻牌。借贷者每向东家借米一升,便在自己的刻板上刻形记号,一块板用毕,再另用一块新板。年终时只需要计算一下刻牌数量,便知借出了多少粮食。相传,清康熙年间驱逐罗刹入侵的雅克萨之战时,清军统计后备给养,即使用"刻板法"计算库藏收入与支出。后来永戍黑龙江的八旗后裔们将此法一直传用下来。

相传刻板法,满族先祖最早学于飞鸟,见鸟儿落枝头是一层一层,于是模仿在地上划出一层一层的道子,以此记数,进而出现了"三、三""丰""正"等划法,久而成习然。

瑷珲地方世居达斡尔人,主要以坤河为最,其他散户世居于富拉尔基、达音炉、新发屯等地方。同余康熙朝拓建之满人聚居官屯大五家子仅数里之遥，轸翼相辉，往来密切，多为世交或亲戚。清末，有位德巴克什者，姓苏勒哈喇，人称德五爷，达斡尔人，来自霍尔莫津，俗称爱米人，文才出众，人人敬仰之；另有一位索先生，亦为达斡尔人，系清末秀才，满汉齐通，能用满语讲述聊斋和三国、水浒等长篇故事。从正月至春耕前，连续数十日为族人讲唱，听众不仅为本族人，相邻六七十里开外的满族、索伦、鄂伦春等族，均骑马套车来听讲唱。他们还用流畅的满文为本族和满族诸姓书写萨玛神谕、谱牒和满文说部文本。逢年遇节，车马迎送，倍受尊敬。据传德五爷逝时，随葬品便有满文本《聊斋》。

东海窝稽部人与黑水女真人，萨玛葬礼具有特制，古代萨玛逝后，要行风葬。其尸体风化后，再捧拾神骨为室中神灵，存放于专缝的小桦篓内，挂在北墙，外迁必携带。人死也有将骨放于椁中，可使子嗣不绝。

北民有"魂萦故里"之说。人死必将其所用之衣物、生前用器，及狗、马等随其火葬，俗称"烧饭"。早期也有水葬、土葬、风葬之习。盖此观念，意在安魂，使死者之魂不再返回人世觅寻心爱器物，以致令子孙不得安宁。传人死起"殃"时，送葬人要从火上过，并要漱口、洗手，使魂气不能回家。"殃"气亦指魂气而言，萨玛认为人初死之游离气为"殃"，时间久而游离不移曰"魂"。"魂"发生作用于人于物，而生异兆曰"灵魂"或"魂灵"。魂浮游、延续时间越长，其魂气与神气越不可匹敌。萨玛言："初魂易伏，久魂为神。人死其气不灭，其魂常留人间。魂非妖孽、鬼怪，只不过为宇宙间气化、气运、气行、气凝、气聚而已。"故萨玛以祭祀收摄魂气，鬼惧萨玛，萨玛不惧鬼也。

瑷珲古有悬棺古俗，男女死原为火葬，骨灰盛于陶罐中埋于地下或随人迁移。陶罐上必先刺一孔隙，称"灵魂孔"，便于灵魂出入的孔道。唯童子早夭，尚未成丁，俗制小木棺高悬于村舍附近的各类高树枝上存放，任其风日吹晒，久之朽枯堕落地上，让大地上叶土掩埋。寓意幼儿像活泼的小鸟儿一样，其魂故称"雀魂"，喜动与玩耍，使其飞落枝头，任其翱翔。

满洲耆老有言，古时北方生民未有文字前，便归纳、积累和传播着诸多古老的卜占法，以谋生存之顺。如，凭借人之视觉、嗅觉、触觉，判定偶发异征异象，测定自然异态，祈求吉顺与平安。此类卜术简单易行，传袭甚久。

富察小昌在《乡祀笔汇录》中又载记了萨玛卜筮。古史考云："庖牺氏作，始有筮，其后殷时，巫咸善筮。"禹穴碑曰："伏羲得神脊，而定皇策。"《周礼》曰："凡卜筮，兆占体，大夫占色，史占墨，卜人占拆。"正如文中所说，"卜灼龟也，象兆之纵横也。"《礼记》云："龟为卜，筴为筮"。《书》云："官占唯先，蔽志昆命于元龟。"《史记》云："卜者以法天地，象四时，顺于仁义，分策定卦，旋式正棊而后言天地利害，事之成败，昔先王先定国，必先龟筴日月，而乃敢代正时日，乃后入家产子必先占吉凶，后乃育之，伏羲作八卦，周文王演为三百八十四爻，而天下治，勾践放文王八卦以破敌国霸天下。"

最原始的卜占活动，从北方萨玛教可以证实，这在未有文字之先，原始人类凭着与自然抗争便在归纳、积累和传播着最低级、最朴素的卜占观念了。

据萨玛教资料，最早占卜是：

异兆卜 即异兆、异候或异象，都是原始时观验性证候法。其法主要凭藉人之视觉、嗅觉、触觉对某一客体的观察检验，依据平常一般性特征，鉴别其偶发州之异态、异征、异象，确定事物的反常和吉顺凶险。这种卜候法比较简单易行，在北方诸民族中传袭甚久。如，江河生泡沫，卜为涨水；地穴生蛙为湿象，久居则生疠疫；地穴蛇蚁聚亡，卜生有鬼气（沼气类），必速远徙；巢居无鸟，树叶卷萎，为时疫候，三日不迁则染疠；鱼群浮水面，有沼毒，不可饮，卜为凶地；穴屋无火而燥热，黄鼠、蛇、蜥、貉、鼬有穴不居，衔尾长驱远遁，十日内必有地动溢水，卜为凶兆；虎栖沃地，卜人宜居宜狩；深谷常雾，日阳无芒，卜为灾象，只可猎狩，不可安宅；鸟群飞噪，连日不宁，必生灾异，凶象可断；黄花生，卜鹿獐，芍药白，熊罴来；虎食人，洞中骨；豺食人，冈上骨；鹫蟒害，树上骨，白骨陈野，卜刀兵；草如柴，叶焦落，虫蝶死，塔头热，地生烟，五日不过，卜流火；头跳风，脖跳惊，乳跳痈，腋跳臂，乳下静死，女腹跳子，男腹跳胀，虫泻可卜；猪鹿惊遁，必有水火；山窝炸雷，卜火卜亡，等等。

许多萨源丁师教，口若悬河，皆能背诵不差，平时告诫族人，或为特殊情况时应急的预防卜语和医治急症卜方。这些看似乎不属于卜术，而是谣谚，其实此外最早之卜辞，源于生活，训育后人。

物测卜 原始先民常对困境险地攫取某种物件与生物，测试险情险状，卜定吉凶，亦是很古就有的简单易行的占候法。如，水中投石木，以卜流急深浅；洞穴中放入蛙、鸟，然后取出以断穴中是否有毒气（沼气）或蟒蛇；往日洞中驱赶狍鹿，观其动静，测断深洞中是否有猛禽猛兽；夜火烤兽、禽骨肉，依凭肉香招引山魈、熊罴、野民，以断卜存身栖居是否安宁；换捕野猪崽、鹿、犴等，分别立桩缚于一处林中，次日查看是否尚存，断卜此地是否有狼、豺、猞猁、豹等动物，便可设阱、铗猎获。又如，萨玛教满族富察氏神谕中还有阿布卡赫赫，"见獐、鹿、犴、狍所食嫩草为无毒草，从中选野草可人吃者九十九种，见虎、豹、熊、獾、貉、獐、狼、狐、貂、鼠长毛御风雪，便叫众兽以皮为生民之衣共九百九十九种，见飞禽毛羽长翎可制女服，便叫众禽以羽为生民之饰共九千九百九十九种，见河值长游水中，便叫众鱼以肉皮为生民之衣食共计九万九千九百九十九种。所以，北方均多用'渔猎'"。这个应世神话中的故事，实际上就是原始人类对自然界的认识和利用，以神话的形式传承下来。对这些自然物的利用，原始人最初是不理解、不会的。这种征服与驾驭自然界的衣食能力，便也是原始人最初的探测卜中，逐渐认识这一生活规律和常识的。

先兆卜 原始初民有时还经长期的社会与自然界某种变化，如日蚀、月蚀、风、雷、电、闪、地壳变迁、地震余威、江河湖海的潮涨涵涝、野火、瘟疫等等难以预料的事件中，逐渐认识、掌握、积累一些生活常识和经验，传袭后代。因而，对再重复出现的陡然变迁便产生了抵御能力，从而归纳出卜断术，这便是先兆卜。在萨玛教至今仍保留许多属于先兆卜的实例。经同老萨玛调查，猫头鹰白日落院鸣叫，为不详前兆，其道里是：猫头鹰属野鸟，白日休栖林梢，所以白日惊落鸣叫而入村寨，必有侵袭的敌人或遇瘟疫，鸣啼群觅偶，故此白日飞出，由此可初步卜定为有灾异。当然，任何事物都有其偶然性，卜占只是提出某种可能性，供人警觉和启示而已。

又如，久住山莽的部落，在霪雨连绵的雨夜，忽然听到山崖中呜呜轰响，蛇鼠逃窜，此为山啸前兆，卜为大凶，必须迅速转徙安全地带，否则便可能发生人畜村寨灭顶覆没之灾。

再如，满族等民族在祭祀时有祭"山塔哈"女神的，即祭天花神。往昔，天花瘟有全村灭绝之难，向为北方古人所惧。所以，在祭祀神谕中，传下来许多有关天花的先兆，令后世警觉。卜者只要发现以下诸类先兆，便可认为有可能发生天花灾瘟。"山塔哈"是满语，原音本是"沙延衣依尔哈"即"白的花"，屯家中有人身上突发热，前身心生白红点，像花点、奇痒，重者不省人事，便是开花症兆。只要发现一人，不论大人小孩，萨玛便要求祈天花神，视为开花瘟病的先兆。病者高烧、喉疼痒、便秘、喜冰、妄癔语，亦视为天花先兆。一年四季，或常燥旱、爆温，或湿雨不止，或风啸尘天，萨玛便视为瘟疫前兆，卜筮吉凶。春燕弃巢不归，檐雀坠死，萨玛亦视为天花疫先兆。驱车过客，突然驽马喷鼻，踏蹄不前，嘶叫不已，便视为有猛兽的前兆。

占卜的种类：

骨卜 用骨类占卜在北方萨玛教中十分普遍。采用骨类作卜器源于各种生物的骨骼，包括人、虎、豹、熊、狼、獾、猞猁、鹿、狍、野猪、犴、驯鹿、刺猬、山羊、大蜥蜴、狸、蝙蝠等,另外飞禽中鹫、鹰、雕、雉、鹇、雁、鹤类,野雀类和家养的牲畜牛、马、猪、羊、犬和鸡、鸭、鹅等,再者水中之鱼类,主要是超过二三斤以上的鱼为佳。除此两栖类的水獭、水蛇、龟类,陆上的巨蜥、虫类中还可用大马莲蝴蝶、大彩色牛蛾、大蚰蜒等百足虫、大蜘蛛、大蝼蛄、大蜻蜓、人蝗虫、萤类等等。从《乡祀笔汇录》中可知,"百兽、百鸟、百虫无不可不为卜者,因奇而卜,因猛而卜,因形而卜,因色而卜,因时而卜,因事而卜。凡作卜者,均选用某一物之某一特有骨骼、脏器、肢节也。且必生捕,死、腐、兽啮、射杀、病羸者不采也。"由此可以看出,卜用甚严,不可敷衍为卜,视为不灵无效。

卜骨（富育光绘）

出土于汪清县百草沟乡安田村东嘎呀河右岸台地上遗址,时间已从青铜时代进入铁器时代,当在战国至两汉时期。卜骨用羊户胛骨制成,背面有大小不一的灼痕。未灼透、无钻凿孔和刻辞。

采作骨卜者，各种生物作用部位、器官不同，兽类多用牙、掌趾骨、肋骨、胛骨、头骨、尾骨、膝胫碎骨，除此百兽众畜之雄性生殖器（俗称"鞭"）；鸟禽类主要全骨骼架，用线穿成的白骨完鸟，或胸丁字骨、足骼管骨，以及新鲜脏腑；虫类主要观其形状、声、色、动态，用全虫；鱼类主要用其喉牙两颗、大鱼鳃片、鳞片、脏腑等鲜骨物等；龟、蟒等用其骨，蟒还用其皮，但必须有纹彩者可作卜用。

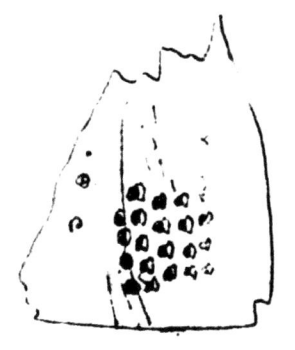 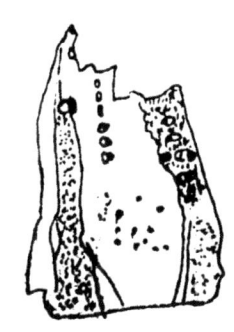 

卜骨（富育光绘）

卜骨为牛的右肩胛骨，琵琶骨，胛骨修理规整，背面的胛面削平，两面修磨光滑，正面的钻孔呈半圆形。

从满族极其先世女真萨玛古神谕中可知，在骨卜中有的姓氏还世代传袭着人骨，主要是本姓开始的远祖萨玛的天灵盖骨，是最为虔诚崇拜之灵骨，非一般占卜不敢请用者。

草木卜 萨玛教采用植物为卜器者尤多，没有严格规定，不像中原商周以来必用筴蓍竹类或蓍类等的一种草作卜器。北方萨玛教尚属原始性甚强的宗教信仰，遇事遇险，随手拾草木为卜，亦甚灵效。木类如松、柳、榆、槐、桦、杨、柞、黄蘗、水冬瓜、楸、冬青、荆、藤、铁梨木、老鸹眼木、钻心木、赤心木、空心木、山里红木、爬山虎、爬地松、水生木、倒生木等等；草类为乌拉草、兰草、苫房草、塔头草、节骨草、车前草、野豆秧草、蜀葵草、水萍、蒲草、藻草、芦苇、苔藓、蒿草、苜蓿、葛类草、茅草、白头翁、蒺藜等等；花类如凤仙花、芍药花、百合花及根、黄花、迎春花（鞑子香）、刺梅果花、杏花、棠梨花、山梨花、灯笼花、黄瓜香花、紫铃花、山茶花、野菊花、金簪花、粉莲花、牵牛花、鸡冠花、婆婆丁花、野地小叶白花、冰了花、雪地杜鹃花等等，都可以随时成为萨满的头饰、头环，并作卜神所用。草、木、花类必选自高山、水滨、空气清新而无畜粪污浊之地。采时必在日出前有露者为最佳，采活木、鲜花、鲜草有水珠者，凡来之本多用其枝其皮，草用其茎，花用其苞朵，经焙制而后卜用。萨玛用花木草等占卜，主要卜丰稔、虫害、年景、疫疾等，茅草、树皮等断其丝纹，开卜凶吉诸事。除此，花草树木等披饰萨满神服之上，意为百草灵魂掩护，使鬼魔辨识不清，可潜游于魔邪中，寻觅被搜取其困扰者的人魂，返回世间。

星光卜 从北方诸民族萨玛神谕中可知，最初的萨玛教星光卜，多属自然界占候性质的占卜。占视风向年景，阴晴寒暖等，后来随社会的发展，原始的星象学随之产生，依据北方地域地理特点产生了冬令星图等等，又受汉文化影响，十二宫及二十八星宿等和五大行星运行、日月升降等，在萨玛教中亦有广泛传播，内容丰富突出者，首推满族萨玛教，其次为蒙古族萨玛教。在星卜中多以三星、北斗等为主星，测时辰和方向。除此，根据星斗的分布、颜色、光度、滑抖等变态，绘制了占卜星图。鄂伦春等民族，也在长期生产生活中，有自己的星图、星阵和星象解释与星象占候。除此，北方诸民族还保留各有特点之星象神话。

金石卜 在萨玛占卜中，还选用五彩矿石作卜器，或打制石器，多为传年久远之各种形状石器，既可做神衣佩饰，又可为占卜神器。除此，铜镜、瓦片、瓷片、琥珀、琉球、针、簪、元宝、元锞、古钱、古代剑矛、铜铃、鞍饰、蘘头桃形尖器、扁方、古笛、古口弦琴，等等，都可以作为卜器。但是，凡能从金石古器中，选作萨玛珍藏的卜器者，多数都成于两种来源：一种是祖先数代传承下来的生活遗物，和萨玛先人传承下来的遗物，便视为珍宝，含有灵魂之气，秘为卜物；一种是由某一代萨玛或本民族人，所挖掘、征战得到的古墓中之遗物，年代多有数千年之久，便视为含有幽冥之灵气、神气、鬼气，便可秘传为卜物。古墓遗物，可以"占鬼"。

梦卜 人体的特异活动，如突然心跳、眼皮跳动、耳鸣、头发根发扎、恍惚中有人呼唤、自言自语、打喷嚏、手中物突然丢失或失而复得、做梦等等，都被视为不可思议之某种灾喜出现前的先兆。在萨玛教中上述种种人体出现的体态变化，都被萨玛自身占卜或嘱当事者自卜的依据。其中，尤以梦卜与圆梦最为突出。其实，这些体态突发性的变异卜象，极为普遍。不单在北方诸民族中存在，从大宗资料看，世界上不少民族都存在相类似现象，我国古籍亦有记载，如《汉书·艺文志》中《嚏耳鸣杂占》十六卷云："众占非一，而梦为大"，足见对梦卜与圆梦何等之重视。并言："占梦，掌其岁时，观天地之会，辨阴阳之气，以日月星辰占六梦之吉凶：一曰正梦，二曰噩梦，三曰思梦，四曰寤梦，五曰喜梦，六曰俱梦"。我国关于梦卜记载，早在殷墟卜辞中便有叙述，《诗·小雅》中并有记述占梦卜古歌："乃寝乃兴，乃占我梦"。中原巫术与梦卜书籍甚浩繁，影响甚深广，甚至在道教中亦有圆梦道学。而且，梦卜与圆梦学又远播我国的南北邻国，如越南、朝鲜、缅甸、蒙古、日本等国，构成一股强大的信仰力量。

北方萨玛教诸民族的梦卜，虽有各自之流变，仔细比较，其中与中原诸地梦卜与圆梦祥析内容，基本大同小异。而且，有己诸多无法考究其源，已相揉融于一体。梦卜，虽为萨玛教术中影响颇大之一类，纵观萨玛教诸多卜术卜法，梦卜尚不算最有代表性的原始术。吾等可从最有代表性之原始卜术中，探讨北方原始文化及心理思维观念。梦卜，虽然各民族都曾有过和经历过的思维观念和迷信认识，但由于其所具有的广泛性和普遍性，很大成分上已经于很久以前，便已融汇于亚洲文化和我们中华民族所形成的数千年来的巫教及梦卜文化范畴之内。个性与民族特点保留已不其突出。

神偶和神器卜 神偶与神器卜，在萨玛教占卜中占有突出地位，且更具诸民族习性和心理信仰。神偶分木神偶、骨神偶、石神偶、革神偶、布帛神偶，包括然神祇、宇宙众神祇以及祖先神祇，有的神偶是人形，许多神偶为某种神祇的象征物。占卜观念，本源于有神灵护降预言或预示未来的吉凶祸福，是通过萨玛占卜祈祷，认为可以获得的。但是神偶则不同，神偶则视其非为"偶像"，而视为神，故而虔诚携带，或者供本于神龛和神匣、神篓内。诸神偶占卜，对萨玛教信仰者来说，便非常虔敬地看成是在迎请某一位神祇亲临现场，为族人卜断疑难心情，尤比其他占卜法，更具对本族之神秘性。占卜时要焚香，要杀牲献血，要给神偶嘴上涂血，然后能占卜。卜问情由，一般是跪看神偶是否有晃动感，或看盒中神偶脸朝上朝下，或在众神偶中用手摸出其中一位，判定是何性质灾难（因神侧各有所司），或者晚上同梦卜结合判断，也可能与骨卜等相结合判断。总之，在占卜中礼序甚严甚多，非一般事则不敢扰动神偶占卜。而且许多形式占卜，因为占卜中许多咒语、赞语，以及占卜中神偶所示态势不可解，故一般家庭不便擅请偶卜。

萨玛所用神器，如镜、铃、刀、酒盅等等，亦可用以占卜。这些占卜，很可能是萨玛自己传袭下来的卜器，为治病、问事、求财、解难等族中杂务时使用，也都是专由萨玛进行，非常人可擅动者。此外，神偶与神器代作占卜使用时，亦可能因跳神祭祀、祈卜祭祀中事事顺利，或者萨玛患病、死丧、葬礼、寻魂、问卜等，满族、锡伯、赫哲、鄂伦春等族中萨玛举行偶卜或神器卜。据传，萨玛神器无人而颤，无人而响，或得梦兆，多有异因。萨玛必杀牲大祭，祈求神悦人安，足见偶卜与神器卜禁忌甚繁，极为讲究。

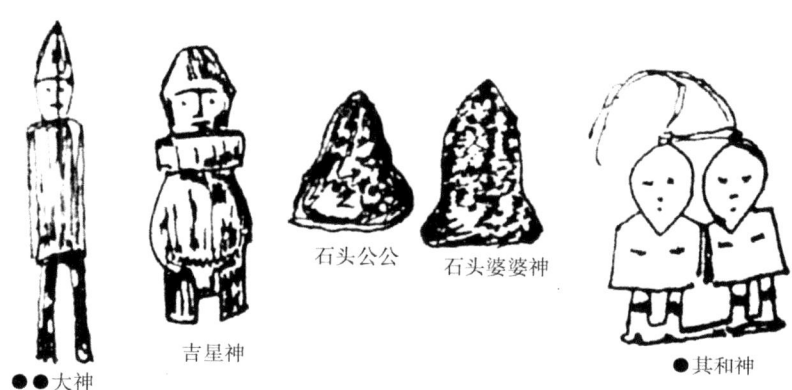

赫哲萨满神偶（富育光绘）

占卜物的制取与存弃 一个个带有血丝的骨骼，可能还发散着腥膻味，一块块粗糙的石砾，并看不出有何珍贵的价值，一束束花草，更像似牲畜的饲料，然而，就是这些极其普通的兽骨、石块、草木等，在崇信者眼里，视为神圣瑰宝，认为都是具有超人智慧的先知先觉者。尤不能对其轻视的是，所有这些器物，都有一个不平凡的经历，不是轻而易举地便来到主人虔诚敬奉的氏族宗教神坛之上的。

血取 凡所有动物骨骼，只要是用作占卜使用的部位，绝不可能从任何死牲身上割下一块，便可随意替代的。萨玛教属于产生于原始渔猎生产经济为主体的诸原始民族所崇信之宗教，仍保留着极熟练的杀牲求骨的高超技艺。这不仅在鄂伦春、鄂温克、达斡尔、赫哲等族萨玛祭祀中有此种高手，而从满族何姓萨玛祭祀程序过程中，便有明确记述：为取卜骨，选山中两岁雄鹿，"鹿尚未发情，鞭精未泄者方可用陷阱生缚，用河心水净洗冲刷，不可有污泥粪便，蹄尾皆净，抬至院外神案前，洒水领牲后，由青壮萨玛在鹿刚要跳站时，便刀断其喉嗓，血流如箭时，便踢倒活鹿。这时，可再来一名青壮萨玛，一个踩鹿脖，一个踩鹿后腿，踩前脖颈的萨玛，要迅即用尖刀豁开肩胛骨解下来，再解另一侧肩胛骨，然后两个萨玛各解下鹿四个足膝上的嘎拉哈，取完供于神案，叩头。就这个瞬间，其速不过半袋烟工夫。鹿此刻瘫在地上，虽血在流，两眼未闭，仍奄奄喷气耳。如鹿久不死，族人心痛之，用锤掂鹿头杀之，悉取全骨为吉顺。然后，全族共食骨肉，其余骨瘗等投入河中或埋于山上。"这是珲春何姓杀鹿取骨的过程，介绍颇细。萨玛所用卜骨，多数都是血取，如《瑷珲祖风遗拾》中载，瑷珲附近之达斡尔、鄂伦春族，往昔所用卜骨，也为血取。在捕到虎、豹、熊、黄羊、犴、猞猁等，在宰杀时便迅即取骨保存。甚至就连网得百斤重之细鳞、草根、鲤鱼等，为取占卜用之鱼牙，亦在宰杀后裂喉活取双齿。血取兽骨之风甚普遍。

　　从多数资料证实，占卜用兽骨的部位很多，绝不仅限于肩胛骨、嘎拉哈、肋骨等，不少血取卜骨经使用有灵验后，便世代传承下来。但也有一些卜骨，随萨玛陪葬或氏族建宅立基、争战亡灵葬地、祈祝江河不溢出河岸、山火蔓延进逼村寨时，萨玛往往也分投卜骨，祈祝安宁，因此，卜骨的形状不一，有完整的月那骨，有劈成薄条的胫骨，有短方肋骨片，有趾骨，有脊骨片，有尾骨小块。有些人认为这些卜骨都要经过刮洗，萨玛们说，要火灼骨片为少油烟、不易爆裂，除了可在灼处刮磨之外，一般血取后备用的卜骨，从兽体摘取后，只要是完整无损，干后又无变形碎裂，便都妥善装入桦皮篓或楸木下匣中。在火或太阳下焙晒风干，十数天后，骨上的残筋残肉便会自然干缩脱落，或用手指摘除掉。骨上血迹也会消失，但往往为求鲜下，专门还要抹上鲜兽血或点些自己的指血，认为有血灵，占卜极清晰准确。

　　其余如草类卜物，也切成半尺长（多以手掌为度），焙晒干燥后，整洁地摆放于桦树皮卜匣内备用。鸟类、伯类卜物，取法同兽类血取，其皮肉可食者食之，不可食者焚烧或送于河中与山上土葬，绝忌扬弃或被野兽、乌鸦等叼食，为不敬，而认为所取之卜物绝不灵，甚至怒而显凶象、不准和惑人。对所取之任何有生命体之卜器，是极虔诚的请卜仪式，不可疏忽。制卜禁忌，诸民族萨玛大同小异：采求和制卜物期间，采卜者必先净身，与妻子分房，住于寨外临时苦成的帐棚或小窝棚里面，要在棚内供上先世萨玛传世神偶，燃香祈告，卜物获得后仍要净身，直至制定放入卜匣卜篓内，才算终止禁忌。卜物不可以给除萨玛或卜者以外的人看，制出的卜物不能再经一般人手里摸过和玩耍，放于静室西墙高处，有些民族放于东墙或所住帐棚的东面和北面（挂于窝棚后面高枝上）。

梦取 有些卜物，如一块兽骨、一块奇形树根、一个九杈鹿角、一个花鼠皮、一块河心卵石，都是萨玛或占卜者的重要卜具。这些卜物，并不一定都是按前述办法血取或选择而得的，而是通过神奇的梦幻指引，而觅得的。在萨玛教观念中认为，梦是人灵魂的视觉与感受，是灵魂在另一个世界的历程的复现。人就是通过梦境进入另一个世界中去，在梦中可以见到、遇到、得到人世间无法获得的奇迹，可以进入许多千奇百怪的境域之内。所以这样，全仗一种游魂的功劳所致，也正因为如此，将梦中所见到的奇异的卜物，便认为是另一个世界中的游魂，给人以恩赐。特别是随着占卜术的日益神秘化与被广泛信仰，迷信色彩达到神秘崇拜的登峰造极程度，感到占卜物平凡获得已是不可能或者不会轻易得到的神秘灵物，只有依靠梦中受到的启示与指引，才能真正寻觅到另一个神秘世界的宝物——占卜物，带回人间才能具有神术和通神惊天的预见神力。萨玛与占卜者，极力追求梦卜、梦兆、梦示，指引或赐给占卜的神器。梦卜多数出现在一般卜术认为不灵验或遇到突出重大的事件，需要占卜，便用梦卜办法企图得到可以具有神验神效的卜物。不论是属于何种原因，求梦卜者，睡前都要有一个净身与妻室分房生活的阶段，还要独宿于幽静的深林荒野之中，不受世俗干扰，住茅帐、饮山泉，吃"天火肉"，犹如原始野居生活，不与亲朋接触。相传,只有这样才能得真梦。往日,除入睡外便信步漫游、攀山、跳涧、爬古树、钻幽洞,尽量使思绪进入迷茫之中。常听满族一些氏族萨玛讲,为求卜而遇蛇咬、兽伤、荆棘割肤,岩石伤脚,衣服如疯着,梦取是求卜中最含辛茹苦的举动。

神取 "血取"与"梦取"物,且然是制取占卜神物的主要手段。北方诸族各姓经过"血取"或"梦取"方法,在众多的自然界生物和金石草木中选定一两件本氏族、本穆昆或某一部落的占卜神器。随着氏族的分化。以家庭为单位的家长制越来越在社会上占到突出地位。在此情况下,以某一家庭成员承担或从事占卜事务,并占有占卜物,他既为本家庭成员占卜,又常常为其他家庭成员占卜,并接受报酬和礼品,逐渐出现和形成了"卜者",以占卜和预言、断事为主要职业者,在北方一些民族中也随之出现了。"神取"则为不同,占卜物是完全由氏族萨玛祭祀中获得的,都是萨玛祖传的,由后代萨玛代代相因,承袭使用。所以,"神取"的卜物,都最具有代表性,每个氏族姓氏各有自己的占卜物,成为本氏族的传世家珍和神圣的法器,被虔诚祭奠和精心供奉着。这类神传的卜物,每个穆昆可能就有一件或两件。萨玛便是依凭这个至宝,为本族卜断事物、灾异、讨求预言或为族人治病祛灾。仅以满族和鄂伦春等族为例,满族富察哈喇占卜用古柳枝,满族曷合特里哈喇占卜用铜镜与蛤蜊,满族何舍里哈喇占卜用鱼牙,满族尼玛查哈喇占卜用树根形神偶,满族刁洛哈喇占卜用哈马刀,满族伊尔根觉罗哈喇占卜用幌铃,满族那木都鲁哈喇占卜时用鹿嘎拉哈,等等。又如鄂伦春、赫哲、鄂温克、达斡尔等族萨玛占卜多用狍、犴、鹿的肩胛骨,而蒙古族萨玛占卜用羊肩胛骨,锡伯族萨玛也多用羊肩胛骨占卜,等等。当然,这些祖传数十年、数百年的占卜物,究其最先取得的方法,仍然是遵循传统的"血取"或"梦取"方法获得的,然后,本氏族萨玛又一代接一代传袭下来,成为本氏族神圣不可侵犯的守护灵。

意念取　意念是人瞬间忽现的思维形式，带有很大程度的突发性，也就是随着人对某种现象所产生的急骤闪念，而形成的心理意识。这种心理状态很大程度适应了对某种神异、惊险、神秘的占卜活动的满足。因为，亲人或心爱物突然失踪，至亲至爱的人突发重病，甚至生命垂危，或者个人某种朝夕渴念的夙愿未知结局，心理意识中便自然而然萌生出一种探求意愿，急切地想得知结局和能获得预言。这种意念便催使自己信意占卜，或者手摇铜钱，默念祈祝，查看是吉是凶，或者立筷于水碗中，查看其是否可以站立，判断休咎利害，等等，这便是占卜术中的"意念取卜"。意念取卜，形式灵活，因事而定，因情而定，没有固定的卜物，随机应变，不受一般占卜的约束。占卜所用神物，可随个人兴趣、愿望、心之所求，随时随地，都可以指定某种物件，作为临时占卜物。如用立筷、立鸡蛋、水上放硬币、硬币投入水缸中心点、箭射某中心点、往空中抛嘎拉哈看其反正、设签抽看、闭眼摸已写好的各种字测其含意，等等，内容形式非常丰富，不胜枚举。这方面的占卜，严格说来，在北方诸民族群众生活中，已被普遍采用，已经不属于原始萨玛教的占卜术，其中已受现实巫术占卜术等广泛影响。因此，形式亦属卜术一源，故录记之。

按照萨玛卜俗，卜物珍藏年代愈久远，卜占灵验愈神。故此，各族氏族萨玛所传承之卜物，都代代珍藏于萨玛神器、神案，同奉一处，非萨玛外任何族人不敢动。因其有灵，外人乱动，触怒卜物，便会眼肿头痛，或罹遭灾害，族人均迷信其祟，倍崇之。对于一般的卜器，占卜完毕均不收藏，如卜年丰的禾草花卉、卜天涝的青蛙、蜥蜴，卜日气温、气候的布谷鸟、小蛇等等。占卜时，察看其颜色、脏腑及胃中食物、瘦弱程度后，均不保存。又如，卜用的兽骨、龟骨、鱼骨等，因已经过火灼，亦不留用。或者制取卜物，中途碎裂不能用于占者。上述这些卜物卜具，均不可随意扬弃，乱抛乱扔，而要精心整理，多数是架柴火化，或送入江心深处，或埋于清幽之山岗上，亦可放置高树丫上，对卜物要像对待人一样予以火葬、土葬、水葬、风葬。萨玛教观念，就视卜器为有知觉、有灵验的守护神，绝不视为一般饰物。萨玛教诸种卜物，还可以作为避秽镇邪物，被族人们收藏着。但是，一般说来对另一族或另一姓的占卜物，都不愿保存。俗传可为原主充作耳目，秘事外泄。满洲、鄂伦春、达斡尔坤河民间故事里，都有萨玛用铜镜、卜牙、桦皮、鹿皮卜物，将另一部落萨玛服饰映照无光，而丧失神力，还将被妖魔夺走的人领出森林，带回瞎母的慈祥怀抱里，将迷路的马群，从白骨成堆的黑雕洞里引出来，像月亮一样照出道路，走出黑谷。在北方民族民间口头文学中，有许多故事便是奇特而神秘的卜器的传说与神话，很像外国一些魔杖、魔毯的美丽故事，在各族中流传，足见卜术的广泛影响。

萨玛近世卜术：

火灼法 火灼，主要是用火灼烧各种兽类或牛、羊、猪之肩胛骨，然后验看烧灼后的薄骨片，所出现裂纹、纵、横、斜、直、分义等形态布象，用以释译、测断其"示语""昭告"，以判断未来会发生何事。在我国满族等北方诸民族中，使用骨片火灼卜法，基本上大同小异，只不过由于生活环境、条件的变异，验示灼纹互有评点，所选用的骨卜类质有所不同。鄂伦春、鄂温克等族所用的骨料多为鹿、犴、狍等野兽骨类，达斡尔、赫哲等族亦用狍、鹿等骨料，满族及先世女真诸部基本上多用兽骨，后来定居远离山野，逐渐取用一二岁的野猪或家猪的肩胛骨，蒙古族等骨料则为牛、羊居多，个别也用马骨。龟甲骨，主要为龟腹甲，因龟生活于水泽区，对于众多活动于山林狩猎民族，不易常得，使用者不多。尤其是北方寒地龟少，多为河鳖，故不用。亦有从中原"尼堪人"（汉人）处"易购龟者，用于卜神"。当然，此多受汉人影响富有之家，一般女真人就地取材作占卜使用。

1942年秋，购本屯马德昌小麦两"普特"①，不久德昌便亲套马车送舍，余以鱼酒款待之。德昌兴致中言其数日前，赴霍尔莫津喜宴，晚在吴家睹见磨制卜骨，屯人敬慑围观，吴萨玛不语不避，顷刻已成十余枚，装入红色狍皮囊中。德昌离去，余将其言记之："余去九叔家时，九叔②在院中坐于狍皮凳上正在刳骨，眼前放九块胛骨，三块发白，另外一堆显黑红色。询之，言白者为狍胛骨，其余为熊骨和野猪、家猪骨。详审之，熊骨与野猪胛骨却难分辨，红黑色是宰杀后血润、发霉所致，经过加工即可白若狍骨。卜骨，血取后，先晒，再焙干，并刮尽上面的血污肉丝等物，成为轻而洁白的纯骨板。要常日晒，在骨质尚未干透时防虫、鼠损伤。灼卜，火用木炭或铁球、铁条火，尤以炭火为佳。骨厚薄适中为度，骨厚要凿、刮、磨，甚厚不易灼出裂纹；骨薄则易烧毁而裂纹。灼卜，多问病、丢物、远行、出猎出网、求福求财、婚丧嫁娶、生儿育女等事宜，九叔皆可卜也。邻里求之者众，九叔不要礼酬，只留白酒一小瓶耳。"

大桦树林子满族白蒙元"骨卜规条"如下：横纹 ☰☰，出行；横纹 一丨，早行；横纹 丨一，晚行。横纹 ‖，要忌行；竖纹 ‖‖ ‖‖，吉事；竖纹 ‖ ‖‖，小吉；竖纹 ‖ ‖，有大客（兽）；竖纹 丨 丨，慎行。竖纹 §§，多凶。鱼刺纹 ⊬⊬ YY，平平；鱼刺纹 ⊬Y，平上；鱼刺纹大吉；鱼刺纹 ⊬⊢，不出门……

上述灼纹规条有百余条，主要用于出猎打狐狸、黄鼠狼，套狍子、撵貉子等出猎前自己使用。他用的卜骨为狍肩胛骨。据载，灼骨前要焚香祈祷，并在祖先神案前供上卜骨若干块。再行叩首、问卜，然后便在西炕地上灼骨。灼时，肩胛骨小头向上，扇面在下，摆在神案前，可灼一点，即灼一孔，亦可灼三点，最多卜不灼过三点。如图：

---

① 普特：俄语，衡量单位，指一百斤。
② 九叔：北方民间一般尊老的一种习惯称呼。

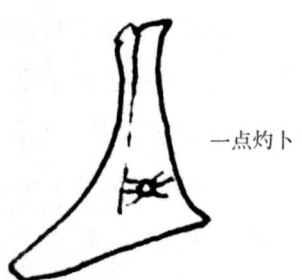
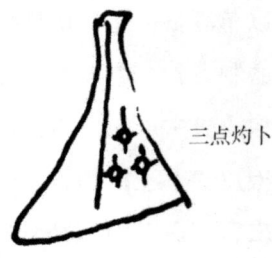

灼卜骨（富育光绘）

上述两骨均为灼卜后骨，前图"横纹≡≡"，后图"三元"，是大吉卜兆，三点火灼后，均能非常不易地都同时出现"✚"四通兆，这是最难得的上上大吉兆，寓意万事如意，事事亨通，能灼卜象兆可以看出纹条四方皆能，无处不通，所以是喜卜。在"骨卜规条"中还有两图如下：

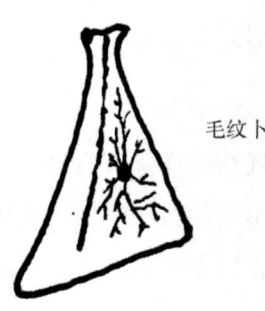

太阳卜与毛纹卜（富育光绘）

前图名曰"太阳卜"、灼后出现的点四周呈圆形烧灼，在图形后又如太阳光线似地向四处辐射，在骨中看出白骨上仿佛烧成一个太阳，这也是最吉祥的喜兆，即"安班乌勒滚"（大喜），很难出现的兆象。后图称曰"毛纹卜"，灼后再灼点四周呈现不规则的如毛针似地爆裂纹，为凶兆，视为血光兆，多要暴发某件难以预测的凶事，猎人若得此兆，俗语多认为是"兽吃人""枪药炸伤人"等等，绝忌出猎。

骨卜火灼，用凿、钻、磨等法占卜，多为猛兽肋巴扇骨和脊柱骨，或为破开的颈骨骨片。如图：

卜骨料（富育光绘）

凡用上述骨料，多用猛兽骨，越为猛兽，缚之甚难、占卜益艰，尤显求兆至诚。灼卜时，与其他灼法相同。

灼骨卜中，往昔亦有用人骨。在原始初民时期，氏族部落之间长期争战，人与兽并未有根本的分野，人兽杂居，人兽不分，而人的凶猛又要远高于其他猛兽。每一部落的人，在另一个其他部落人眼里便是猎物与威胁者。因此、便产生用比人自身更威猛的兽骨选作卜料，早年，这就要在另一部落中，选剽悍的野人的骨骼视为"万能骨"作卜料，视为最神奇的卜物。所以，用人骨占卜并不是奇怪的事，是正常的。在满洲古神话中传讲：东海窝稽部土叶姆里部落，是深居东海海岛上之女人部落，常到海岸偷袭飞优噶珊部的林寨。土叶姆里部女酋是萨玛，偷袭常遭重大损失，故劫走飞优噶珊男童数人，殉其身、用肩胛骨做灼骨卜料，以占吉候。

梦卜法 梦卜是人人都可以进行的卜算，因为每人夜晚都要睡眠，做梦是生理现象。所以，严格说来它不纯属于萨玛教中的术，是很广泛、很原始的寤梦后的心理解释。只是它的产生规律，是同人的特定生活、专业、爱好、环境及生活素质紧密相关。圆梦便是按照这个规律，再结合特定问卜人的心境，加以解释，所以它带有极大的偶然性与唯心思想。在北方各族中都有梦卜的事。如：鄂温克族就认为梦有好梦与坏梦之别。好梦，如捕到鱼、看到鱼，第二天就能打到野兽。梦中哭、骑马、骑驯鹿、穿破旧的衣服、遇见瘦人、与别人角力胜利等，都是好梦。尤其是梦中渡河为最好，能够在几年内全家平安。坏梦，如梦中掉上牙认为死青年人，掉下牙认为死老人，剪发要死人或死驯鹿。梦中刮脸、梳发、洗澡、角力会败给对方、梦中笑、高兴都是坏事。梦中吃好的、穿好的一定得病。看见两人打仗，一定驯鹿被狼吃，梦见打死熊，一定家里有人死，等等。鄂伦春人则认为，鬼和神可以给人托梦，或是灵魂离开肉体在作怪。如：梦见穿绸缎衣服，是要给双亲戴孝，梦见穿好衣服或有钱，是要患重病。梦见悲哀或哭愁，是要发生高兴的事。梦中在屎尿里打滚或屎尿沾在身上，打猎运气好。梦见太阳要做官。梦见星辰、月亮或拾到短枪，要生男孩子。梦见大哭，要遇到哭的事。梦见找不到马或捉不到马，打猎不顺利，或打不到鹿、犴。梦中结婚，能打到狐狸或其他贵重野兽。梦喝酒，能打到肥胖的野兽。梦中用枪打中了人，能打到熊或野猪。梦中捉到好多鱼，预兆下雨或降雪。梦到大鱼，是要下大雨或大雪。梦游冰，是减轻病症的征兆。梦里起飞，是预兆要升官或当萨玛。梦中理发，预兆要得重病或死亡。梦里向日落方向走，或顺水行船，预兆灵魂在向阴间走去，是死的征兆。梦见脸面胖起来，是要患病。老年人梦见和私人接触或同进饮食，预兆离死不远了。鄂温克与鄂伦春两族，因以狩猎为主要生产手段，所以梦中多以猎获为吉凶内容，经常生活于林莽间，也熟悉各种动物，所以梦见动物较为常事。其余也有不少梦，同满、达斡尔、赫哲、锡伯乃至汉族的梦卜及梦译，大同小异。因为这些民族，长期生活交往、思想互染，许多观念形态相通，互有影响，互相渗透。所以，许多梦卜及圆梦解释，与广大汉族已无甚区别。如：在梦卜中，梦中吃酒宴、好菜，各族都普遍认为不是吉兆，多数人解释为要得病，也有少数人解释为有倒霉之事。又如，梦见自己给人施舍大量钱财，或者梦见自己丢失了财物，都被解释为吉兆，说明自己消灾消祸，相反的梦便被解释为灾兆，说明生病、生是非、有外灾。

抛物卜 抛物卜在北方萨玛教中流传广泛和古老。各族所用抛物不同，但观念大同小异。据满族一些老萨玛讲，这种古老的实物占卜，最早源于星卜，仿照天宇间流星的陨落卜占吉凶的观念而产生的。满族及其女真先世凡有迁徙等活动，选择另个吉地，多数办法是部落游动到一个地址后，便用放逐活野雉的办法，选定定居地址。在满族诸姓火祭中，凡选定神树、火祭地点、部落分配住地等等，都要用鱼牙、猪牙占卜，由萨玛祈祷神灵后，将神圣的卜匣中卜物拿出来，阖族跪地，萨玛抛起鱼牙或猪牙等卜物，视其牙尖所指方向，便是择地而居之地点。甚至在萨玛祭祀前，满族有些姓氏萨玛要跳神、卜问吉凶，也抛掷猪牙等占卜，然后才击鼓跳神。鄂温克人习惯将鱼或兽的下颌骨向上扔抛，落地时如牙床向上，则好运；牙床向下，则坏运。他们在扔骨占卜时，嘴里还念"新昆都"，牙如向上时说"都普斯"，同时用拳打，这样连续扔三次，如牙向上时，认为福气，能打到野兽，如牙向下时，认为不好，打不到野兽。打猎时，如遇见别人放在棚上野兽额骨掉在地下时，要拿起来向上一扔，扔时要随便叫出一种野兽名，如鹿、犴、狍子等。他们认为说鹿时，牙向上的话，就能够打到鹿，牙向下时，认为打不到鹿，便找别的野兽。

用卜骨上抛，观其落稳后各面所指的方向，另一具有代表性的兽骨为"嘎拉哈"骨块。嘎拉哈落下后，有两个是永远不会向上或朝下的，而其他四面则分别被称为珍、轮、豹、坑四方。测方位时只用一枚，然各萨玛用珍、轮、豹、坑每代表的意义各有不同。

神授卜 在萨玛教崇拜的各民族，神授卜也有较大影响，即没有固定的卜物。因神授或意念指使，将某一物认作卜物，进行占卜为神投卜。如鄂伦春族的筷卜，在满族、赫哲、锡伯等族也存在，扶筷子三支，立于碗水中，卜者边问边立三筷，每一问均由卜者自问自答，凡答准答对了，筷子便能立起，便算做占卜成功了，其他如照镜、指纹占卜，都属于这种占卜。满族有些姓氏，用刺猬皮占卜，也属于神授卜，而且还有神话解释这种占卜的来源。在《天宫大战》神话中，相传阿布卡赫赫与耶鲁里争斗，耶鲁里狡黠诡诈，将阿布卡赫赫逗引很远很远的地方双方斗了月落月升，日落日升，不如多长时间，将赫赫引进四面茫茫的白云之中，分不清上下，分不清方向，赫赫被云气迷醉，神魂恍惚。传说神的魂也必须附在一物之上，时间长了，也要被白云卷走自消自散。在危机中，阿布卡赫赫自白云中抓到几个刺猬魂骨，抓在手里进入天宫刺猬中躲歇，才由刺猬魂帮助脱出云雾囚笼，耶鲁里又失败了。阿布卡赫赫甚赞刺猬骨针的神力，传告诸动物要用骨针生存，牛、羊、鹿、犴等动物将骨针安于头上成了角，天马将骨针安在前股右腿里部。所以马能辨认方向，卜吉顺，要用刺猬皮。至今，可见到马内腿有一块白骨在外，上不生毛称"夜眼"。此外，鄂伦春族跳笊篱姑姑，也是一种占卜。一般有三种跳法：一是由两个人手扶笊篱颤动，嘴中念诵着"罕见罕列"，然后向笊篱姑姑提出各种问题，如行者归期何时等，而笊篱向前后点几下头便是几天，若笊篱左右点头则是回不来；二是一人仰面躺卧，脚绑笊篱并轻轻抖动，释法同上；三是若某人在山中迷路，可将笊篱绑在有枝杈的树丫上，并以之穿戴上人的衣帽，然后频动树干，如笊篱以树干中心线为起点向哪个方向摇动的距离最大，那么该方向便是迷路人可走出迷境的方向。据讲这种卜法可能源自达斡尔人。

神投卜或意念卜　　往往以与猛兽搏斗的胜负占卜吉凶。满族部落中的女真先民伏猪伏熊力士甚多，并窖捕成群"米哈仓"（野猪崽）在部落中驯养食肉，还常以智擒猪熊为卜戏。年轻的巴图鲁们，亲手杀取的野猪牙，披挂一身，倍受族人敬慕。东海窝稽部女真屯寨中，有斗熊、斗野猪、斗蟒蛇习俗，其中斗野猪最为惊险，非遇重大族事必不办。部落达或萨玛达以斗猪或斗熊卜岁，或借此驱避瘟邪，或氏族间因得失围场与水源的复仇。举行时，由萨玛或部落首领，或选举出来的猎手，承担与野兽拼斗，称谓"神验"，也即是宗教许愿形式。兽毙曰吉，人伤曰凶。大祭时，先请萨玛请神，族众呐喊为斗者助阵。斗者赤胸赤脚，只攒一把石匕，立于木栅内，在神案前头焚香，萨玛击鼓唱神歌迎神。忽尔，一人突开窖兽，千斤野猪獠牙如刃，窜向斗者。斗者猛然从神案前跃进，跳上猪身，野猪惊吼，獠牙豁地成沟。斗者挥石匕刺瞎猪眼。野猪疼跳张口扑来，斗者早仰卧猪下，刺向猪心窝，很快掏出猪心肺，猪死，击掉獠牙供于神案前，为大吉大顺。胜者视为神助，死兽看作是神把魂取走了。因此，凶猪败亡。猪的双牙，由萨玛穿孔戴在斗者胸前。族人争抢猪的肋骨等，磨制各种佩饰，系于腰间，认为经过神验毙命的野兽灵骨，同类兽遇到或嗅到都要匿声逃遁。斗猪便是一种独特的惊险而又富有尚武精神的卜戏，反映民族心理和民族性格及北方地域风情特色。

古萨玛"神判" "神判"或称"神验""神断"，是萨玛教中一项庄严的祭程。"神判"就是本氏族中所发生或所遇到的任何重要事宜，要经过极其隆重而庄严的祭祷仪式，祈神进行公正的裁决评判，而确定氏族部落中一时无法解决和认定的事物。神判的祭祀手段，主要是通过神卜，尽管方法与形式各族各部落有许多不同，通过卜筮，如经火、水、猛兽验卜，其目的只有一个，就是企盼神灵助佑，判断是非吉凶，故曰"神判"。

"神判"多源于以下诸因：

氏族内发生重要的争执与械斗，氏族诸首领众说不一，难以统一，关系重大，唯以"神判"，方可明断曲直；

数个分支部落，分配不匀，争执不下，请神以"神判"方法予以财物分配，各支谨照神谕，遵守办理；

氏族确定各分支之住地、猎获地址、水源分配，以"神判"方式固定

下来;

　　氏族新推举之首领，人数与任人不统一，或突然来客和入伙的外来人，不知其心迹真伪，举行"神判"裁定后，族人信服，号令统一，等等。

　　凡产生上述情况后，便要由穆昆主持，萨玛祭神，举行"神判"，也有的小氏族由氏族担任专门卜筮的人进行"神判"。如前文介绍，火祭中各分支族人的住址选择，用野鸡飞落办法"神判"营址。如全氏族迁徙一地后，以鸟飞翔办法，确定在哪里安家落户好。又如，双方长期不睦、争战，用过火池的办法，各族人都要从烈火中穿过。用火的"神判"，洗净身上的邪秽，烧除互不信任、互相攻讦的魔鬼心理，变成团结勇武之大部落。再如，东海窝稽部的满族人钮姑录氏（郎姓），往昔每年春雪融化后，便到石岩中捕捉巨蟒数条，拿回部落，与本姓中之年轻人进行斗蟒祭礼。据传春天的蟒（北地无蟒，即选最粗大的蛇），刚苏醒不久，急着想吞吃食物，性情暴烈，性喜撕斗，林中小普类都十分惧怕。全族人经过祭礼、焚香、击鼓，年轻壮士然抓住巨蛇，将其皮与肉分开，巨蟒死去，由此卜定，全年是否风调雨顺。蛇弱易死视为年最不好、多为瘟情。若年轻壮与蟒搏斗，蛇猛缠人身，束紧如铁环，越缩越紧，而人力不能支，便有另外壮士冲上去，将米酒与烟火烧烤，掐着的蛇头，蛇便舒展长躯，放其生还荒野。凡这种形态便视为大吉，说明今年年最好、人育无灾。这种蟒蛇是"神判"，判定一年是否顺利。而与蟒蛇搏斗的年轻壮士，经"神判"后便被视为非常人，可选为首领，族人诚服。由此可以看出，占卜不一定都是为了求神降福、祈问未来。占卜在初民时期还起着重要的裁决和平衡势力的作用，是安抚部落的一种手段。

　　在初民期，氏族之间的维系主要依靠首领的组织力和生产力低下情况下的相互依赖。但在原始初民时期，也存在对某种生活资料的争夺问题。原始初民氏族内部出现的矛盾，还没有更有效地解决和说服办法。在特定的历史条件下，氏族人与人之间的关系和思想意识，还都非常简单低下，原始的宗教观念、灵魂观念、鬼神观念等，都在一定程度上占据着当时社会的主要思想阵地。神可以抉择一切。于是，便用"神判"方法决定各方面的争执，以求得氏族间的稳定与和睦，"神判"便成了重要的、任何方法不能替代的占卜法。用这样占卜，使全民族各方人士都相信，这是神祇给定下来的，是最合乎公理的，以此平息内部纷争，达到统一和安定。因此，可以说占卜术在古代所以非常盛行，还有一个社会组织形式方面的需求心理，也是不容忽视的。

近世，萨玛祭祀中占卜，很多是神判卜法的遗迹。在萨玛祭祀至今仍保留许多占卜或类似占卜的举动。如，在祭礼中，将野猪牙、鱼牙放在鼓面上，然后通过祈祷再扬在地上，族人大声呼喊，辨其休咎利害等等，实际上已经很少带有真正的神意，真正灵验的神灵助佑作用，变成了简单的模式化的祭程过场，不一定具有真正的测卜意义，只是一种祭祀中的礼序罢了。这也就更进一步说明了，神判占卜从开始，便是一种借神示的手段，反映人意的行动。"神判"，实际是"判"，因人之权威性与影响力、感召力，不如神祇强大，故而借神意以占卜。这在原始最初产生时，还能有一定的宗教作用和心理影响，后来逐渐变成一种利用占卜方法，而达到一定目的的形式了。

萨玛教信仰，乃满洲等北方诸民，专有之氏族信仰。千百年来，唯史书所言，乃夷蛮愚氓之习。清定鼎中原初，满洲将此带入长城之内，所祀所为，常为汉人背议，惊讶嬉笑，蛮荒所为，竟而不解。然因其执柄民族，互不敢妄议也。有清一代文诰，鲜有妄议萨玛者。萨玛素为氏族之祭，盖其规程向不外传也。故对萨玛礼仪与神祇，不敢妄议也。偶为者，亦将跳神记述，遵官文而概述之，或则浮言美誉，或则避而少论，盖畏言不及也。尤各姓之神谕不为外姓所晓，恪奉先训，诸姓则互守勿言也。

吴宝财，满洲正白旗，大桦树林子人，其爷及叔父，民国间皆本姓名萨玛，伪满后传于宝财，多年主祭，颇有声誉。其神以鹰、蟒、水獭、虎、熊为主，有两次钻冰眼经历，围众千余。宝财常言："祭神崇德，情发于理，歌发于心。"萨玛神功并非虚言而勤勉，各有敏求之妙，如，一沟一凸，一竖一行之花纹线理，便可讲出全族的部落起源发脉。再如，萨玛者通史者也，广征博引，勤谙族事，多于神祀时，唱有关天地开辟、万物形成及人类起源之神话古歌，以娱人乐神，崇德极远。

四季屯张刚玉家大萨玛神服，绣有很多鸟兽；下马厂祁世和家藏大萨玛神服，主要以百鸟神彩绣织而成。

满洲俗有成丁礼，满语称"井玄多罗"。多罗礼一岁两举，以虚、柳二星为祝期。虚见于秋，柳见于春，龟寿临天，秋狩春围之日也。重礼设于祖像前，焚香叩拜，男女均以图喇验身高，增岁则以野猪牙为垂饰。女为公野猪门牙，男为公野猪獠牙，行成丁礼，然后可婚配、交游焉。萨玛教弘道骨肉深情，视为立人之本，凡欲敬神、爱人、劳作，情而痴、情而迷、情而恒，无所不成。

婚娶南方称娶媳妇，北方谓娶姑娘。南方在母家开面后始上轿，北方至男家始用线开脸。

满洲妇女跪拜礼，跪地以右手三摸鬓礼，即"三叩首""三抚鬓"。

北人故习，天寒麇居一室，设火炕以取暖。阖家妇子同宿一室，老者之席，距火炕灶坑最近，次为稚幼，以火炕热度增减之差，为子孙长幼之序，爱敬之别。

宴客无嘉膳，视家资所有，猪鸡为上。寿诞婚礼宴客，殷富之家，碗碟各数十六，次等之家，八碗八碟，故有"十六席""八八席"之别。

瑷珲蒙雍乾嘉道几朝修葺，堪有固北锁匙之誉。十里流波，龙旗舡舰，林岸嵬木石阵，商旅乐聚，物阜昌裕，两翼官学与塾馆齐盛。瑷珲西百余里，有山曰"一架山"，满语称"额木阿林"。该山为孙吴、瑷珲两县界山。头枕黑龙江，绵延北上，是横亘在黑龙江平原上的兴安岭山脉，由三座大山相连，故又称"三架山"。早年，山上临道边，建有关公和岳飞二圣庙，内塑神像数尊，形态伟岸惑人。外围朱漆板樯，高大牌楼正门，蔚为壮观。余奉秋之际，常率学生至此野游。其中，"二架山"处有一丘状高耸团山，矗立群峰之巅。山侧，有山体坍塌而成形之半拉卡山，山姿别有风韵。相传，此山形为康熙年间，清军"神威将军炮"炮轰罗刹匪徒所致。又据四季屯当地耆老言，古有达斡尔人特尔法部长老们，住"一架山"山坳间渔猎，山洞中画有参差星斗图像，时有进山砍柴、捕猎者，常偶有发现。可惜，清光绪年间地震后，踪迹难觅矣。

白蒙元家珍藏一块儿白熊皮，白绒绒的毛色发着光亮，用手抚摸宜厚柔暖，谁见谁喜爱。这是其祖在世时喜欢用之坐垫儿。白蒙元很健谈，知道不少北猎趣闻。其白熊又叫北极熊，是北极一带最大的凶猛动物，体型巨大，全身长着厚厚的白毛，耳朵和脚掌亦为白毛，只是鼻头为黑。白熊牙齿锋利，奔跑速度极快。白熊在雪中育崽，小白熊十二月出世，体无毛，靠绝母熊乳汁，长得很快，几个星期后，便随母熊猎食海豹。北极熊冬眠，不涉食，转入夏天，捕捉海豹、海象，躯体肥胖而强劲。早些年，满洲等北方猎人常远涉北海以北，捕获鹰、貂和各种动物，同北地野人交往亲密，相互以物易物。北人尤喜用白熊皮、海象牙、鲸须等，换绸缎、布帛、酒、茶及日用品。白家这块先人们留下来的白熊皮，乃是六十年前稀罕遗物。

瑷珲城记

瑷珲为满语，本意为"母貂"（aihuu），往昔此地汉语译音标记很杂，有"艾浒""艾虎""艾呼"等称谓，皆系满语的不同汉语音译也。瑷珲之名源于当地有条小溪，流入黑龙江，土名曰艾浒毕拉，瑷珲因此而得名。为抵御罗刹南侵，副都统萨布素于清康熙二十二年（1683年）五月受命，率宁古塔和乌拉兵，来黑龙江建旧瑷珲城于精奇里江西岸，又称黑龙江城，俄称"维笑勒伊村"。该地属后魏黑水部，勿吉地，唐曰"黑水府"，金为"合懒路"，明为黑龙江忽里平寨。康熙十二年（1673年）设将军一员，十三年（1674年）始筑城。二十四年（1685年）初在此处建瑷珲新城。雅克萨之战胜利后，彭春公考虑将军衙门僻处江东，与内地交通及公文往来有诸多不便。于是，迁至下游十二里之江西，选择了俄国人顺治八年（1651年）烧毁之达斡尔屯寨"托尔加寨"旧址，重新建起了新瑷珲城，亦叫黑龙江城，满语称"萨哈连乌拉霍通"或叫瑷珲新城，即今之瑷珲。黑龙江城（瑷珲城）成为中国清代北方军事重镇之一。

当时初建的瑷珲新城规模，按《盛京通志》载："内城植松木为墙，中实以土，高一丈八尺。周围一千三百步，门四。西南北三面，植木为廓，南一门，西北各二门，东门临江，周围十里。""内城中的副都统公署在城内，原系将军公署，康熙二十九年（1690年）将军移驻墨尔根，改为副都统公署，大堂五间，堂司房二间，户兵刑工四司房十六间，仪门五间，大门三间。"内城中的大人府南有演武亭，"演武厅三间在城（即内城）西北"。有永积仓、贮谷仓二百十三间，在城南二里，康熙三十二年（1693

年）设，管仓者为七品仓官一员。除此，还有北营、南营、船库，设八旗水师营，官兵水手防边操练，春秋两季四十天，有大船、花船、桨船，修补船舰则到吉林码头。在瑷珲下游一架山的江套子中，还设有泊船地。

据四季屯满洲遗老传讲，在江东的老瑷珲城，当年先人们昼夜苦干，伐树填沟，开地基，一宿工夫就在城内开出一条街，打出两眼深井，后来还建成铁匠炉，不仅能给马挂掌，还能打刀、造滴达枪和铸和铁流星。还有豆腐坊和小饭馆。当年的瑷珲城，日夜灯笼火把，颇有声势。

据满洲富察哈喇家传三百余年之"乌勒本"《萨大人传》载，瑷珲新城最初由萨公请深受康熙帝钦佩的林氏史弟延请京师名师设图，将军衙门有正厅、二进式，草木结构，正门尚有三进大牌坊、长廊、甬道、功臣牌楼，有布库沙场、演兵场和练马练箭教场。北方春秋风劲，康雍乾道几经火灾，《盛京通志》所载瑷珲新城，仅为光绪朝之后修竣之图纸。

康熙二十四年（1685年）黑龙江将军移驻黑龙江江右岸的达呼尔族城堡—托尔加重建新黑龙江城，将军及副都统均移驻新瑷珲城。而江左岸的城堡称旧瑷珲，设城守尉镇守。后世多有不解其缘由者，常有讹误。瑷珲古城有新与旧、江右与江左之分，故有辟建两地之别。今人所熟悉之瑷珲城，乃是由黑龙江对岸迁移过来并逐年修扩增饰而成为后来规模，名满宇内，堪称物阜昌裕之御北锁匙。1900年庚子俄难，古瑷珲惨遭浩劫，巨火十数日不熄。史档城貌，毁之一炬，亘古奇案焉。

漠河 冬无阳春，夏无酷暑，春秋两季相连。九月中旬即进入冬季，长达八月以上。该地多西北风和暴雪，常有冰凇出现，白茫茫一片，行人不见影，极端气温有时竟在零下近五十摄氏度，为全国低温之最。漠河，每年六月下旬夏至前后九天中，白天特别长，晚上八点以后太阳才落山，但黑夜并不降临，至午夜百米内景物依稀可辨。这便是人们传讲的漠河白夜。此时，人们总好在江边下棋、打球、垂钓，常可看到神奇的北极光。北方天空中突然现出一个明亮的光点，光点逐渐扩展，愈来愈亮，色彩斑斓，变幻无穷。每年夏至，漠河天空只要没有云层阻挡，便易见极光。北极光形态多样，有条状、伞状、扇状、片状、葫芦状、梭状、圆柱状、球状等等，颜色为赤、橙、黄、绿、青、蓝、紫各色相间，色彩分明，缤纷绮丽，由初升到消逝，变幻神奇。其时，漠河地理纬度同北海南岸纬度大体一致。虽然北极光一年四季都有，但因为天气云层的关系，事实上很难年年都见到，常常是十几年才能见到一次。早年常深入到遥远北海一带捕鹰貂的人们，能经常看到壮观的北极光，视其为神迹，卜远猎丰盈与吉顺。

额苏里城 清康熙二十二年（1683年），先祖由宁古塔随戍瑷珲，时清军为选定征战罗刹之便捷要地，最初并未屯兵瑷珲，而是首先选定在黑龙江畔一处有几户达斡尔人家的小屯落作为屯兵之所。此地，恰在黑龙江畔瑷珲与呼玛之间，有一条由西南流入黑龙江的小河，从屯边经过，该屯达斡尔人称之为"额苏里"。这条无名小河，因清军在此驻扎，方便军事联络而知名，被称之为"额苏里毕尔汉"，即"额苏里小河"。该河流入黑龙江河口的段落，水深流急，河床两岸古树参天，翠柳成荫，不仅交通便利，更可隐蔽抗俄战船，是天然的战略要地。

雅克萨战役胜利后，清兵选择精奇里江口西岸的平川地带屯兵筑城，即旧瑷珲城，永戍黑龙江，直至康熙二十五年（1686年）后，将军衙门感到此处与内地有江水相隔，公文传达不便，遂迁于江西筑建新瑷珲城。自此数百年间，荒僻的江东沃野出现了数不尽的旗屯，一直伸延至精奇里江上游，村庄毗邻，良田千顷，牛奔马嘶，沃野谷香。精奇里江口，咸丰初出现海兰泡集镇，人口密集，商贾林立，日渐成为北疆名镇。

雅克萨城 又名红衣炮城，康熙二十二年（1683年）征剿罗刹，运用神威大炮十三尊，令罗刹败北。从此清兵驻雅克萨城，嗣后奉命撤防之际，奉请神炮凯旋，独有一炮坚不可动，始遗于彼。道光之前，有查边者称，尚见此炮半陷土中，但至同治年间有人再去看，仅见炮口，光绪年间，则已无此炮的任何信息。有人曾云，神炮已被敕封"镇北侯"。

在瑷珲北关曾留有一栋二层土木结构小楼，盖有年矣。此木楼寄予富察家族对祖先的敬仰与思恋之情。据耆老所述，此楼最早康熙三十年前后，萨布素老将军当年坐镇卜奎任将军时，曾几番来瑷珲省亲，最后一次约在他因事被劾，免将军职，赴京任职前，再来瑷珲叙别。当时，瑷珲众将并不晓老将军有事在身，仍像往常如喜事盈门一般，齐来迎接老将军。老将军此次来瑷珲，主要想看望故地，在众人陪同下，步行巡视瑷珲演兵场和水师营，看到北坡山岗上亲手栽种的一片红松林，长得茁壮挺拔；还乘扎卡大船上行至呼玛河口，远眺有时，忆昔挥师铁马勇撼顽敌的往事，念及在京师为臣的故友，或颐养天年或已病屙不起，感叹人生坎坷难测，不禁叹息不已，不忍动筷。陪同老将军的副都统额其泰将军，乃富察氏正黄旗人，当年随老将军一同由故乡宁古塔来瑷珲，并一起勘察额苏里、智战雅克萨、修江东和江西瑷珲城，修通向墨尔根、卜奎石土道，甚解将军心情，二人饮得大醉而归。船返瑷珲，萨布素似有准备，从衣胞中拿出他带来的俸银一包，对额其泰言："无论我走到哪里，心都在瑷珲城。请用这笔款买块地，垒个房，建个瑷珲纪念坊，纪念拓土开疆的将士。"

瑷珲城北头道沟西岸清亡后渐被乡民抢占。此地原为水师营旧地，有许多造船朽木与卯钉。民国初间，有山东灾民蓬莱齐姓人家，挑担出关，随天鹅奔至此地。齐家世代摆弄海船，到了瑷珲城，他们面对滚滚的黑龙江水，惊喜万分，连连望江叩头："此乃天佑！俺老齐家祖祖辈辈喜操船舶业，今可重整家业！"齐家邻居老王头，年近九十，亦为山东人，老乡见老乡，越谈越投机，决意合资造船，以为生计。老王家人丁兴旺，又有牛马骡子。于是，他们俩家在铁匠铺打了几板巨斧，昼夜在山中劳作，风餐露宿，一连数月，蚊虫咬的大包布满周身，砍得三十余棵粗壮的兴安岭红松，待隆冬时节进山踏雪拉回。民国十九年（1930年）旧历年三十，正值两家喜迎春节之时，身体一直硬朗的王老哥哥无疾而终。其长子王喜春时年五十有余，主持给王爷爷送丧。王喜春年轻时好摆船，但尚不掌握驾大帆船的本领，自齐家来瑷珲，喜春奉若神明，特办几桌酒席，延请四邻，拜齐家兄长为师，从此学会做六窖、七窖外加睡仓及炊事房的大桅杆木帆船。这种船只有清代水师营有，后因年湮日久，通晓制船技艺者乏人。日寇侵占东北，齐家不满日伪凌辱，毅然阖家回归关里。自齐师傅离开瑷珲，王喜春立志自强，独自将黑龙江船业重兴起来。

满洲风俗

富连群撰《玛虎朱陈志略》：瑷珲旧有玛虎戏，不仅活跃集镇闹市，且倡行于沿江村屯。不独满洲诸姓喜爱，汉人与爱米人、索伦人、栖林人、白俄人亦好之，成龙江特有之风。逢年节婚寿喜宴，玛虎戏与黑水秧歌竞美，穿村越乡，随观者络绎如长蛇焉。追索之，玛虎戏应早于黑水秧歌。玛虎戏之源，据依公（依郎阿）笔录观之，清初有之。统领玛喇圣祖朝来瑷珲，携来《诗经》《孟子》《左传》《本草纲目》，为瑷珲有古经文之始。玛喇统领常驻索伦兵中，与土民亲若手足。回京师留萨玛歌律三十九篇，玛虎曲牌百二十一首。由此思之，玛虎之戏在当年瑷珲八旗军中，必有盛传，不言而喻也。

玛虎者，满语也，汉语"假面"之意，也称鬼脸。随着满语渐废，时人不解玛虎之意，传言"玛虎子"，为鬼怪之意，附会也。

另萨玛跳神有皮玛虎，满人乡间亦俗传皮玛虎，求趣乡里。"皮玛虎"为满汉组合词，意为以皮革缝制成的面具。玛虎既是萨玛跳神的必备神具，被尊为村寨守护者和氏族至尊神祇。

传大辽王常召女真人入朝舞"跳锥"，亦常召童男童女着皮装，罩神、鸟、虎、蛇、熊罴、人脸马虎（面具），作歌舞，有鼓乐和之，激情时如沙麻晃忽神降，四座迷醉焉。明季女真部族城寨中，常有高柱称望柱。柱头雕以怪兽、鬼面，奉为瞒尼神。亦有以皮木雕绘各种面谱，竞跳马虎，俗称跳玛克辛以自娱。

据传，金代已有玛虎之戏。逢盛事，戴玛虎雀跃共娱。玛虎舞有猎舞、寿舞、辞岁舞、婚嫁舞、出征舞、分封舞、丧舞等等。玛虎假面至明中叶以来，各有不同，不单有鸟兽虫鱼，而以神话人物居多。男女老幼，凶恶善貌者咄咄若生。假面用料如龟盖、茅草编织、骨片与鱼鳔胶贴成。近世制作尤精，将圆木镂刻相嵌而成，可戴头上。舞时，有单人作舞，表述某段故事，叙唱相糅，更有绘声模拟痴态，令人啼笑捧腹；多为双人、四人、五人、众人舞，有合舞，亦有以一大头人为主，众小头人相拥舞，绘声绘色，蹦跳腾越，各有技法。神音兽吼，鸟鸣虫吟，宛若实状。玛虎朱陈（玛虎戏）尤重要者，各据戏词，用头、手、肩、腰、四肢、腕节、足掌作舞，坦示心声激情。玛虎朱陈动姿，有小摆腰，肩抖功，头摆功，多有模拟假面形象动势，故有马首、蛇首、龟首、鱼首、鹰首、百兽首、蜂首，动势千态百变，步伐有颤、蹲、跳、跨、丁形、蛇形（曲形）、前八字、后八字、扫步、踏步、旋步、团步、错步，四肢亦多八摆法，并与唱功、念功、跺字功、吟吼功相配，声情并茂。

头罩玛虎演绎故事，即谓玛虎戏，瑷珲普用满语，俗称"玛虎陈""玛虎朱赤温""玛虎朱春"，实即满洲罩面小戏。在瑷珲，玛虎并非装饰或陈设之物，自古素为满洲各望族萨玛、穆昆达、噶珊达、扈伦达、哈拉达部族珍藏之宝，皆有谱牒档色入案。各种玛虎造型，非闲庸者为，皆有尊贵身价、辈分、地位、名分。若绘神形，亦属世奉神祇、百灵魂体，各有履历故事、各有代代诵歌之功业。头罩玛虎，绝非余兴，初发轫于说古、颂古，发于缅怀、祭拜和演绎各代祖先故事。

瑷珲早年有《阿骨打发兵》《萨大人龙宫借粮》等，也有玛虎小戏，围观者常拥挤，喜爱其形，喜听其歌。考其源，皆清末至民国以降，传流之故事。下马场祁世和之父亦会玛虎小段，并言宁古塔亦玛虎小戏之源，盖传于清康熙朝戍边诸姓。据本家先妣美容额嬷所言，宁古塔玛虎戏很盛行。火苣城南柳毛沟子和江西老狐狸崴子，皆有部落。玛虎戏很有名，亦有汉尼堪流人倡演勒勒戏。宁古塔为文化荟萃之所，宁古塔多姓喜玛虎戏，戏中有萨玛故事，有猎物幻女救人；戏中人各罩玛虎，唱做技绝惊座。远戍瑷珲后，偶有稔此技者，在军中献艺，人聚如潮，缅萦乡情，台上台下声泪俱合，世代传继，阗从不泯。瑷珲满民祁大姑、徐大铁嘴、小五家子关锁柱玛发之子关大咧咧，皆为早年崇耀人物，闲游沿江村屯表演，争相款待之。

先父德连公，民国至伪满初年，为本姓总穆昆，常向族人传讲家传。瑷珲玛虎喜耍者，传自祖地宁古塔。若逢年节或婚寿喜宴，玛虎戏与黑水秧歌齐驱竞美。康熙二十一年壬戌（1682年），富察家族奉旨北上，由火苴西沟营子、家口百六十员车马并行，先舟后车，又大江船进至老瑷珲，行走四十余日，达玛哈咬沟三八月天，抵萨哈连，离家情，别乡情，思亲情，骨肉分离情，戍地未卜情，罗刹凶险难卜情，何期返里情，千情万情，皇恩浩荡，皇命如铁，号兮，哀兮，思兮，悲兮，寄宁古塔乡情于歌焉、舞焉、戏焉，故乡小戏慰思者，玛虎戏化哀思，成为宁古塔戍边诸姓满洲家传古风。查瑷珲至呼玛，沿江八百余里，满洲卡伦、官屯、哨口、水师营三十六处，玛虎戏分为呼玛路玛虎戏、黑河口玛虎戏、瑷珲城玛虎戏三大支，各有千秋。

康熙间兵进呼玛河，宿帐有玛虎莽式，并携入雅克萨城，《唱雅克萨》《罗刹思乡》《萨哈连龙旗亮》，便是当年满语玛虎戏小段子。后人如大五家子何家三姑、四季屯富家老房子顺和叔，伪满时还能头戴玛虎，扮唱小戏，有情有调，听者喝彩，声泪俱下。

玛虎戏，形态自如，见景生情，无拘无束，易于直抒胸臆，且玛虎遮面，依己情之奔荡，尽情宣泄，唱不尽则身动，用头、手、肩、腰、四肢、腕节、足掌作舞。喜耍玛虎朱陈者，皆异口同声畅言，玛虎造诣达精深上乘之位，非苦习不可得。往昔，玛虎朱陈多用满语，后满汉杂居已多改用汉语，近世颇与东北小戏相杂糅。尽管如此，仿学玛虎朱陈者在瑷珲不减，并遍及卜奎、三肇一带。不仅满人喜看，如大五家子达斡尔亦有多年影响。

因其声情并茂，招徕不少汉人也争喜之。九十余年来，瑷珲满洲众姓唱诵祖德至诚，有竟歌于野者，有设棚聚友者。此风据传康熙间来自宁古塔，戍居瑷珲沿成一景焉。

玛虎朱陈同玛虎制作，皆有师传，极严格庄重。早年，各姓氏自立秘规，恪守禁忌。玛虎朱陈放于萨玛神匣，同等尊贵，非常人可触摸。学习与收徒，必先有祭。后世，已渐松弛，不拘氏族藩篱，有互学者。近世日趋衰落，亦有些姓氏不知有禁律之说。玛虎朱陈，戏目日减，或存玛虎而不解其源者。玛虎戏则名存实亡。早年，寿宴节庆喜罩玛虎面具，踢踏雀跃，家藏多者达百余件。瑷珲、卜奎更有制玛虎匠艺。精秀者售银昂高，有争藏为珍品。近世，玛虎日渐稀少，搜求益艰。伪满康德七年（1940年）春，归屯建乡保制，并屯迁房时，在蓝旗沟仔山里有一屯原杨姓土房里，曾发现压在旧房坨底下的一张麻布画单，近似谱单，系杨姓满洲祖传玛虎戏瓦单，实属罕见，上有墨迹，记历代本姓玛虎朱春传世师傅，还各有所据之玛虎面孔图绘，历七代，玛虎面具图样五十余幅，有人神，有鸟、蛇、虎、熊、鱼神，还有妈妈群神，被日本警署人掠走。此为瑷珲地方最早见玛虎朱陈原物，传说最早一例。后在土改中，也曾在黄旗营子、獾子洞、瑷珲西沟屯得过玛虎朱陈册子残页，足见往昔玛虎朱春之普遍。

玛虎朱陈演出者，向不脱产，亦无酬报。每有举行，由族中集资求乐。演者可获少许烟酒为酬劳而已。早年，凡为玛虎朱陈演艺者，倍受族人喜爱尊敬，有名望，如违族约、族规，或有偷盗、奸淫、吸大烟者，族中长老有权笞责，重而不悔者，则当族众焚烧契约，从谱单中除名，表示与族里再无干系。

瑷珲大五家子达族戏手何其顺、下马场祁世和，皆为名师，传自坤河吴文柱老人。四季屯富顺和师承其叔福德凌阿。福德凌阿之玛虎朱陈甚有名气。他跳起玛克辛激越热烈，并将玛虎用于狩猎中，一次入山捕捉野猪，白熊皮盖面，狼伙不敢进；山鹿獐头骨遮身，可得其仔。福德凌阿之祖父，为雅克萨之战时的阿济格阿哈，系郎坦部年仅十二岁的小划船工。传瑷珲玛虎朱陈即传于此时。

汉军有玛虎戏，玛虎皆为本族亡灵厉鬼，号曰"班"，为族害，务逐之，与满洲旗人玛虎朱陈决不可同等比肩。

1966的年春，黑河地区文化部门，陪黑龙江省艺术研究所隋书今先生来舍，询求玛虎戏事与满洲故事。得悉，后来满洲戏被政府重视，颇感欣慰也。

近世，玛虎在民间含卜性视为神品，或惧为鬼灵。途中偶遇玛虎弃品，慌而避之，家中老人告诫子弟不可拾归于户，恐殃及儿孙。大黄旗屯奚姓满族人家，在仓房供玛虎，画于粮囤和米豆槽箱之上，有太岁不敢当之义耳。四季屯三架山，为雅克萨运粮水师营地，兵死无计。不知何代满洲旗人后裔，在山崖明石上凿三个大若伞之天神玛虎面，镇邪招魂有灵异焉。附近村屯乡里，有疾者驱车策马，拜玛虎面，讨求平安耳。

女真百艺有"挝簸"，即柳编玛虎、面具舞蹈，可戴头上，或仅罩面与两耳，多用苔条剥皮煨成，有带柄"挝簸"，挝簸自苔条上涂颜色，绘成各种脸型。"挝簸"系满语，早年用以练箭靶，即正好打中之意，后演绎为舞蹈面具。

在大五家子本族中，演绎神人故事艺精者，首推七奶奶葛洛苏妈妈。余在瑷珲中学就读时，常听家母提起，早年族中常有朱陈赛，不分长幼皆可报号入阵，赛玛虎画技和玛虎匠技，葛洛苏妈妈年年夺魁。玛虎，系用草、树皮、兽皮、椴桦榆木、石板、羽翅、骨板等，经水、火热熏，湿黏土沤浸，炉火煨燎，藤花围贴而成，小者如掌大，大者如车轮。有一人玛虎、二人玛虎，三人玛虎称为玛虎将军，满语为"玛虎额真"，即"玛虎罕王"。

葛洛苏妈妈扮演的窝莫西妈妈，唱做惊群，光绪朝夺魁玛虎，副都统大人曾选入大内，尊称"伏基西玛虎"，赏戴皇上赐黄头罩，黄绫披乌发，黄衫袍群，挺立丈余，伟伟焉若神降。

葛洛苏妈妈之女，瑷珲城西陈某妻室，民国十六年丁卯，吴俊升督军选其玛虎三件，赏银洋三十文，传为佳话。

以上皆概言玛虎名称之本意。

瑷珲故地，不仅巧做玛虎负有盛名，佼佼者灿若星辰。瑷珲尤超过蒙古，演绎玛虎戏者，亦在东北冠。玛虎戏，瑷珲妇孺皆知。

余考之，倒喇即朱春，金因俗称，集百戏与散曲于一炉，有不罩玛虎者，有罩面者，尤增异彩。考倒喇，系汉人笔录之字。瑷珲玛虎为伍者，常唱舞"倒喇……倒喇……"边唱边排长长行列，有曲步，有旋步，蜿蜒而行。满语古音，道拉即排、行、行列之意，形容舞蹈形态。女真百戏，涂丹粉艳衣，百戏后耍镜舞，高下其手，闪母百神现于众前。女真古舞，古有大头朱春舞，巨木为头，大手拢不得眉目，其髯如粗藤，面涂血，口阔可没幼童、胖鹅、仔猪。

有毕拉西者，善唱歌，尤以耍玛虎而著称。凡毕拉西者，有男有女，有老有幼，多系抬旗阿哈并随主有年，世代有功者之后，于乌春而有奇才。乌春之称为满语，瑷珲音称"乌勒春"，唱与戏相合，才艺双精，古倒喇者即唱艺双精者。

倒喇传流古久。清初，瑷珲有勒勒乌春，即说戏，有莽式作乐，男女莽式对舞，偷偷摇振铃鼓恰拉器，踏地作声相合，此习多行于新岁与喜庆之期。

毕拉西，歌艺兼优者称"拉米达"，实即倒喇米达，达为满语首也，杰出者也。拉米达以玛虎面纹身。

《瑷珲祖训遗拾》中尚有如下述记：

　　玛虎朱陈之戏，多倡举于岁末春初。除夕夜晚，族人罩玛虎舞之，诵之，思之，颂之，情诉殷殷，依依如缕。盖为思离故乡远戍之思，宁古塔亡儿也。故玛虎朱陈有巴图鲁之相，有萨古达乌克顿玛发之容，犹有死殁疆场之鬼亲魂灵之众耳。

笔者注，1980年10月家翁仙逝，信稿补记之：

　　玛虎之爱耍者，绝非只在《清史稿》所述庆隆舞的皇家宫中大内游戏。满族民间望族和大部落，早在金代就有面具玛克辛。《忠烈罕王遗事》载，人死罩木皮（桦、椴、柏）等面具于脸上入葬，贵者以铜、石、金、骨为面，盖为护魂之具。此俗以颇类辽人"以金银饰占，铜丝络手足"习俗相似。

　　金因辽俗使然也。兀术南下，兵罩玛虎作舞以庆师捷。这些均说明金代已有玛虎之戏。逢盛事，戴玛虎雀跃共娱。玛虎舞有猎舞、寿舞、辞岁舞、婚嫁舞、出征舞、分封舞、丧舞等等。玛虎假面至明中叶以来，各有不同，不单有鸟兽虫鱼，而以神话人物居多。男女老幼、凶恶善貌者呲呲若生。假面用料，用龟盖、茅草编织、骨片与角鳔胶贴成。近世制作尤精，将圆木镂刻相嵌而成，可戴头上。舞时，有单人作舞，表述某段故事，叙唱相揉，更有绘声模拟痴态，令人啼笑捧腹；多为双人、四人、五人、众人舞，有合舞，亦有以一大头人为主，众小头人相拥舞。绘声绘色，蹦跳腾越，各有技法。神音兽吼，鸟鸣虫吟，宛若实状。瑷珲满民祁大姑、徐大铁嘴、小五家子关锁柱玛发之子关大咧咧，皆为早年崇耀人物，闲游沿江各村屯，争相美酒厚待之。玛虎朱陈（玛虎戏）尤重要者，各据戏词，用头、手、肩、腰、四肢、腕节、足掌作舞，坦示心声激情。玛虎朱陈动资，有小摆腰、大摆腰、前仰腰、后仰腰、肩抖功、头摆功，因戴假面，多有模拟假面形象动势，故有马首、蛇首、龟首、鱼首、鹰首、百兽首、蜂首，动势千态百变，步伐有颤、蹲、跳、跨、丁形、蛇形（曲形）、前八字，后八字，扫步、趟步、旋步、囚步、错步，四肢亦多八摆法，并与唱功、念功、跺字功、吟吼功相配，声情并茂。故此，凡喜耍玛虎朱陈者，演绎神、人故事，艺精者大五家子本枝族中首推七奶奶葛洛苏妈妈。

索伦语多类满洲，达斡尔语多类蒙古，听之既熟，觉其中皆杂汉语。《龙沙纪略》云："索伦、达呼尔语音，与蒙古稍异，间杂汉语，当是元代军民府之遗。"此说得之，惜未见其全书，亦不详何人撰。

满洲崇尚尊长爱幼之风，对族中耆老晚辈敬之诚谨。据考，满洲先世各部，自古有"颂祖""拜祖""拜赊夫（拜师傅）"的敬老习俗，颇类汉族拜寿礼节，满语"查拉芬"，即汉语"寿"字，含有"早先"或"古旧"之意。有清以来，满族寿宴的礼序、日期、排场，非常讲究，因家主地位不等，其规模亦迥别。有二日、三日、五日、七日者，隆重，热闹，一如节日。寿宴间还伴有杂兴、吟诗、绘画、武技、灯谜，饶有风趣的是北方民族的竞技擂，尤具特色。族中男女，不分尊卑，届期均可报号入阵，竞比箭法、马术、火技、鱼潜、缚兽、跤斗等奇能，围众踏歌击鼓助阵，深夜方休，由寿星老将家族备办的鞍、袍、绢帛等赠赐佼佼者。

"满族有大宴会，主家男女，必更迭起舞，大率举一袖于额，反一袖于背，盘旋作势曰莽势，中一人歌，众皆以空齐二字和之，谓之曰空齐，盖以此为寿也。"除此，拜寿的亲族晚辈要为寿宴献活牲，或山雉、江鲤、肥羊、飞龙等，然后共飨满族火锅。火锅分"天上锅"，专吃飞禽；"水中锅"，专吃江海鲜味；"地上锅"，专吃林莽野牲，后来到清中叶以后出现了"什锦锅""三鲜锅"等，都别具风味。

然而，清中叶以来，随着满汉混居，在汉族文化的影响下，满族庆寿礼仪在保留原女真人颂祖遗风和满族歌舞的同时，也吸收了汉族的办寿风习，寿宴间已有寿酒、寿桃、寿面等。

满民古代有无棺土葬，并有风葬、水葬之俗。明代满人及清初期间，因部落间征战，火葬日兴。八旗官兵死后，每用火化骨殖，及其妻子携解回京，归其故旗。清雍乾以后，满洲仿习汉俗，以土葬为主。

满民崇尚辫发。一般男女，从降生周年后，父母便为其蓄发。男孩很小便留颅后发、颅后辫，为祛病除邪，亦有留单侧或两侧歪辫者。在满族传统观念中，发为藏魂之所，发黑而明亮，代表体壮与人格健全。故而，在满族观念中，以发代人，以发铭志，屈身不屈发，断头不断发，成为满族及其先世女真人的精神追求。在满族葬俗中，保留下来独有的辫葬古风。凡满族人在他乡亡故者，当地族人便就地土葬或火葬，入殓前将其辫发从后颅部位剪下，装于丝帛缝制的辫带中，再放入辫匣或瓮罐里，上锥有供灵魂自由通行的灵魂孔。然后，用白帛后渐用红布缠裹，由族人送回死者生前的氏族部落。本族人仍按族制举行葬礼后，成殓立墓致祭。这种富有意蕴的葬俗，主要为了解决在战争环境和关山阻隔、交通不便的境域下，死于他乡的族众魂归故里的问题，见辫如见人，以此满足思亲之情。在满族诸姓中，都有悲壮的葬辫仪式。

箭术。满族以骑射为先。辽金以来，便在部族中倡行箭术。部族选拔首领或精英比赛，无不以骑射评高下。至清中叶前，此习仍诚继不衰。据《燕京杂记》载："三月三日以木雕为兔，分两朋，走马射之，先中者胜。负者下马跪进胜者酒，胜者于马上接盏饮之。"清人震钧著《天咫偶闻》，记载满族习箭之文尤细："国家创业，以弧矢威天下，故八旗以骑射为本务，而士大夫家居亦以射为娱。家有射圃，良朋三五，约期为会。"过去，满族村寨里设有习射场地。四周木栅围墙，供族人早晚入场比赛。学箭术，贵习箭靶。箭靶子，满语称"艾杭"，初学时一般在一定距离处立木桩。桩上有圆形标记。弓箭亦分铁木质等不同等级。射箭需要专门练习臂力与视力。不少部族还延请汉师授艺。随箭技日深，才逐渐改习射微小目标。箭靶形类很多。如"射鹄子"，便是以习射雕刻的鸟类为靶，或在白板皮上画出鸟形，高悬枝巅，反复习射。射技长进后再射绘画之鸟、兽等形体某一细部；或射铜钱孔，或高悬绸块而射曰射绸。方寸大小的柔绸，箭技必须迅速而有力方可中的。除此，夜射香火、射抛物飞球等。又有卧射，以足开弓，矢无虚发。地上箭术达到精深功夫后，再习马上箭，倍显勇健，尤为族众喜爱。马上箭，分正箭、躺箭、左侧身、右侧身、反身箭、藏身箭、滚马箭，名类繁多。昔日，练箭场地，男女争雄，人喊马嘶，声喧沸腾。清中叶后国势日衰，射圃冷寂，清后期此活动早已废弃，难能见到矣。

满洲古有比武招亲之俗，源于金元之际。女年二六，便可待字竟偶。届期，贤淑娇秀者，姻媒络绎，车轿盈门，求亲者不暇。女家选婿无法婉辞，常以古之比武招亲法竟求佳婿，或张榜明示，或托亲朋代言。一般女家多以女之长辈或兄弟为主事额真（裁判主人），凡参与抢亲者不可凭武欺人，只允以奇才睿智赢得女家敬服，最终夺魁者与女子喜成连理，皆大欢喜。

满族先世有画媒古婚俗。即族中新女有绘像于熟革、麻布、绢纸以自荐之古风。满人未嫁女，精骑射，猎兽不逊于男儿，父母倡行其自定族外良婿。先暗绘己容己称，立一木悬立噶珊城寨外。外族男子可竟与较试，由族中长老为中判，双双择吉期，两朋上下皆可助威，热闹异常。凡男胜则奉走革像，即为相亲。择日，氏族人等驱马羊等厚礼来女方族中聘订之。黑水人常春秋两举焉。

这种活泼的画媒古习，与女真人以歌自荐的婚俗颇相类似。《金志》曾载："女年及笄，行歌于途，其歌也乃自叙家世妇工容色，以申求侣之意，听者有求娶欲纳之，即携而归后复方补其礼。"上述古习，近世不复见。

满洲村屯古有陋习，有贫苦之户男主人允许外客常宿本家，与妻同眠，夫避让，屯人不怪，家人亦视而不问，习以为常也，民间俗称"拉帮套"，意即外男必以财力资助或体力帮助所占女之家，钱色互易也。亦有鳏夫年老与某贫困之家来往密切，渐久与女方有染，融如一家，和睦相处，称

"打伙的"。

满族先世自古生活在白山黑水，精骑射，善捕捉，禽鸟翎羽成为神圣的灵物。羽翎成为氏族或部落之间，相互联络的标志和信物，并用翎羽巧制羽服、羽帐、羽车、羽舟、羽画屏。富者更以雕翎架屋，其中尤以鹰翎、天鹅翎、雉鸡尾翎、飞龙（树鸡）胸羽备受崇爱，成为民族心灵中高洁、纯贞、正义、专一观念的象征物，而被世代沿袭下来。其中，满族先民的青年男女，以翎羽定情的婚俗古风，最具代表性。氏族与氏族、部落与部落之间联姻，多用洁白的天鹅翎羽为凭，在隆重的礼仪中相互交换、珍藏，永世合好。宁安、瑷珲、吉林等地，满族上层人家若逢合卺之喜，新娘特用野鸡尾翎织就披肩，并要头插羽绒花，车轿除垂铜镜外，轿篷四角亦有羽花，象征祥瑞。

满民早年喜用一种自制的骨质年事简历。据传，这种骨历产生年代约在汉族历法传入朔北满族先世民间后，满族先人们才用鸟骨或兽骨创制出实用的记时骨历，经不断改进，形成多种形制。其共同特征均为拨位计时，即以累计数字表示日、月或年份。也有用骨制的舟、箭、鼓、花等雕饰物作为远行、出猎、祭祖、喜庆等不同活动的标记，形象鲜明易懂，深得族众喜爱。在偏僻的农村，直至五十年代前，仍可见到大小不一的骨历。从近些年社会调查所发现的实物看，满族骨历实用性很强。骨历分为挂在墙上的吊式骨历和放在桌案上的座式骨历两种，皆用骨条、皮条和木块组合制成。骨历均突出月份，而三十块代表日期的骨条，用细皮条串在一起。每五个为一组，共六组。过一日拨动一个，直至月终，大小进要随时计算校正。它又分旧历骨历和阳历骨历两类。近世，阳历骨历居多，因它可以包括旧历时日的行事活动。随着纸制日历的普遍使用，骨历成为一宗珍贵的民俗文物了。

满民自古喜爱击鼓作乐。在满族萨满教观念中，鼓象征浩渺的宇宙，其鸣如惊雷，故满族祭祀、歌舞及族中有大事传告等都离不开鼓声。据族中耆老讲，早年满族先民鼓的式样很多，鼓皮多用熊皮、野猪皮、驼鹿（即犴皮、驼鹿皮）、鹿皮、海鱼皮、海豹皮，后又增加马、牛、野驴皮。因鼓面大小、用途不一，选择皮革亦不同。大鼓多用熊、猪、牛、犴等皮，小鼓则用鱼、禽、蟒等薄而透明的亮皮，声音尖细脆响，传音较远。这类鼓皮，多用于歌舞。至于萨满祭祀，因使用频繁且为烘托气氛，多用熊皮、野猪皮、犴皮、鹿皮。近世，在野牲不易捕捉的情况下，大鼓多用牛、马、猪皮，小鼓（抓鼓）则用鹿皮等。

满语称大抬鼓叫"通肯"，手抓鼓叫"尼玛琴"。有趣的是，满族早年还有"响墙""皮墙"，系将熟好的光板犴皮或牛皮，用皮条紧扎在竖立的大木桩上。众人执棒击敲作响，形成千军万马奔腾的声音，令人振奋。这些特殊的鼓，是古代萨玛野祭的原始打击响器，后传入民间沿用。除此，满族野祭中还传有树鼓，也是原始响器。树鼓系用椴、槐、柞等树的空心树干，锯下一段后蒙皮做成的手抓鼓。比软木手工煨制的鼓圈，声音粗犷悍沉，与古人原始祭祀的鼓声更为接近。树鼓还有用一根大原木镂成，内凿空成圆形长洞，上部留出音孔，将其横放在用硬木制成的托架上，或拴吊在木架上的。击鼓者用木棒有节奏地敲打长圆木，轻重疾缓，抑扬变幻，形成洪亮悦耳的乐声。满族早年还在娱乐中传留有鼓服，满语称"通肯额突库"，汉音称为"冬阿冬"。鼓服，即由鹿皮制作鼓衫，衫里层镶嵌无数面用鹿、鱼、猪、羊、雕等皮蒙制的小鼓而得名，小鼓如碗大小。外人只见皮衫不见鼓，惟穿衫人知鼓的位置和各类皮鼓。舞蹈时，穿鼓服者边舞边击打衫里小鼓，上下左右翻飞，鼓皮音声迥异，美妙悦耳。耍鼓服舞，技在穿服人的精巧、聪慧、伶俐程度，腾跃滚翻，身灵似燕，轻盈活泼。"冬阿冬"之戏，瑷珲满族喜耍之。当地汉儿耍技亦甚高超，可摇甩周身，屈身侧肘，盘腿踢跳，忽跃忽纵，弹力若狂，迷痴至甚。可一人，亦可众人，可男女同蹈，一身生百音，颇得赞叹矣。

满洲宴客，旧尚手把肉，或全羊。近日沾染汉习，亦盛设肴馔，然其款式，不及内地，味亦迥别，庖人之艺不精也。所谓手把肉，持刀自割而食也，故土人割肉不得法，有屯老二之诮。

冬衣名哈尔玛儿者，狍鹿等皮之毛落而鞘存者也，服之作苦，最为耐磨涅。

极边苦寒，过夏犹服棉衣，御冬可无毛服，然穷檐委巷，襦袴阙如，所赖就火一烘，向阳一曝，又虑风雪不时，艰于柴草，则兵力之拮据，亦有司之所当知也。

库雅喇满洲以犬祭天，间用牛，近则讳犬而诡言用豕，不知犬曰羹献，古礼以之荐宗庙，何讳为。

满洲清明墓祭，新坟插佛花，旧坟插柳枝，皆示人有后意。佛朵之式，粘五色纸条如幡，汉名佛花，都下亦用。

鄂伦春俗重鲜食，射生为业。然得一兽，即还家使妇取之，不贪多，亦不以负戴自苦。索伦、达斡尔旧亦然。近日渐知树艺，辟地日多，呼伦贝尔依然以畜牧为生，富在羊马，力田者寥寥也。

边俗不重男女之别，出则同川而浴，居则短垣可逾。一二守礼者，往往为荡子所染目，百计剔劂，务求败行乃已。倡妓之辈，始流人贱户，迫于冻馁为之。近闻土人亦渐不自惜，狂夫引邪入室，公然与母妻杂坐，良妇率好冶容盍饰，出入于业祠闹市间，甚至恣为狎婢不可问。迩年齐齐哈尔忽有女曲，呼窟窿班，皆关内人，从伯都讷等城来，或投宦宅，或匿僧寮，欢觞伴宿，人争昵之，得军令始驱境外，然因是破家倾生者比比矣，焉得胥境内风靡而尽禁革之，使之务本还淳，岂非地方一大造福事。

满洲有"佛""伊彻"之分。国语旧曰"佛"，新曰"伊彻"，转音为"伊齐""一气"，实则同义。国初，吉林将军收新附之部，后入八旗者，称"伊彻满洲"，汉语即"新满洲"。除此，又有所谓库雅喇满洲、瓜勒察满洲者，皆以地名冠之，亦"伊彻满洲"也。百余年来，"伊彻满洲"分驻齐齐哈尔、黑龙江、呼兰三城，编其族为八，曰镶黄、正白、镶白、正蓝、左翼也；曰正黄、正红、镶红、镶蓝，右翼也。左右翼，国语曰"达斯欢噶喇""哲伯勒噶喇"。土人称"达斯欢哲伯勒"，所谓"伯勒"，土语"类"然，约计之。八旗中之佛满洲，人数不过什之五，其中瓜尔佳、舒穆鲁数姓居多。

达斡尔人病，必曰祖宗见怪，召萨玛跳神禳之。萨玛击鼓作歌，病者亲族和之，歌词不甚了了，尾声似曰"耶格耶"，无分昼夜，声彻四邻。萨玛要马，则杀马以祭，要牛则椎牛以祭，至于骊黄牝牡，一如其命。往往有杀无算，而病人死家亦败者。然续有人病，无牛马，犹宰山羊以祭。萨玛之令终不敢违。

伊彻满洲病，亦请萨玛跳神，并请栽力一人为之相。栽力，唱神歌者也。祭以羊，鲤用腥。萨玛降神亦击鼓，神来则萨玛无本色，如老虎神来狰狞，妈妈神来噢咻，姑娘神来腼腆。各因所凭而肖之。然后栽力跽陈祈神救命者。萨玛则啜羊血、嚼鲤，执刀枪叉即病者腹上指画而默诵之，病亦小愈。然不能必其来死。萨玛言，能致病谓小愈者，其志诚能凝神定气故也。祛病养生之术无他，曰和而安，和则物之感我者轻，安者我之应物者顺。神凝则气凝，神往则气往。

平地多榆，近水多柳，榆无合抱者，柳皆丛生，烧之燃火。故柳条子北民之宝，敬若神，价倍杂草。家家囤柳条子如山，可栅栏，可编篓，打泥墙，其用甚广。

黑龙江涨水，年年必有大木冲下。土人守株待兔，长钩捞之即得，喜自然之利也，取以造屋，余作烧柴，破成碎木，堆积如山，北人称谓"木桦子"，足资数年不愁。亦有估售者，相互慨然答对，以庹算之而已。

满洲人家立索莫杆，春秋二仲行还愿跳神背灯换锁诸礼，与都下无异。汉军旧家祭先有烧香礼，亦春秋举行，与关帝、马神等祀，满洲汉军按期举行，尤诚敬。

大五家子有怪人，名杨青山，一生破衣裹身，无妻无后，人称"穷杨"。其祖传为黑水北域精奇里江猎貂人，俄侵入精奇里江迁入江东六十四屯，庚子年被俄人同难民驱入黑龙江。叔父背他渡过血染的江水，为大五家子满洲人所救。他当时仅十几岁，叔父病死后，他给本屯何小铺子家看院落和打工，混口羹饭。从日伪到解放初，无能力娶家室。为人正直而喜扶持弱小，遇不平事常仗义相帮，屡被权势暴打，满脸伤肿而不惜，为他相救者甚众，却从不索半分报酬。"穷杨"性豪爽豁达，通草药，广济人，尤擅长讲古狂歌。他崇敬余母富察·美容，亦是余母弟子，传讲满洲书"乌勒本"，因他素有其叔禀赋，满汉语俱熟，讲唱声情并茂。满洲书"乌勒本"有不少是他留给后人的，如《大丘坟》《漠北精英传》《窦老英烈谱》《飞啸三巧传奇》。为人要强，不愿烦劳乡亲故老，在他年过七旬、重病在身时，悄悄远走，不知所踪。乡人苦寻不见，传其遁入深山弃世矣。呜呼！"穷杨"白骨遗何野，堪令吾人永怀也。

黑龙江北与乌苏里江东，向为野鹿繁育闻名于世，女真人及后代满洲等诸部后裔，皆有捕鹿能手之美誉。捕鹿之法，有窖捕、箭捕、网捕、鹰兽捕等方法，各部世代遴选捕鹿"巴图鲁"（勇士），显赫一时。射鹿尽量不令立即倒毙，恐伤鹿新角，难获角茸也。猎民通常将鹿捕回居舍，架木为笼，取精草饲养，待鹿角长至成茸时，再将鹿缚倒，护其首锯下鹿茸。狩猎取茸时，要精心爱护鹿角，因鹿角极嫩，若被蚊蚋叮咬，鹿即感烦躁难耐，常寻枝干摩痒，致伤茸血。雄鹿生出幼角，行路谨慎，左右顾盼，护茸之心甚切，多选密林隐匿之所，绝少走入空旷之地。凡寻此类带茸雄鹿，猎者必有经验，需专心搜寻。有时，猎者偶然与之相遇，为了能确保猎获，使鹿不致逃匿，应速以高超之技法，射鹿前腿心脏处，并立即赶去，抱住鹿脖，使鹿头不致撞地，伤及茸角。这种功夫全凭猎人平日练就的枪法与身法，否则只获死鹿，鹿角破碎，视为无获。

鹿喜盐，每到夜间，鹿群集盐碱地。猎人知此鹿习，通常到盐碱地捕鹿，或布置一块人工盐碱地，设饵候鹿。猎人大部分鹿茸是在盐碱地获取的。加工鹿茸，俗用水煮，煮好，置于通风处晾干，方可保存下来。

　　冬季，携猎狗或捕貂网捕捉黑貂，以弓箭捕獾、水獭、黄鼠狼、狐狸及其他毛皮类动物，忌用火枪。冬日捕水獭亦用捕兽网。捉貉子，每个猎人带一条或几条猎狗。猎狗颈上皆系有若干小铃铛，待太阳落山，猎人出门行猎，放出猎狗，循貉子行迹追踪。秋季，貉肉极肥，猎狗易捉之。铃声响即告知猎人狗之所在。

　　在野兽经常出没地段，砍倒树干与枯枝堆成鹿砦。有时，此种鹿砦绵延几十里，每隔一定距离，留有类似门一样之通道。野兽只有穿过通道才能走出鹿砦。为此，猎人须在这些通道上挖深坑，再在其上覆以树干或树枝，此即陷阱。兽类踏到覆盖物上，即坠入深坑，无法脱身。猎者每隔两三日，便巡视一次陷阱。

　　漠北鹿类最繁，麂麋为尤多。鹿以茸角为上，而鹿胎制膏，为妇科佳药，鹿尾亦称佳肴。其在各城来言，全鹿一只，价可京钱廿千，以之煎胶成块，利益甚厚焉。前人记载，江省辖境，有使犬、使鹿二部，以驾爬犁，与牛车争先。中俄分江后，大率归俄，盖二部世居混同江左右，游猎为生，向羁縻臣之，不入籍，亦与飞牙、赫哲、鱼皮达子之类云。

　　梅花鹿，身上夏季毛皮上有白色小斑点，冬季则无。鹿全身皆宝：茸健体强脑；鹿血、茸血制药酒、鹿茸精，可舒筋活络；鹿胎制膏；内脏制全鹿大补丸；脑、髓、筋、肾、骨、尾、鞭皆可入药。鹿警觉超群，常栖息顺风的半山坡，居高临下，防猛兽偷袭。一旦猛兽声响、气味随风飘进鹿的耳膜、鼻孔，不待猛兽靠近，鹿早逃之夭夭。长新茸的春季，鹿常到秘处，把茸掼碎，刨土掩埋。

　　漠北牲畜，遍放于野，不以豆料麦屑饲之，至秋后畜于家厩，则喂以羊草。长尺许，色青而润，经冬不变，郊外随地皆有，四月即生，七八月将枯时，土人争往刈割，堆平屋顶上，约可供牲畜冬春之需。若有路过车购买，价亦甚廉。羊草饲马极肥泽，远胜豆麦。汉取大宛苜蓿，种长安离宫，以饫天马，即此草，又名羊胡草。

民国间，东三省马贼充斥，商贾往来，辄以镖手护行。卜奎、呼兰、瑷珲三城，皆有行局，大率直隶沧州人为多。官家亦倚以为用，不借练军之力。由奉天出法库门，经蒙古草地，往往竟日不逢一人，镖手执快枪，骑马而从，沿途宿舍皆熟，可少戒心。其价每人十金，百凡在内，若有损失，行局认赔。自法库门至郑家屯北，食物皆须自带，旅寓仅供水薪而已。

漠北名产，以堪达罕、五色江石为最。堪达罕，驼鹿之类，其角如玉，京师贵胄皆重之。江石有水、陆二种，水石为贵，与玛瑙、琥珀相似，翎管、扳指、杂佩皆可为之，诺尼江、黑龙江两岸，俯拾即是，近则居奇特甚。石材极坚，携至京都，觅良工雕琢，工值尤贵。市卖大半陆产，质粗工劣，不足取也。

漠北皮张、茸角，亦贸易大宗。然皮张之属，如貂狐贵品，近产颇稀，亦向不如吉林之佳。唯灰鼠产布特哈、呼伦贝尔两地，号索伦鼠，毛厚色润，东三省推为殊尤，有大、小、中毛三色。而市无硝匠，硝料必挈至京都，乃可成裘。购者皆成形全鼠，美裘一领，亦值廿金上下也。

鹿多而贱，茸角之属，岁于七八月时，由黑龙江、兴安岭城两境捆运至省。茸之佳者，每支可得银三十余两，劣亦七八两不等，而力薄性燥，不如奉天所产，滋益于人。盖奉天产梅鹿，江省则马鹿也，唯由奉天运至广东，销路甚畅，煎胶成块，利至倍蓰，山西人贩运者多。九月则收市而回，茸价自三十金至七八金，视茸多寡为率，角则以斤计值，视同寻常药品已。

兴安产马鹿，肉可食，胎入药，茸质亦佳，皮制革履，昔日赴北海捕猎者选用之皮尤柔韧耐穿。

熊，又称黑瞎子，一身黑毛，只在胸前长一道月牙形白毛，喜在柞树、松林里找橡籽、松籽吃。棕熊比黑熊体大而凶猛。熊属食肉类动物，食性很杂，荤素不忌，尤喜蜂蜜。熊看来很蠢笨，其实相当聪明伶俐，在倒木交错的密林中，走路如履平地，又能爬树，比虎更胜一筹。熊性孤僻，独来独往，每年七、八月雌雄同居，之后天各一方。大雪后，熊冬眠"蹲仓"，多选阳坡树洞，也利用天然岩洞或树根倒木，叫"地仓"。蹲仓母熊正月产崽，一至两只。小崽比老鼠大不了多少，全身没毛，连眼睛都不睁，藏在母亲厚厚的毛皮里，靠吃母奶长大。翌年四月，大地回春，母熊带小熊出外觅食。母熊尤爱幼崽，一旦受到威胁，会拼命进攻，保护幼崽。两年后小熊独立生活，离娘远去。

　　貂为北疆名产，历朝贡物，尤以黑龙江产貂最著名。貂性孤暴烈，不合群，独来独往，一旦同类相遇，殊死拼斗，咬死为止。貂体形小，尾短而粗，爪甚尖利，擅爬树，常栖针叶松林中，多半夜到地面活动。主食鸟类，喜吃松子、榛子，间或吃松鼠和兔。性畏人，声如鼠，居土穴或树洞中。捕貂者设网于洞口或穴口，以烟熏之，貂畏烟而入网中，或以犬嗅其踪迹所在，伺其出而擒之。貂贵在皮毛，细柔轻软，抚面如焰，不管下多大的雨，落多大的雪，毛皮皆光溜，挂不住一点雨水和雪花。貂皮毛色分紫黑、鲜褐、赤色、黄色不等。紫黑色毛平理密者品质最高，紫黑而毛疏且黄者次之。皮华贵而暖，辽金时富人冬季以貂皮为衣，明清两代以貂皮为袄外，并用于被褥等。清初最重貂贡，努尔哈赤时代专设捕貂大臣，规定百姓每年贡貂，户出一丁，以竿量身，足五尺者岁纳一貂。貂皮上写打牲人名，以等级论价。

　　虎，土人称山神爷，又曰软蹄子，其小者曰石虎。虎智高，力不敌熊却能毙熊。夜目放强光，如远烛可照射数十里，黑夜可用一目探物，另用一目放光照物，使猎物难逃。猎者言，虎之目光远望如灯，一灯一虎，两灯两虎在也。虎最恢群狗缠闹，如咬食猎狗，狗屎骚，能令虎醉。虎最喜追踪野猪，寻食野猪，故有猪倌雅称。虎除发情期外，喜独来独往，俗称虎为"流浪汉",从不安居一处,无固定区域。哪里食料充足,哪里就有虎。虎的食物除野猪外,还有獐鹿,饥饿时亦吃貉、兔等小的哺乳类动物,甚至捕捉鸟类。

冬天少雪野猪多。野猪,出没树林中,厚黏松脂,刀弹不能入,结群而行,猎其前走者则奔逃,伤人甚巨,重至千斤。谚云"一猪二熊三老虎",足见其凶。野猪不适于雪层很厚的环境,喜成群栖居于林莽草丛地带觅食。

森林野猫,体虽小,却为残忍的食肉动物。擅捕捉鸟类,喜居于悬崖之上或偏僻森林中,夜间活动,皮可制裘。

狸,狡猾,善腾跃,会爬树,有美丽而修长的皮毛,居林中、草原、河谷沿岸。皮张珍贵,可制精美的女装。狸夏食蛙类,秋食林中嫩乔木枝叶及成熟的野果。冬则眠,但并非沉睡,只要有轻微动静都知晓。天气暖和、阳光充足时,便出洞,狸喜居深洞,白天躲避敌人,夜间出外觅食。

飞龙,又名松鸡、榛鸡,亦称树鸡,满语曰"飞龙",为禽中珍品。飞龙属松鸡类,羽毛呈灰褐色,全身带有暗花斑,头上有一束小灰羽冠,尾羽上镶嵌花纹,雌雄毛色区分不大,只是雄鸟颔下有一小块红边黑毛,啄短、爪细长,体重约半斤以上。它飞翔时扑扑作响,喜滑翔,常喜栖息林下植被繁茂、浆果丰富的松林、云杉、冷杉等林中,生态习性随四季环境而变化。它是鸟类中的卧穴能手,冬雪天常掘雪为穴栖身。飞龙鸟以灌木嫩芽或野生浆果、昆虫、松籽等为食。每窝产蛋四至十五个,孵化二十天左右雏鸟出壳,绒羽一干便能走动。数天后即能独立觅食,三周后即可达成鸟大小。鹰为它的天敌。

据传,早在十四世纪,飞龙就已出名。当时,北方部落即以"飞龙"为重要贡品,入贡京师。有客自远方来,皆赐飞龙入宴。飞龙入宴主要做"飞龙羹"。烹汤,一般呈乳白色,唯"飞龙汤"独具一格,一锅"飞龙汤"无须佐料,清油入汤,满室飘香;揭开锅,汤汁清澈,雪白的飞龙肉清晰可见，喝上一口，鲜美异常。其他肉若与色味俱佳的飞龙肉一起烹调，也成"飞龙肉"味了，实为肴中一绝，大宴必备。

雕似鹰大，大者名坐山雕，小者名芝麻雕。

海东青，鹰之纯白者，为鹰之上品，尤贵重。由海外飞来，不易得，土人畜之为珍异家禽。

漠北江河遍于四境，产鱼最富，而以冰鲜为贵，活鱼则不常见。其最名贵者，曰细鳞鱼，状如淞鲈，色白肤嫩，属南方白鱼类，腊干亦佳。虾、蟹、鳝、鳖则皆无，或谓土人不知捕取，未知实否？鲫鱼亦多，味不甚佳，市亦不以为贵也。呼兰三城，河鱼最大，冰泮时鱼车往来，夜以继日，斤值京钱廿余，以盐腊之，可供久餐。地气本寒，无气蒸肉之患，然腥闻特重，调人先渍以酒，庶足解之。

漠北鸟禽多鸭、雉、喜鹊三种，沙鸡间有之，雁群甚多，遗卵孳息，有取以为食者。冬多野雉，市上鬻价极贱，盖聚处兴安岭与诺尼江左右岸，弹取不竭。沙鸡亦然，味尤胜家鸡，入春则无。

呼兰家鸭最多而贱，往来酬酢，辄以红纸包裹，号冰鸭，或挈至奉天、吉林，以为珍馈。

䴉，或云野鹅，捕鱼鸟，似雁大，翎灰褐色，展翅若车轮，喜集水滨，肉粗。

狼，又称野狗子。狼群抱团，生死相护，纵使负伤患病亦然，一狼嗥叫，众狼道阻亦拼命驰援；猎食必分弱者，不离不弃。狼有头狼，甚权威，以身眼声动调令同群，违者呜呜一声，便被群狼咬死，或被逐出狼群。狼母狼仔全群共护，先饱其食，尔后各狼享餐。世人万勿伤其仔，狼伙必倾巢复仇，殃祸满门，怒号而遁。

狐，白者为佳，青狐一名"倭刀"，毛绒甚厚，亦属佳品，土产多红色、苍色，红色曰大狐，苍色曰草狐。

貉，大如犬，不伤人，见人则仰卧，露齿，手可捕之。皮毛奇温，亚于狐裘。

猞猁，似野猫，耳大有长毛，白花色，能攀木，溺人衣着立烂，皮为裘。

鲤，金鳞赤尾，江产者大而肥，重数斛，小者俗称鲤拐子。

草根，似鲤微圆，肉肥而白，巨者长四五尺，江水初来，此鱼正肥，可熟食，亦可生啖。

鳇鱼，头粗，身长，长鼻上昂如袋。鳞黄色，肉白多脂，骨柔而脆，为饮食上品。鳇鱼巨者长二三丈，重千数斛，渔人叉其背，以绳系之，棹船疾行，待其力钝出之，金史称"牛鱼"也。往昔，鱼多可踏鱼背过江。

捕鳇鱼季节多在黑龙江解冻之前，鳇鱼在江水内，互相追逐交尾，鳇鱼头前长三角状尖长鼻子，身上除五道纵列之菱形骨板外，哧溜溜而不见鱼鳞。大鳇鱼体重达一二千斤，可做鳇鱼宴，膘肥肉嫩，营养丰富。鳇鱼籽与大马哈鱼鱼籽营养价值等同。一千斤重之雌鱼卵巢就重达一百八十余斤。鳇鱼鼻骨亦是宴席珍品。俗谚："卖鹿不卖尾巴，卖鳇鱼不给鼻子"。鱼鼻为半透明之软骨，极富营养价值。

鳇鱼主产我国黑龙江、松花江、乌苏里江及大兴凯湖等水域，喜生活在中低层水中，以川丁子、鲫鱼类为食料，习惯分散于江河洄游活动。冬季潜伏于江中低洼处；夏季沿江上溯产卵，卵产与江底石块上，产卵多达四百万粒；平日栖息于河夹心子、江套、河岔水流较稳、沙质底的地方。它的活动受外界环境影响较大，风大、涨水是其游动最为活跃之时。鳇鱼成熟较晚，成长较慢，一般需十六七年方能长成三百余斤之大鱼。

鲟鱼，形同鳇鱼，主要鱼嘴形状与之有异，鳇鱼嘴为圆盆形，鲟鱼嘴为莲花瓣形。鲟鳇鱼主要食江中鱼虾类为食，嘴喷如袋，将水中生物吸入，食之入肚，水于两鳃流出。两鱼因体形不同，食物有别，鲟鱼仅吃小鱼和虾，鳇鱼可吞大鱼，甚至牲畜，故民间俗曰："常在鳇鱼肚中获得金镏、金镯之类。"

大马哈鱼为黑龙江特产，肉质鲜美，鱼籽艳红如黄豆粒大小，可生食，营养丰富，亦属珍馐佳肴。大马哈鱼主要分布于黑龙江出海口，以乌苏里江数量最多。大马哈鱼生于江里，长在海里，成鱼后再由海逆流入江，逆水直上，雌雄交尾，待进入上游后，雌鱼将鱼卵撒入江中，而雌雄成鱼此时已体衰，边游边死于江中，亦有成鱼跃至岸上而死者，当地土民便可无网而获鱼。成鱼所遗之鱼卵，便又顺流而下，至出海口时，卵边游边孵化为小鱼苗，再游进大海，在海浪中拼搏、挣扎、成长，成鱼后，又按其祖先路径返回入江，循环往复。大马哈鱼成为黑龙江两岸北方诸族的主要衣食之源。其皮可制衣，可冬夏贮藏，每年秋季便是大马哈鱼的汛期，大马哈鱼流血即死，故沿江渔民将铁丝扯入江心，用重石沉坠江底，铁丝上挂满鱼钩，逆水而上的大马哈鱼在雌雄追逐中，被鱼钩网住，渔民乘船循铁丝网鱼，一日三巡，每次鱼满船舱。大马哈鱼，肉肥美，行必逆流，每岁由海入江，由江入河，秋末上江。呼玛尔河一带极多，昔年鄂伦春人以叉挑上岸，如捕获，食不尽则饲马，巨者重十二余斛。

满族先世常越黑龙江抵北海（俄称鄂霍次克海）以及勘察加以北，猎捕海豹，主要不为食用，而取其皮。海豹皮出自东北海为佳，因其体形硕大，长三四尺，阔二尺许，短毛淡绿色有黑点，皮可染黑制帽。

蚌，黑龙江与松花江之蚌蛤，产珠，洁白晶莹，玲珑剔透，小者壹钱，大者超三钱，为珠王，满语塔娜，俗谓东珠。孕珠之蚌，深居水底，群蚌围护，犹如城垣。渔者误触之则被伤刺。珠淡青色，大有半寸，小者如菽豆。以有光者为贵。产珠之所曰水达达路，即今松花江也。

铃铛麦，夏秋时刈收，可为米、面，可人食，可饲畜禽。

谷子，谷子曰粟，抗寒喜雨，盛产域北，春种秋收，每棵多穗，俗有"春种一粒粟，秋收万石谷"之誉，秋收入场，碾压、风扬，谷去衣者即谓小米子，成为北民世代生存口粮。萨玛祭拜"乌忻贝子"农神，便是敬仰粟谷为民赐福。

糜子，叶肥有芒，早熟，北地盛产，碾后曰糜子米，蒸煮食之，衾香白嫩可口，俗有"臭糜子"之称，北民世代精心耕耘，颇喜食之。

果有山葡萄、山里红、瓯李、都柿、祸李子、榛子、核桃、黑星星、红姑娘等，皆漠北野果，民皆爱之。

苇草，小叶草，俗名苫房草，茎圆有节，叶亦有节，抱茎而上，柔韧耐霜雪，草屋皆用之。

靰鞡草，生泽畔，绿叶红根，无茎叶，三棱形，高二三尺，生小刺，根分青红二色。秋季六七月间长成，刈至家中，晒干。冬季严寒时砧锤靰鞡草，使之细软如丝，性温暖，能御寒，絮靰鞡，走冰雪，足不冻，避湿，籍炕絮履，为关东特产。

满族古谣

(1)

红红的兴安，红红的天，

圣洁的春光好明媚。

一簇簇安期香，争芳斗艳。

白白的羽翎，白白的衫，圣洁的羽服好华美。

一群群沙里甘居（姑娘），戏荡秋千。

(2)

一盘盘苏叶饽饽冒气啦！

一碗碗五花腱肉蒸热啦！

一缕缕年期香烟升上啦！

喜神奶奶驾着鹊神进门啦！

(3)

"查思哈（喜鹊），查思哈，喳呀喳呀叫个啥？"

"南山瞧见银子啦，十三个小伙刨喀啦，十三个姑娘背喀啦，狠心的巴彦赶着瘸驴抢喀啦！"

(4)

天上最美的噢咿嘞—白云，赛音！赛音！

胯下最贵的噢咿嘞—金鞍，赛音！赛音！

炕边最亲的噢咿嘞—火盆，赛音！赛音！

身上最阔的噢咿嘞—丝裙，赛音！赛音！

（全书终）

萨玛古训荟萃

  余少年诚秉家严教诲，满洲礼义治家，庇荫百代，丁口绵衍，史传悠远，乃赖宗祀之规也。君子曰："学不可以已。"世代萨玛古训，皆立人安邦明鉴耳。《吴氏我射库祭谱》《瑷珲祖训拾遗》《满洲跳神发微》，皆为民国十九年庚午至民国二十五年丙子，东北沦陷初期，朋辈抢记之荒村笔记。虽年古稀，淳淳乡音朝夕萦耳，未片刻敢忘耶，忖度句句若玑，敬汇之。

伯　严　谨　志

瑷珲祖训拾遗

富察希陆·伯严撰

《瑷珲祖训遗拾》为富察氏家族历代长老，训教萨玛和族中子弟礼仪规范的备录。由富小昌、富德连讲撰，富察希陆于1935—1956年整理，后经多年润修，1966年"文革"遭劫，所有书稿尽被焚烧。1978年秋，富察希陆已迁四嘉子乡三子亚光处，病榻口述，长子育光记就，多已遗忘，记叙寥寥。

1. 盛祭

凡我满洲，山海河田均有盛祭。襄时，皆先代萨玛同穆昆率众合议，因此而设。水祭、柳祭、鹰祭、猎祭、火祭、灯祭、房祭、葬祭，各支各部祭类繁多，难书其全，日久年湮，传替百代，遂成定制。因地设祭，因地迎神，求材地母，篷首蹈野，群灵降焉。

2. 代敏恩都力

凡我富察，缅念祖德，年息长燃，世代永祀。萨克达玛发训育儿孙，本族发迹郭勒敏珊延阿林毕拉，天地赐我居舍雨露，山莽赐我御寒袍衿，子孙壮如虎，捷如豹，繁衍兴旺，四邻岂能敌。声望震动了辽东赫图阿拉，明嘉靖中期努尔哈赤屡派他的重臣弘毅公钮祜禄·额亦都到我部游说，终归服赫图阿拉，成为建州部悍将，为佐救努尔哈赤罕王四子皇太极在争战沈阳中落马，奋勇抢救，皇太极脱险，我祖中箭失一目有功，成为近卫，隶正黄旗，后受太宗皇太极命赴吉林开创打牲乌拉，继而率子赴任宁古塔，其子虽哈纳任城守卫职，收降新满洲，开拓北疆，建州日盛，建立了殊勋。富察哈喇家族每忆阖部事事吉祥和顺，齐颂祖德宗功，皆赖萨玛神鹰代敏恩都力庇佑也。太宗下旨，萨玛祭礼务从简，倡家祭，勿可靡费。萨玛祭礼跪送代敏恩都力归山，火葬大萨玛来喜。年年岁岁，往松花江、黑龙江放河灯，以敬哀思。

3. 顺思

日东出，月西落，天恒古。

卜其势，顺其道，应无常。

4. 测物候

萨玛观测物候，常以地域生物为据：测土质，查蚯蚓在一定方位中之数目，多为沃，少为瘠。蚯身红嫩，蠕生液者为地润，堪喜；蚁垤密布，群蚁络绎若闹市，吉地；蜂若团球，轰鸣扩耳，必花繁蜜甘，沃土；蜥肥尾壮，迅行如闪，栖殖愈久，地旺堪夸。测湖质，查蛙蚪在一定方位中之数目，多为淤，少为畅。验水，观鱼鳃，鳃红艳而洁，水清鱼肥；鳃灰泥滞，水浑鱼悲；鳃褐宿虫，餐饭酿难。峥山藏猛兽，秀水栖龙龟，苍山鸣丽禽，峭岩屹鸷鹏。疠瘴染污穴，粗粝壮胃肠。懒卧生杂疴，勤作延寿方。熟研万事趋，天道豁然知。

穴生蛙为湿象，久居则生疠疫；地穴蛇蚁聚亡，则为生有鬼气（沼气类），必速远徙；鱼群浮于水面，则为有沼毒之象，测为凶地，水不可饮；虎栖沃地，人亦宜居宜狩；深谷常雾，日阳无芒，卜为灾象，只可狩猎，不可安宅。此乃萨玛观经，为诸姓所铭记。

萨玛每观一地，必广收地产诸物，陈列卧榻，或盛于匣篓，夜闻其声，昼观其动，逐类慎析。夏秋捉虫、捕鸟、摘叶、嚼根，春冬拾蛹、探巢、掘洞、尝冰，详审异候，切勿松怠。

5. 豫卜候

缅宗怀古莫大于祭，族情己事莫废于问，祭诚豫问不悖常道。满洲诸姓萨玛均有卜风，未有卜算能事者非为名萨玛也。满洲诸姓一年数卜，生育卜算、耕猎卜算、格斗卜算、远行卜算、立宅卜算、分居卜算、祭期卜算、病患卜算、婚丧卜算、兵匪卜算、求财求生卜算，卜算之虔之繁，耗资之巨，均在北民之冠。

百兽、百鸟、百虫无不可不为卜者，因奇而卜，因猛而卜，因形而卜，因色而卜，因时而卜，因事而卜。凡作卜者，均选用某一物之某一特有骨骼、脏器、肢节也。且必生捕，死、腐、啮齿、射杀、病赢者不采也。

瑷珲城邻近之鄂伦春、索伦、达虎里等族萨玛均虔信卜占。萨玛所戴神帽之珠坠，身肩之鹰镜等物和木人①等神偶，都可随时取下矗立一方，叩拜涂血问卜。余尝见达斡尔、鄂伦春族卜亦用骨，亦为血取，有用狍骨、狍筋、鹿角、猪牙、虎牙为卜器者。在捕到虎、豹、熊、黄羊、犴、猞猁等野牲时，宰杀后便迅即取骨保存。有些小牲如刺猬、蜥蜴等主要用其皮为卜，也是活取。百斤重之细鳞、草根、鲤鱼等，为取占卜用之鱼牙，亦在宰杀后裂喉活取双齿。血取兽骨之风甚遍焉。

北方诸族萨玛严守族制，只为本姓祈神，然卜占之事诸族可互请，不拘于本族本姓，其神算若天罡、诸葛者，早已越出一族之界，而为周围山民套车驱马百里相迓，不可婉拒也。达呼尔、鄂伦春之卜筮尤神，卜问甚灵，盖言其卜器均属传世百年之长寿神骨焉。大五家子北之坤河达呼尔吴萨满，供有山中红株草一束，草形若美人，有四肢，甚奇，卜问最灵，虔问灾病福祸无不准，霍尔莫津等地族民均往求之。

满洲著名老猎手白蒙古，在四季屯、大桦树林子、神武屯等山中捕貂、

---

① 木人：指鄂伦春、鄂温克、达斡尔、蒙古等民族萨满神服上，垂挂的数枚用木质雕刻的大小"翁衮"偶体，作用不一，有引路、伏魔、安魂、驱邪等威力。

狸、獐、狍，屡屡得手。村人奇之，诚然求教。白蒙古告曰"百兽均有敏智，各有谋生求安之法。人捕之，必先详知其道，非依猎人勤勇便能满载而归者。"白蒙古凭多年与百兽周旋，谙悉各自出林离洞时辰、寻水觅食路径、求偶或护崽呦呦叫声，等等，归笼出一套"猎捕骨卜规条"：横纹 ☰，出行；横纹 —｜，早行；横纹｜—，晚行。竖纹 ∥，要忌行；竖纹 ⫴ ⫴，吉事；竖纹 ∥ ⫴，小吉；竖纹 ∥ ∥，有大客（兽）；竖纹 ｜∥，慎行。竖纹 §§，多凶。鱼刺纹 YY ⼁⼁，平平；鱼刺纹 ⼁Y，平上；鱼刺纹大吉；鱼刺纹 ⼁⼁，不出门……有好事者仿学之，偶确得野物。

6. 玛虎朱陈

玛虎朱陈之戏，多举于岁末春初。除夕夜晚，族人罩玛虎舞之、诵之、思之，情愫殷殷，依依如缕。盖为思离故乡之远征人，即对远戍之人的思怀——宁古塔旧街亡儿也。故玛虎朱陈有缅怀巴图鲁之德，有咏歌萨克达乌克顿玛发①之恩，犹有系念死殁疆场之亲人魂灵之众耳。

族中各有习传玛虎之师，歌技舞戏无所不能，善肖百魔千怪，为族人寒，怠清季同大神同禁。朝官之舍如养有巫道查麻，迁罪难赦。

7. 百艺

最老最古远珍宝，乃祖先遗物；最美最圣洁饰品，为萨玛器皿。萨玛百艺，礼乐传宗。满洲先世，民间有"乌春赫赫""乌春哈哈"（男女歌手）和"莽式乌春"等技艺。满洲竞歌赛舞，独具风范。凡树祭、火祭、柳祭、海祭、雪祭、鹰祭、星祭及婚、丧、嫁、娶、寿诞、结盟、凯旋、庆猎、渔丰、遴选猎达等仪式上，均有不同歌、不同舞。此在《东海沉冤录》《萨大人传》中皆有载记。凡歌舞所扮相之神人百物，或半人半兽，

---

① 萨克达乌克顿玛发：汉意即老先人。

或兽身禽羽鱼身人面诸像，各神各物均有独歌独舞，宛如神界。萨玛世代熏陶之民族性格，充满豪放、宏阔、彪悍、热烈之情怀。尤甚北方高寒风雪，锤炼其自强不息、排山倒海之非凡秉赋。萨玛神歌所颂扬之诸神，皆天地间万物之化身，惩恶扬善，祛邪扶正，施惠予群。萨玛神歌有"像蚁群宁死保洞穴，像黄蜂爱巢尸不全"之诫语，养成"三人顶一虎"之勇猛精神。北地冬长夏短，冬夜漫长无事，是举行诸祭礼和"莫勒真"（体育竞赛）的黄金时节。冬雪可练达北人悍勇与智慧，爬山、滑冰、猎雪豹、抓犴、斗洞熊等，皆在冬季竞比。尤以斗犴、斗洞熊惊险慑人。而讲唱活动多于夏日。先民心目中的夏日，林草竞生，为百兽隐藏之机，且母兽育仔、蛇蟒孵卵，猎户进山务时时攻防当心；盛夏蚊虻吮袭人畜，不利出猎，故多在夏季举行"爱曼①"最盛大之讲唱竞技。北民喜夏喜秋，更喜冬日，冬至节必杀牲，洒血祭神。

8. 图喇

图喇乃我富察氏家族传袭百代之秘笈。祖训曰："生人立世，遂有图喇。"沿习雕琢，而言歌诀，盖成风骨，彰显日月。晓悟歌诀要旨，慎而铭之，恭而琢之，敬而奉之，诚而传之。

  天罡地载、乃孕万灵。崇祀寰宇，则有图喇。图喇为万牲之源，生民之祖。饮水思源，诚塑祖德宗功。江河峰峩，彪炳千秋，曰徽徵，曰族旌，凝聚血缘，弘扬雄威。我纳殷富察，金望族黑号，至清顺治承替数十代。随龙反明，兴白山，战松山，建赫图阿拉，入沈阳，佐太宗，拥戴祖临，由京师迁吉林、继迁宁古塔，始创谱房并兼存图喇秘诀。春秋诚祭，世无疏漏。清康熙二十二年癸亥，为抵御罗刹，吾

---

① 爱曼，满语，意为"部落"。

祖奉旨由宁古塔永戍瑷珲为家焉。初屯兵黑龙江额苏里，弑鲟屠鹿立图喇以铭志焉。康熙二十四年乙丑，将军虑江东因与内地信息不便，遂迁江西，谱牒与图喇秘诀永祠于新僻建之大五家子托克索。图喇秘诀传于金，已盖有年矣。余自幼聆听家严诲训，世代祖先将图喇神柱矗立于北疆山山岑岑，佑我子孙，神验永辉。余恐年湮日久，遗忘歌诀，将满文译辞慎记于所撰之《瑷珲十里长江俗记》之中。图喇秘诀，俗云图喇达拉尼。制图喇必有祭，必献牲。图喇之木务请黑水白山之千载古杉古松，原木堪佳。图喇为神舍，千年古木方有息神之功。制图喇首要详悟诗文，悟性方能通要旨。神聪智广，巧手若神，图喇即现，百魔惊遁。

图喇秘诀，世世流传，诚谨存奉，敬洁珍藏，不可亵渎。春秋供奉，诚如奉先，不可疏怠。

承袭百代，永世其昌。

中华民国壹拾玖年庚午吉旦

富察希陆·伯严　谨志

制作图喇务要细心品味词意，智中增智，精品即现。所谓"图喇"系满语，即"桩""柱"之意，即图腾柱，为传世之宝。均以四节单元组合柱形，各节高度比例依图喇内容、整体比例而巧妙组合，相互间高低不求一格，以美、精、悦目醒人为最高衡量点，尤以最上首像为重；木质任选，可分节组合，便于迁运；柱圆大小宜与柱高和谐，比例适中，忌过细，慎度之；后世亦有革体图喇形制传世，如兽头柱；图喇色调自然，不强求一致。古代有白木图喇，有单色图喇，亦有合色图喇，以盈神肖。

（一）

图喇雄峨九尺悬，品蛙仰栖耳鼓喧。

四熊拥矗昂天嗥，五鹰探爪眸闪电。
同御三神凌霄舞，裸乳叶阴凝问天。
芳足踏践耶鲁魔，哀乞号号世世年。

（二）
图喇嵯峨依天伫，翠海惊涛灌若泉。
品鲸奋腾钩尾剑，海豹飘髯环宇看。
高巅独尊鹰奶女，神眸钩吻气轩然。
裸身丰乳鸥雀护，啼婴饱吮梦酣眠。

（三）
九尺鹰首百子图，壮翅女身远祖音。
闪眸健吻唉啸啸，坦乳腴腹阴绒绒。
百定百童叠裔塔，万娇溢情百媚生。
儿孤瓜瓞当九母，江河千载咏欢情。

（四）
百子顽童稚气桩，红兜胖肌雀儿扬。
底坐九子憨态满，肩坐九儿美洋洋。
三叠九子甜甜蜜，四叠九儿扮怪相。
五叠九子竞喉唱，六叠九儿拱嘴长。
七叠九子仰脸看，八叠九儿俯首望。
九叠群儿伴花卧，榻尖九儿闹迷藏。

（五）
龟阳翘首与天齐，基源北阔傲云立。
阴蛇盘垣垚高圯，虎饰豹卉精雕砌。
木陶石骨皆成塑，唯重深情寓心诗。
生长育衍阴阳结，千载不易传青史。

（六）

洪水开天世，汪滔际天涯。
万牲化虾泥，生魂何处家。
功盖垂千古，凭依有神鸭。
九尺缕母羽，跷首唱云霞。

（七）

穹宇初创世，凝寒天野冰。
生灵安养息，大块凋不生。
玄女偷天火，炎融豹虎身。
驰骋万代兴，豪歌颂火种。

（八）

九狼扑地嗥，齿尖吐红骨。
五狼拥背坐，蹬足傲天啸。
三狼狞凶厉，口大可吞蛟。
疯狼拯艰世，玉宇魔尘扫。

（九）

海涯涌白浪，怒蟒双盘吟。
蟒身叠松翠，翠松隐蟒身。
十蟒十蠕芯，五蟒拧柱亲。
头擎八宝云，索索育儿恩。

（十）

海涛穿云百鸟喧，沃野肥原好种田。
三虹环环如意巢，环间魂雀送长安。
中通索莫凳天桥，乌鹊喳喳舞翩跹。
石阴矗立唱穹窿，百子千孙育大千。

（十一）
海龟神龙寿，蝠祖翅七丈。
蚯蚓拥北蜥，蛙鸣荷卉塘。
五灵奠基永，万世子裔旺。
巍峨九千岁，掬掬笑慈祥。

（十二）
豹眼瞳若火，裸妖立眉睫。
三妖踏三目，切齿壮阳斜。
九童光腚戏，上卧长吻鹊。
鹊顶罗花卉，双鹰卫天阙。

（十三）
神坛圣洁域，熊焰煦恶瘴。
卫门蠹图喇，魁鬼九尺三。
鹰吻如独舟，虎口幼儿眠。
熊爷肚皮圆，信使凭鹿獐。

（十四）
长耳巨灵神，高耸测云霄。
长脚巨灵神，万里寸土遥。
单目巨灵神，关山瞻彻晓。
长发巨灵神，发发善恶告。

（十五）
图喇达拉尼，宗宗祖先撰。
得形全在心，唯诀为真传。
细细务精嚼，形躯自显现。
牲果常奉祀，虔诚世世献。

（十六）

木筑图喇垒高塔，技法全凭刻巧嵌。
三梁横亘示三宇，地脊相悬五尺间。
上镂原阴万物源，神鹊栖兮环望天。
百灵拥卫降吉祥，代代绵绵丁勇衍。

（十七）

百魔怪胄垒天梯，飞鸟难渡噪云霓。
地蛟有意开圣土，天宫神母送祥骥。

（十八）

江涛卷天浪，浪尖坐小童。
见人总是笑，人颂长乐翁。

（十九）

长耳巨灵神，高耸测云霄。
长脚巨灵神，万里寸土遥。
单目巨灵神，关山瞻彻晓。
长发巨灵神，飘逸善恶告。

（二十）

百木塑大千，镂铇雕磨染。
形凝求和谐，工竣贵精研。
人虫鱼鸟卉，憨容透木间。
蒸蒸驭火焰，穷索旺生趣。

（二十一）

图喇何岂广，图喇应运生。
四季动虔歌，雁难展神形。
夜梦图喇貌，百幻忆犹深。
生生必有兆，悉心事有因。

图喇贵心诚，切切铭入心。
心诚寻整木，松柏质尤珍。
巧镂万灵体，叠聚汇真身。
擎天图喇降，驱魔万万年。

接请图喇要旨

一、"图喇"乃满语，传世若祀神。

二、细品秘诀语，悟彻真神现。"细细品词，智中增智，精品降矣"。

三、木质任选，可分三节组合之，便于迁运，忌用铁钉，鲁班木卯最相宜。（卯即榫头，榫眼）

四、柱围与柱高相谐，忌过细，比例适中。

五、歌诀为雕镂要旨，为神谕之部分，敬存，善妥收藏，切不外传。

《瑷珲十里长江俗记》载《满洲图喇柱秘诀》，原为满文。1946年东北光复匪患猖獗，原藏于二姐夫张石头处家翁珍存遗稿，均遭散失。余曾与二姐夫回忆原满文诗句，并记录成册。1947年春，景霞于孙吴华年永诀。呜呼大难，生涯何以堪，安有余心虑遗稿耶？图喇秘诀赐无穷神力，常梦夜有作歌。沮丧中激生火光，殷嘱余做完供销社商务，不可松懈，援笔常忆本族民谭古俗，将祖传图喇秘诀翻译整理出来，为后世留下珍贵的文化遗产。有志者事竟成，积年耕耘，多有佳音。《瑷珲十里长江俗记》等遗文，皆由此而问世。此乃图喇秘诀幸传始末，祖庇之德也。

9. 言魂

祖师萨玛遗训云：魂依血流，血行魂行，血凝魂止，浮离体外，曰浮魂。魂依血养，魂凭血育，血旺魂壮，血热魄强，无敌天荏，鬼魔难挡，曰养魂。魂无依则浮，魂有依则静。魂浮通天，魂静通人。浮魂依梦，静魂依形。梦中得数，梦中悉形。梦中感意，故称六序，曰：梦神、会神、面神、识神、悦神、引神，方为悟得神体，制材藏魂。初魂易伏，久魂成神。神魂寓焉，神悟蕴焉，居尔家室，阔清恶氛。

祖师萨玛遗训云："饮鲜血生壮力。"瞒爷神体不可不饮血。敬献牲血则最为虔诚，必用新牲之血敬神献神。逢年节或祭祀，献牲涂瞒爷神嘴，谓之饮血。以血养魂，以血育魂，以血延魂，神力无边。凡有重要事宜，如问卜等，必请出瞒爷神体，必杀牲，用鲜血润点唇、目、口，并默诵神谕，祈祷神祇能睁大眼睛，看穿千里迷雾、百里恶云，卜得吉音。古昔生计，向以域地巍石为徽，以岩画铭胸臆，以踏摇声号啸聚。辽金智能文兴，乐吟"乌勒本"扬家风，缅祖仪礼益诚焉。满洲众姓唱诵祖德至诚，有竞歌于野者。有设棚聚友者，此风据传康熙间来自宁古塔，成居瑷珲沿成一景焉。

10. 萨玛神话

最早的女大萨玛，乃一只海东青从东方背来。鹰爪还紧抱有一个光芒万丈的石饼，同背来之女萨玛一起，交给了生存在大地上茹毛饮血的祖先们。所以，祖先们从此才有了女萨玛，愚氓渐开，而且女萨玛唯一的神器——光芒四射的石饼，叫"顿恩"，含义是"光芒的太阳"，为太阳的魂魄。后来又发展成复数名词"顿恩希"，即"众多的太阳光芒"。萨玛身上总是披戴无数大小不等的闪光的水晶岩片，以及后来的铜镜等等，便是这一神话的象征物。

天上的星体，是天上诸神磨出的神镜，抛到天宇中形成的日月星辰。萨玛的全身披饰，代表整个宇宙的星体。天上就是心心相印、和睦温馨的一个大家族，日月星辰都是星族的姊妹，甚至连云霓等也归为姊妹。天上的星辰等都是女性神祇，太阳（满语"舜"）是大姐，月亮（满语"毕牙"）是二姐，云霓是三妹，众星群是众小妹，是个庞大无垠的女族天体。因而，萨玛本人也是女性，若是男萨玛，也要将身形扮装成女萨玛模样，甚至必须穿戴祖传之女萨玛神服才可以跳神。

满语中称"地母"为"巴那吉额姆"，或称"讷妈妈""纳恩都里""纳罕"。讷妈妈是全身生满乳头的黑发老太太。乳头淌的是水，黑发是山谷，她走动的声音是雷，她黑发摆动能生出飓风，她吹走了日月，换上了白发就是冬天和大雪。洞穴就是讷妈妈身上的数不尽的肉窝窝，人和兽就住在肉窝里，繁衍着子孙。

位于萨哈连以北的穆林穆林山，被称作"穆林穆林额姆"。萨哈连部野人女真称其"奇莫尼妈妈"。"奇莫尼"，满语意为"乳房"。原来，她是一位雪山女神，平时总是赤裸着雪白的肌肤，向着萨哈连侧卧而睡。当她酣睡之时，天空晴朗静谧，大地草沃花香，雪水消融，涓涓细流，沿山而下，滋育大地，牲畜肥壮。当她睁眼南眺时，就会风雪大作，冰雹成灾，人畜死亡。

宇宙刚刚初开的时候，遍地汪洋。水连天，天连水，阿布卡赫赫在黑风中让水里生出个水泡。水泡像蛤蟆籽，越生越多，越生越大，水泡聚到一起，聚啊聚，聚成个大球，飘在水上，又不知经过了多长的时间，球里蹦出了六个（宁姑）巨人，是六个安达（朋友）。这便是诸申之祖，六人管六方（东南西北四方和上下方），六个人有三十六只眼睛，六个人头、手、脚上都长两只眼睛，所以什么都能看见。六个人四十八只脚，所以走得快，什么地方都能去。六个人四十八只手，所以什么都能得到。

诸申供祭的木克木都力恩都力（水龙神），是最古的宇宙大神之一。遍地大水时，阿布卡赫赫同耶鲁里撕斗，恶魔耶鲁里让遍地大水不退，天天风浪不息。阿布卡赫赫的腋毛化成无数木克木都里（水龙），让他们吞水，木克木都里朝朝暮暮吞啊吞，把地上的大水吞肚里，可是越吞越重，动不了，变成了一条条又长又粗又闪光的岔儿罕（小河）、毕拉（河）、乌拉（江）。白的江是吞进了白石白水，黑的江是吞进了黑石黑水，躺在地上不能动，成了又长又大的水口袋，源远流长。巨龙肚里吞的水太多，有的变成喷泉。有的大水憋得它难受，便拱地争逃，把大地拱成了很长很长的沟，才找到东边的海。是鸟鸣叫声帮助它找到的海。喜鹊、乌鸦为啥老是叫唤不停，就是在帮助众龙神寻找送水的池沼、大海。

天刚初开的时候，大地像一包冰块，阿布卡赫赫让母鹰从太阳那里飞过，抖了抖羽毛，把光和火装进羽毛里头，然后飞到世上。从此，大地冰雪才有了融化的时候，人和生灵才有吃饭、安歇和生儿育女的时候。可是母鹰飞得太累，打盹睡了，羽毛里的火掉出来，将森林、石头烧红了，彻夜不熄。神鹰忙用巨膀扇灭火焰，用巨爪搬土盖火，最后死于海里，其魂化成了女萨满。所以，萨满魂就是不屈的鹰。

在古老又古老的岁月里，富察哈喇祖宗们世代居住的虎尔罕毕拉。一天，虎尔罕毕拉突然变成了虎尔罕海，大水淹没了万物生灵。阿布卡恩都里用身上搓落的泥，做成的人只剩一个。他在大水中漂流，将要淹死时抓住了一根柳枝，才幸免于难。柳枝载着他漂进了一个半淹在水里的石洞里，化成一个美丽的女人，和他媾和生下后代。

居住在黑水之滨的舒穆禄哈喇，汉音徐姓，为野人女真后裔，隶正红旗虎可舒牛录统辖。相传其祖先发端神话讲：原祖居住于萨哈连支流安班刷迎毕拉（即大黄河）石洞地方，远古栖洞幽居，受日阳而生人，周身皆毛，繁衍为洞穴毛人。随年月日久而人齿日盛，便是黄河古洞人，后成部落，以渔猎为生，远近驰名。清初，清太祖努尔哈赤派率其长子广略贝勒褚英大将率重兵北讨萨哈连部。褚英威武盖世，势不可挡，萨哈连族众纷纷归服。赫图阿拉名声大振，继而，努尔哈赤率军攻克明城沈阳，移居朝阳，并联夺取苏登、古沟等地。徐姓祖先，因在攻伐萨哈连、攻夺沈阳、辽阳鏖战中皆有战功，罕王努尔哈赤准奏其留守黑水，在黑龙江的大黄河口一带创建噶珊托克索，即今萨哈连北侧精奇里江地方，俄称结雅河。该部祖居精奇里江下游石洞沟，满语"委赫霍通"。舒穆禄哈喇萨满祭祀多行野祭，俄占领大黄河后，该族迁入萨哈连内地，瑷珲、五道沟仍沿往昔石洞祭祀，并在其祖先神匣内恭放三珠白卵石，传言为远世萨满南迁时由石洞带来，奉为石主，又称石祖，世代传替，已逾三百余年。

很古很古的时候，天神阿布卡恩都里从笼子里放出心爱的五只彩色斑斓的乌勒胡玛（野雉）。这五只彩雉，从天上降下来，便变成了世上的人类。从此，世上头一次有了人，却都是女人，是五个美女。可是，她们谁也不愿意呆在地上过活，都想回到阿布卡恩都里过舒坦日子，便都想办法找高地方，幻象重登天庭。正巧，她们瞧见山下河边，有一棵顶天立地的粗枯木站杆，枝桠繁多，直入云霄。五个美女看见了非常高兴，都争抢着抱住粗枯木杆，抢着攀枝上爬。她们爬呀，爬呀爬，突然，枯木站杆咔吧吧一声，折断倾倒，把五个美女甩向四方，从云中掉了下来。有的掉到河边，遇到了鱼群；有的掉到高山石砬子底下，遇到了虎豹群；有的掉到白杨树林子里，遇到了犴鹿群；有的掉到一片花香的平川地，遇到了猪群；有的让风刮走，遇到了牛羊群。五女出嫁，有了赫哲人、索伦人、鄂伦春人、满洲人、蒙古和达斡尔人。

11. 笼猪古肴

笼猪古肴，其功在燔。笼猪者，系指木笼专门困养之月内小乳猪。满族及其先世女真人，向有燔烤幼牲之古习，选月余肥硕之乳猪，以拢烟迷醉，然后用黄泥稻草缠裹，放入篝火中燔烤，后世多制有烤炉燔烤，待熟后从炉中取出，敲去泥土，刀刮净绒毛乳毛，呈金黄色，蘸作料伴酒食之，俗称"烤乳猪"。该佳肴，贵燔术，肉嫩香而不腻，多贡之京师、盛京、吉林将军衙门等处，用以大宴珍馐。

12. 降神

萨满降神，肩鸟①知信。

抖疾失魂，搀持宜紧。

狂喜狂怒，查帘②观情。

礼供合度，百事平宁。

击鼓掩面，男女遵法。

袒颜伤神，盛邪难伐。

长帘护己，彩帘唬吓。

声帘动魂，板帘难挟。

美饰年工，精藏金匣。

---

① 肩鸟：指神服肩上的鸟，用木、布或铁片制成。
② 帘：指流苏。

富察哈喇礼序跳神录

富察希陆 撰 富育光 整理

《富察哈喇礼序跳神录》,亦称《满洲跳神发微》。

1. 神歌

喀勒奔鲁耶——

喀勒奔鲁耶——

噜耶噜——噜耶噜——

富察哈喇恩都林朱克腾沙,乌朱安班巴那雅,安班嘎哈乌尊哇西卡①。

天地初开最起根啊,九头的妈妈奥雅尊②,清浊分天地,九色的神石照云气,才使浑浊的白雾现光明。

奥雅尊的九块石头,打碎后变成无数星星,头发变成了彩虹,汗珠变成了雨水江岔,九个手变成无数山岭,绵延无边。

噜耶噜——噜耶噜——

山岭上才长出榆柳,虫鸟随风而生,遍地鸣唱,噜耶噜——

---

① 此为富察氏家族萨玛击鼓诵颂神歌之神头,汉语大意是:富察氏族神佑兴旺,最早的先人开垦的沃土,是由最大神鸟引降的。

② 奥雅尊:满族创世神话《天宫大战》中天母阿布卡赫赫身边的重要女神。

2. "佛喝申哥"（小海豹）创世歌

（老萨玛唱诵）

先唱满文神歌——

诺诺德，诺诺德，穆克芬德穆克芬德，穆克芬德阿布克巴亚，呼分克利莫德利，沙布苏拖力斐，额勒恩得，布丹阿基查呼胡，热克得，阿基拉米，哈哈合合抄拉木比，德克林比，拖毛必阿库，拖力木必衣拖力木比，阿根突阿夫克甚，额嫩耶阿金必。

神歌大概汉意——

从前啊从前，地上是水，天上是水，到处像一片大海，水浪像拖里（铜镜）飞闪，就在这灾难里啊，什么生命也难活。男男女女挣扎灭绝，漂流啊无处栖身。远处来一位保佑人的海豹神灵，把男女驮到身上。这是天上萨玛保佑的，到岛上洞里生育后嗣。

3. 天女白云格格创世歌

（老萨玛唱诵）

天地初开的时候，天连水，水连天，天是黄的，地是白的。渐渐，渐渐，世上才有了人呀、鸟呀、鱼呀、兽呀、虫呀，后来发生了洪水，像从天上灌下来一样，一连三千三百三十六个日夜，遍地汪洋，白浪滔天。人呀，鸟兽呀，混在一块漂流，谁也顾不得伤害谁，都在黑浪里嚎叫，挣扎……一群慈祥的花脖喜鹊，向青天哀叫，请天神阿布卡的小女儿白云格格拯救生灵。白云格格背着威严的父亲天神阿布卡恩都里，往大地上扔些小木枝，于是大地上出现千根、万根巨树。人呵，用漂在水上的绿树，凿成威呼（小舟）逃命；鸟呵，从此总是叼小细枝，在高树上絮窝；虫呵，兽呵，爬到木头上，漂呵，漂到远处藏身。剩下的枝杈，在浅处扎根，慢慢，慢慢变成了兴安岭松林窝集……

4.《宁摄里妈妈》神歌

我驾着鹿皮神鼓，冬阿哩，飞上了白云间的天河，冬阿哩，喜鹊和白鹤成群结队，冬阿哩，领我去寻找治怪症的神方，冬阿哩，清风和早霞遍染东天，冬阿哩，引我去寻找宁摄里①妈妈的神堂，冬阿哩。

我有金雕的金翅，啫衣啫，我有银鹰的力爪，啫衣啫，我有海鸟的锐眼，啫衣啫，我有巨蟒的巨齿，啫衣啫，千难万险，百折不回，啫衣啫。

栽力们啊，不许懒惰，啫衣啫，栽力们啊，不许贪玩，啫衣啫，要一心一意侍奉病家，啫衣啫，要知疼知热善慰病家，啫衣啫，要甜言蜜语传告病家，啫衣啫，要千叮万嘱勉励病家，啫衣啫。

我接来宁摄里妈妈的坐骑，冬阿哩，我迎来宁摄里妈妈的神驹，冬阿哩，我捧来宁摄里妈妈的宝药，冬阿哩，我带来宁摄里妈妈的嘱告，冬阿哩，吃下吧，宁摄里神山的宝草，冬阿哩，喝下吧，宁摄里神山的甘泉，冬阿哩，不要哭，不要怕，宁摄里妈妈跟你在一起……冬阿哩。

5. 释梦

长辈、父母、内亲、喜爱		卜梦（预言、预兆、启示）
积习与训养		复梦（多次同事梦）
社会人际交游	神心理反射	奇梦
私欲得与失		喜梦
失意、噩运		伤梦

---

① 宁摄里神山，位于黑龙江北岸（今在俄罗斯境内，称亚马林山），是额密勒河的发源地，为满族先世女真人及北方诸部落崇拜之神山。相传，此山虽位于北方，但因四面高山，山窝盆地冬日亦温暖如春，故称春天永驻的神山，是女真先民重要的采药圣地。这里又是兽、禽的栖息地，"山中多宝石，可制箭，利如铁"。在满族萨满祭祀神歌中，有不少姓氏祭奠此山。盛传只要采得此山的草药，百病可除。

疾患折磨　　　　　　　　　惊梦

　　　　　　　　　　　　　虚（浮）梦

　　　　　　　　　　　　　幌（无印象）梦

　　　　　　　　　　　　　病态梦

　　　　　　　　　　　　（梦中夜游，梦中持械）

　　父母长辈下至亲朋余等，俗信梦卜，尤笃信复梦，神秘惊慌，广求释解，视为异兆。若思忖之，梦乃心生，绝非偶然。复梦者多为心事重重、刻意所思而致。复梦之出现乃人生常事，不能视为有何神助。然详析复梦却能获得可靠征候。而且，兆候皆与所思相吻。这正是人们日常追求的事务，经过长期思索，也包括人在睡梦中（并未有完全实睡），人的所思所想仍在头脑中萦回不止，而获得的深思熟虑的结论。所以，复梦往往要比初梦，预兆准确得多。积习与训养，也是梦卜中常备之心理活动。凡萨玛尤重梦卜中之积习与训养。所谓积习，即将个人或他人日常生活中一切梦境，分析、梳理、总结、考究，从中归纳共有之思维、活动与机理。不要认为人的梦，都是虚无缥缈的。这恰恰都是人生存的信息，有何事，何心理，何良知，何怯懦与自愧，抑或高傲与自负，皆便产生何种之梦。凡世人者，不做无缘无故之梦。梦与人生息息相关、悠悠相栖，从来不会人生不晓、不知、不见、不闻之事，而在梦中陡见。故何人有何梦，何岁有何梦，何业成何梦，皆相辅相成也，乃人生常理耳。故卜梦之说，非无稽之谈。

6. 萨玛歌舞

　　北疆满洲诸姓，自康熙朝以来，沿袭古祭之俗，历世出现众多神威大萨玛，乃各部之名贤大儒，如毓秀大萨玛、德顺大萨玛、全大萨玛、英萨玛等二十余位，都曾到过卜奎①、乌拉、盛京讲授萨玛神道，在瑷珲竞讲萨

---

① 清代东北边疆重镇之一。卜奎为达斡尔语，意为"勇士"，即今齐齐哈尔市。

玛神学。据传，当年住坤河的达斡尔德萨玛与鄂伦春莫萨玛、索伦齐萨玛，以及由同江乘船而上的赫哲萨玛，都前来献技参赛。萨玛古俗，自明成化以来，逢单之年，即三、五、七、九，凡我满洲众姓萨玛，必遴选本族一二位德高望重者，汇集于江河湖泊之滨、清新优雅之所，族众携家带口，自设炉灶，各族击鼓鸣号，观萨玛竞比神技。神技有唱、舞、技三献，唱古谣古歌，比声音洪亮，比音调宏阔，比彻夜长歌而嗓音不哑；跳旋转古舞，比身段柔妙，比滚翻若鼠，比模拟禽兽；技比潜游，比腾树，比攀岩，比武耍兵刃。以此三献，推拔神技萨玛之制。满洲毓秀大萨玛名列前茅，神技表演未能被赫哲萨玛和索伦萨玛、鄂伦春萨玛夺魁。此赛庄重感人，深得族众喜爱。萨玛神道神术之功，直至清中叶仍有传承。

7. 宁摄哩神山

悠悠荒古，心系北山①，熊火云桥，人神同娱。北山者，乃黑水北地之宁摄哩神山也。崇祀诸岳，为众神所居。

8. 野祭

辽金之先，满洲蛮荒野祭并无讲求。太古无酒，以水代饮，堆石为神，依山而祭，杀牲献血，祭后离弃。唯留祭桩神坛，烟尘缭绕，热血糜肉，日夜招引禽鸟狸鼠麇集。

9. 大祭

古谕曰：大祭全献，大事立坛。谕言"全献"，告谕族众凡大祭必备野

---

① 满族极其先世女真人其原始祭祀为野祭，每年皆到北山为祭，所以北山是满族先民们野祭的中心地带。北山，系指黑龙江以北，位于外兴安岭精奇里江流域之宁摄哩山，即指在今俄罗斯境内之亚马林山，与其他如鄂锡克特山、穆丹山、穆哩罕山、玛呼山等山被女真人统称为"北山"。

牲、江海鱼鲸、野禽、家豕、山花浆果、手制面食饽饽、撒子诸类。凡有大事，皆诚筑神坛。

10. 跳神

瑷珲满族富察希陆所遗存之萨满访问笔记，记述偶闻鲜见之家族生活习俗，文稿多存于旧宅西墙暖阁中。家父因在外地教书，很少有闲回故里。四十年代发现遭受鼠害，损失几乎净尽，仅余下文几则矣。

黑龙江省爱辉县大五家子满族一些保留野祭的家族萨满为人治病时，如确认为是虚症，便视为有鬼魅缠身，将病人之魂困住。萨满跳神治病时，常将病人的脸用锅底灰抹黑，认为这种伪装会使鬼魅认不出，并躲过灾难。坤河达呼力人亦信此风。

萨满在举行跳神驱邪仪式时，有时故意往自己脸上涂抹各种颜色，头上还披挂着鬃毛、铁铃和刨花，以驱魔斗鬼。

若言人之钟爱，莫过于萨玛。深爱于众诚重于人，仿佛疯疯痴痴、醉醉迷迷。盖忠勤职守而竭心极致也。

世间诚笃莫过如族亲。昔年，萨玛因族事而殁，因族事而残者，弗可数计。朝思夕虑，未可已已，皆祖训传语，勿敢违也。

满洲库雅喇氏跳神，别开情韵，盛况空前，围众若织，祭不终而人不散。萨玛击鼓先请远世色夫：跳玛克辛之额顿瞒爷、石球占卜之卓禄妈妈、弹唱口弦之乌尔春瞒爷、双手握画笔之比特瞒爷。日日朝朝，声廓溪野，半里可闻。

11. 祭坛

荒古尤重堆石祭坛，寓意崇天敬地，罗拜星辰万物。此盖仰谢生民生存之母也。古者广设祭坛，择翠林沃土，不重奢华靡费，但求荒朴敦敬，裸拜而不耻，狂舞而不忌，饮血啖肉，泣血长歌，永祷苍天之恩焉。

12. 求知

萨玛苦思，倡求敏知。
宜精宜勤，宜细宜微。
节中求节，微中求微。
博知勤知，迅知敏知。
先察先觉，未雨绸缪。
萨玛力行，百难安愁。

13. 达拉尼神歌

萨玛俗言"达拉尼"，诀窍也，盖言得之若狂、若痴、若癫，似鬼魔迷其窍，实为专思致狂之极态也。萨玛者，神情多静，寡言无常，孤独偃卧，性喜沉思，常为一事纠葛难寐，或缠绵悱恻而不可自解。萨玛多属内向郁寂之人，好谋事敏知，即萨玛心得所言："详知、急知、强知，常与痴迷相伴。"

涉奔，满语知觉也，为千聪万慧之源。凡事不预，临渊何悲。先有涉奔，而后感知，而后对之应之，先觉后知，知能应对。凡为萨满，先觉先悟。觉者感也，感者悟，悟者知，知而应，应而行，迎刃解困。聪颖神赐，阖族致旺矣。

萨满跳神要能精学六"知"（"沙曼赞"，满语为 samian sambi）：声（知各种声响，能叫出来）；形（知各类模样，能扮出来）；动（知各种动作，能做出来）；行（知各种步法，能走出来）；静（知各种坐态、卧态、睡态、死态、僵态）；情（知各物喜怒忧思悲恐惊，能做出来）。

14. 家祭

凡我富察族人，勿忘祖制祭规，跳神必择吉日，必祭院宅众神、田野乌忻贝勒（农神）、布特哈渔猎众神或祭山河神，有祭天及背灯夜祭，此乃家祭常例。自清以来，恪守三百余年矣。族中神堂，悬案西墙，子孙代代诵念神歌，承替不息。届时，谨选佳牲心血供祭，诸神享用鲜心血必不可少备。民国已降，野牲难捕。每祭凡用佳牲皆为自养，自给自足，从未虚度祭期矣。氏族萨玛亦代代承袭，"乌云"之制，从未更辍。献供牺牲，三至五口，由主祭萨玛达敬选牲肉牲血（阿姆孙牙里），奉祭不误，祖先诸神享用慨然详备焉。

15. 钱姓乌仁神语

钱姓远祖栖居东海树巅，乃锡霍特之野，架屋居室，冬夏如此。祭献皆以东海鹿、鸭、鹅、鱼为上品。祭时必祭夜神，此东海古礼。夜神乃"毕牙额母"，即众星之姊妹月神也。祭期，燃九九八十一堆篝火①，所有族众，手持"多罗②"，夜胜白昼，地上蚂蚁皆可照见。所谓"背灯"，即灭灯火后不得再点燃火亮，仅靠篝火举行夜祭。族人排列江滨，燃熊火九堆，照彻河身如白昼。女萨玛身披白鱼鳞皮、白蛤壳神衣，头额有无数白串珠，腰铃以白哈拉围成，其声震耳。唯祭时必献鹿、鸭、鹅，大哲罗长如小舟，有时亦备捕圈着的野猪数口，必星斗满天时活祭。在江心河身处筑木排，可站十数人，牲血洒于林、野、江心、天、地、石崖，均要以血洒之、抹之、涂之，人身与腰额处也要抹血。凡祭人众均点牲血，然后燃火燔祭肉，会食于江野。天黎明时所余祭品投入江中流走。夜祭传祭司夜妈妈诸位。老人传讲，此祭习代代相因，古已有之，不可疏忘也。

16. 哈勒玛刀

哈勒玛刀为萨玛所用之祖传神器，卜占所用，后人有忘记其用者，盖

---

① 九九八十一堆篝火，为九大堆，每堆再分九小堆，共计八十一堆。
② 多罗，满语，意为"火把"。

其先人不教也。萨玛请神问卜必要横捧神刀，读神赞，摇晃刀环，以振环声，韵中卜解祈愿对察玛礼仪与神祇，不敢妄议也。尤各姓之神谕不为外姓所晓，恪奉先训，诸姓则互守勿言也。

瑷珲满洲吴姓萨玛神帽前帽帘最早用鱼骨片磨成棱形，用丝筋连成九排，长垂至心口窝处。

17. 驱邪

往昔，有瑷珲城满洲张佳哈喇彩花女大萨玛，一次为本族老妇跳神治病，突然鼓声异鸣，神案香烟四飞，主家惊慌。彩花萨玛答对曰："此为虚症，偶遇惊险而致鬼魅缠身，将病人之魂困住。速将病人脸用锅底灰抹黑，使其增胆提气，自认为身有伪装，鬼魅认不出，会躲过灾难、不日即痊愈矣。"果然，数日应验，成为佳话。坤河达呼尔人亦信此风。

萨玛在举行跳神驱邪仪式时，有时故意往自己脸上涂抹各种颜色，头上还披挂着鬃毛、铁铃和刨花，以驱魔斗鬼。

18. 涉奔神歌

涉奔，满语知觉也，为千聪万慧之源。凡事不预，临渊可悲。凡事晚觉，祸难伴耳。察玛众亲仰之，众亲尊之，高枕安席，务常虑先哲鞠躬事族，常习先哲夙夜勤励，晓彻万事机理，先察先觉，未雨绸缪。

涉奔乃察玛神慧神目，万险难逃涉奔术。然神赐涉奔大法，必不知苦累，不避寒暑，胸藏天下事。聪慧痴诚诸神附携，憨呆拙情灵附何为。

涉奔大法切切铭心。涉奔为知为觉为感，无所不能焉。人本大块之灵者，高于万类。树分高低，鸟分雀鹄，人中之杰，察玛为最。察玛神而助之，生而习之，惰学难为神，学成可为神。神者万事可悟可察可觉可感也。鸟兽有百感，人杰知千感。感悟非秘，旨在窥凶。利人害人，必断明止，疏焉酿患。感分为视感、嗅感、声感、光感、触感、踏感、色感、心感、意感，此为略剖，萨玛详析，宜精宜勤，宜细宜微，节中求节，征中求征。诸法最重意感，最难意感，神匠能为。无物可感，无现可感，无状可感，无人可感。犹望山而透见内蕴彩石，犹望林而远闻明朝星火，犹观河而知浩然涝水。常感生神，常精生神，敏至极也。

察玛知感非名杰。感而后知导，知应对，知化消，众望所归，诸神之慰焉。水临知泻，火来知移，凶生顺导，祸降安抚，方堪名察玛也。

19. 任卜歌

萨玛要能破反为任，预远为任。明预勿算，五预小算，十预中算，月预为圣，年预为神。观知非难，难窥知症。症窥非难，难窥知导。辟难泰来，观靡罔也。观物善透，走山弥高，问林知木，捋草明毒。兽赢卜粪，水淼卜波，痘泻卜水，地陷卜鼠。卜草知秋，卜风知雨，卜雁知寒，卜花知蜜，卜蜂知果，卜石知山。观星问春，观云问雨，观雪问猎，观林问牲，观流问鱼，观窟问泉。蛙胖蚊粗。人疏雉众。河清鱼肥。花黄狍壮。洞中安熊。林幽鹿驰。猸戏宅安。

萨玛禁忌颇多，不猎熊虎等猛兽，不捕杀怀仔之兽，不捕捞涸水之秧鱼，不网春夏孵雏之鸟群，不厮杀格斗，不欺掠邻族，不纵火烧原，不逐求怜野氓。

吴氏我射库祭谱

吴勒仲阿老人　口述　吴纪贤　撰　富察希陆　整理

富察希陆案：《吴氏我射库祭谱》或称《乡祀笔汇录》，乃世兄、吴公纪贤谨撰。吴公纪贤，字守常，满洲正黄旗人。吴扎拉氏，其谱详载历朝皆有官宦，光绪间，其祖由盛京返籍瑷珲，遂以上二公为家焉。吴氏家族明代远居混同江（黑龙江下游地方），本为望族，先祖为武将，与明将同守奴儿干都司特林等地方，谙熟庙街附近山水。后金，其祖追随努尔哈赤至赫图阿拉，再至京师，镇守古北口，后世于京内务府历任官宦。乾隆后，其子弟一支入南镇守潮州，另一支返籍盛京将军衙门吏部，未几，被派往黑龙江将军衙门副都统衔任内，因粮秣事被贬，回瑷珲，以此远离仕途，以文墨为朋焉。纪贤颇似其祖，习陶潜田园之乐，一壶酒，一吟咏，终生以品享人生为乐。中年即因手不释卷，戴深度近视镜，世人尊称其"吴先生"。因其文才超人，日伪时被聘为"学监"，甚有声望。中华人民共和国成立后被聘为黑河中学语文教师。吴公记忆称奇，古稀之年，背诵《古文观止》一气呵成，少有一二字之谬。《吴氏我射库祭谱》便是他约于1933—1934年前后，记录于其父、萨玛吴扎拉·吴勒仲阿老人口述。吴大萨玛记录于其祖上九太爷、著名大萨玛吴扎拉·莽其格泰生前规训弟子，用满、汉语讲古时所讲述的遗言，辑录而成。

（一）窝陈乌朱·神歌

1

玛依耶，玛依耶，呼鲁顿扎布吴扎拉哩——

尼耶拉木额斯林，索林德，乌朱吉，恩都嘎哈额娜耶——

（汉译大意）

瞒爷大神，瞒爷大神阿！

住在我们这带沟道里的吴扎拉氏族人阿，在虔诚的神前请最古远的大神鸟飞降下来。

2

夫勒赫、夫勒赫，一棵树上的根须。

吉里赫，吉里赫，一个角上的枝杈。

特巴赫，特巴赫，一个胎胞的儿女。

诺浓赫，诺浓赫，萨哈林鱼卧子①。

诺诺赫，诺诺赫，吴扎拉开世祖乡，喽声申名，岩图明帜。

荒古无号，焉可兴疆。

五世女主，以鱼为姓。

革布②吴查，永世勿忘。

穿地穴眠，獾狍鱼裳。

---

① 鱼卧子：指水流平稳的江水中，鱼群便于聚群生息繁育，即鱼类安适生息的宜居之沙地。

② 革布，满语，意为名字。

长冬猎射，短夏围鱼。

子孙衍衍，福寿绵长。

神翅遮盖苍穹的安班嘎哈①呀，叫鸣之声里传告着雷鸣闪电。

最起根发蔓的藤子呵，是金蛇的栖身翠枝。

遥祝最遥远的根子歌啊，九万九千个生日的嘎哈，学自于葛鲁顿妈妈。

在早在早以前，最古最古之初，世界上不见冰雪，不见江河，不见山莽，到处是白雾迷茫，水珠浮荡，雾罩白气满苍穹。

千年不见生气，万年无有生迹。

玛依耶——，玛依耶——，不知过了多少时光，不知是在何年何月，一股耀如白昼的葛鲁顿②妈妈降生了，九头八臂，九头上九双眼睛照穿了白雾，九头上九个口吹散了白雾，九头上的手拿着火把，是石头的火，是白石头的火，是黑石头的火，是红石头的火，是蓝石头的火，是绿石头的火，是亮石头的火，是硬石头的火，是软石头的火。

八样石头的火烧热了雾水，玛依耶——玛依耶——

轻轻飘上天，沉沉落入地，轻者成云，沉者成山。

九头八臂的葛鲁顿妈妈，眼睛一照土成山，口一吹土，山上生了林草，才有了大地和苍天。

葛鲁顿妈妈，是神嘎哈之女，由东海而来。

玛依耶——，玛依耶——呼，鲁顿扎布吴扎拉哩——，葛鲁顿妈妈耶，苹罕扎鲁奔，楚芬扎鲁奔，珊延珊延我车库，玛依耶——，玛依耶——，玛——依——耶——。

---

① 安班：满语，大；嘎哈：满语，乌鸦；安班嘎哈，即大乌鸦。
② 葛鲁顿：满语，意为"晨光"。

（二）神　　谱

1. 祖谱·祭妈妈祖神

吾族公祭，均祭至高无上之母亲神灵，神名之众多，譬如兴安岭之树，不可数指也。

黑沟①南下，兄弟分支。

各难联理，冬雪祭礼。

因地适宜，余先拜雪。

师成定制，三鹿五狗。

九鹰七雀，牛鱼千斛。

殉血燔肉，九祭为度。

年举是是，麋鹿常缺。

族改停祀，六辈先师。

常思祖制，不舍割弃。

豕鸭代庖，医血难离。

五辈先师，诚尊不替。

六辈七辈，民国乱纪。

拜雪何谈，朽思已已。

2. 瞒爷神

吴扎拉哈喇祖居萨哈连北丘温里哈达南，奉祀祖传瞒爷玖位：白羽鹰鸟叁位、桦皮三角头长足臂神壹位、红石椎柱神壹位、蛇猬椴木柱神壹位、

---

① 黑沟，吴扎拉氏住黑龙江上游的黑沟岭。

大鳇鱼牙骨神壹位、熊肋骨人神贰位，前柒位祖传邈远，不纪其岁，熊人神传为咸丰拾壹。本族依崇阿大萨玛迷山十日，水食不进，梦得神引生回，忆其形面设熊肋骨人神瞒爷，遂世代承祭焉。

吴扎拉哈喇所奉之祖先瞒爷神，其中大多数是某一种自然物，如鸟羽、桦皮、红石、蛇和刺猬皮、椴木、鱼牙等等，制成神形，驱邪消灾、祈福并随身佩戴。清咸丰十一年（1861年）增两位熊肋骨人身瞒爷神，与其他共七位瞒爷神，祖传邈远，不纪其岁。凡所藏瞒尼木皮神，均为先祖有功，实为报本勿忘之意。

3. 皮脸神

吴扎拉哈喇原祖居下江，传奉皮脸神三具，妈妈神壹，熊头神壹，巴柱神脸壹。二祖阿塔里率族西迁，船逆水遇风，神器仅余神书数册，岂非天意。若干载迁移祖居萨哈连北丘温里哈达南，奉祀祖传瞒爷九位：白羽鹰鸟三位、桦皮三角头长足臂神一位、红石椎柱神一位、蛇猬椴木柱神一位、大鳇鱼牙骨神一位、熊肋骨人神两位，前七位祖传邈远，不纪其岁，熊人神传为咸丰十一年本族德崇阿大萨玛迷山十日，水食不进，梦得神引生回，忆其形面设熊肋骨人神瞒爷，遂世代承祭焉。

4. 取影与制偶

取神形的梦最难得，常一连三宿，无眠无困，硬睡也睡不着。萨玛折腾得像闹场大病，不食、不喝，头晕昏迷中，不知不觉像吃神草，飘悠悠身如升天，才见到有跳欢快葬式的，人很多，来接自己，就能见到许多神书上的神祇幻象和萨玛先人们。

男女双对神偶制作，多在初春时血取黄羊、雄鹿、雄犴、刺猬等，血取其皮。上述动物传讲生殖能力最强最速，而且制成偶体用本动物血汁浸泡数日，其皮色血润殷红闪亮透明后，才裁制成皮，然后再缝制男女皮人。

吃这些动物的血糕，安胎壮子。一般家家都供祭血皮人数对，并于春秋两季狩猎麋鹿，制血糕、晒干胎等，边当茶饮边祈祷生育吉顺如意。

5. 萨玛感言

吴伯通老萨玛：古曰神者申也，而余谓神者即心也，人之所思、人之所念、人之所想、人之所冀，便是神也。神无不有，神无不在。

（三）祭　　祀

神器百类，岂可划一。
鞑靼常祭，迥别黑水。
黄肤①双鼓，小大轮奏。
鹿野裸身，腰不系铃。
铿锵鲸鼓，圆椭竞美。
鹿头豹尾，骨石系铃。
澎湃传神，婀娜惊魂。
松水非同，敬祖崇星。
娜娜②刻神，罕见皮人。
近载绢画，众部难同。
神圣祝祭，首推降神。
情态百媚，性烈嘶啸。
萨满降神，鱼目混珠。
真伪难掩，神帘验看。

---

① 黄肤：生活在萨哈连黑龙江出海口至库页岛地方的乞列迷即费雅喀等族人，黄皮肤，语言近似女真语，萨满祭祀习用大小双鼓。
② 娜娜：乞列迷人土语，意为"美女"。

无为静坐，彩珠垂颜。
帘忽颠颤，必报神来。
真神闯坛，狂舞彰显。
疯号怒跃，撼力难御。
盛邪护伐，长帘护持。
彩帘护美，声帘护吓。
板帘难挟，通宵达旦。

黾事成师，黾察成师。
黾思成师，黾缜成师。
不为不豫，不黾不豫。
不恒不豫，不躬不豫。
疲足敛口，悯人寡欲。
贪衍自戕，修心豫正。
神来骤变，焉若乃身。
儒者而猛，痴者而聪。
愚者而敏，足笨而驰。
手笨而举，飞若捷禽。
跃若麝鹿，火水何擒。
首来双肩，渐生两肋。
小腹灼烧，次及双股。
头晕目眩，视见异彩。
味逆涕多，魄勇厥逆。
诚静洁善，神魂喜连。
药味小助，体素最关。
勿贪勿惰，一腔拯世。

缅洒媚色，神走早毙。

祭坛，满语窝陈巴纳，太初已兴，传袭古今不衰。古择祭址，皆为鸟兽生物乐聚之壤，筑高坛，塑神容，雕百牲柱，耸百宝楼，载歌载舞，人神同娱，福寿其昌。

古尚郊祀，法祖敬天。
祭必有坛，熊林蟒原。
圻野掬土，叠石围垣。
遍野献血，百祭百坛。
昊宇成祭，风雷聚焉。
俨兮卫所，安患惮忧。

法祖敬天，崇尚郊祀。
古之成祭，祭必有坛。
百祭百坛，诚祀不移。
圻野掬土，叠石围垣。
熊火云桥，人神同娱。
俨兮卫所，安患惮忧。
坛乃圣容，自守秘规。
独立护养，禁忌勿急。

萨玛神来，先验显兆。
声尖若雉，身灼不饥。
耍烟踏火，暴渴吞泽。
浮阳怒出，脉洪撞手。
呼号无定，跃蹈昏厥。

神来精医，喷摩卜断。

供俎豕鱼，妈妈神降。

（四）祭　　卜

北域古民向喜用卜，骨、角、牙、草、木、江、河、山、石、日、月、星、云、风，无不可不为卜物，皆萨玛祈卜助神也。

凡事欲卜，皆由本姓萨玛恭祭行之。族中有事或祭祷众神佑护吉宁，或新教小萨玛，或为族内排解纷争、订婚姻、择丧祭茔地等等，必在神龛前请下九面铜镜、九粒白螺、九块猪嘎拉哈、九尊鹿尾蟒尼（瞒爷），焚香叩拜，萨玛与家主问卜，然后得兆方定行止。

男女双对神偶制作，多在初春时血取黄羊、雄鹿、雄犴、刺猬等，血取其皮。上述动物传讲生殖能力最强最速，而且制成偶体用本动物血汁浸泡数日，其皮色血润殷红闪亮透明后，才裁制成皮，然后再缝制男女皮人。吃这些动物的血糕，安胎壮子。一般家家都供祭血皮人数对，并于春秋两季狩猎麋鹿，制血糕、晒干胎等，边当茶饮边祈祷生育吉顺如意。

（五）问病与医术

早年，祭请萨玛治病之先，序礼繁缛，大祭必备三香（安息香、篝火百卉香、松杉油脂香）、九拜（九叩首）、六访（仿中医望闻问切外，加萨玛独有之问家习、时瘟、水源、操业）、六敬（日月星辰山川）、七嗽（嗽五观两耳）、七洗（幽境洗身、闭目塞听惟诵神语、清心寡欲、禁杀伐、禁斗殴、禁房事、忌看畜禽媾）、七跺（七躲），即能敌御喜怒忧思悲恐惊诸魔，稳定心绪，泰然自若，方可击鼓神案前叩问患家病由。

医络向有穴位之妙，功法各堪独到。吾族有造诣之萨玛，独辟蹊径，将萨玛驱病、针灸、按摩所据之穴位，开创萨玛七十二气点，其中头部三十六个，上身十八个，下身十八个，针手施法，深重轻缓，变幻莫测，患家安睡中舒然矣。吾族家传秘点身法，又称"七十有二点经大法"，通贯穴道，脏腑更新，为萨玛特有之奇术，虽不完全与中医穴法同类，然近似极甚。

　　医病医气，子孙永愉。
　　邻有富察，俗重卜筮。
　　萨玛神技，黑水称奇。
　　火池红尘，突离①云际。
　　鱼潜②敛气，河行若獭。
　　雅战逞威，潜水强渡。
　　富姓将士，殉难甚多。
　　罗刹败绩，英名永垂。

（六）降　　神

诊（萨满）神降后之脉象、血压、心音、气色、呼吸、眼神、体力、情感、辨识、声调、体温变化，皆大有所异，非其常时状。

　　吾族萨玛，女者为最。
　　世袭魂抓，技绝超群。
　　神附灵体，前后迥异。

---

　　①　突离，满语秋千。突离云际，言荡秋千之高。女真旧俗，荡秋千常比高稳，秋千之前立一高杆，荡秋千者，能悠至前方的杆顶，仿似鸟飞，由一树颠跃向另一树颠，而且北方喜雪橇游戏，赛其翔速，宛如清风落地，雏燕腾空。滑雪便仿风与燕的掠速。

　　②　鱼潜，收敛呼吸，从河底走。雅克萨之战时，富氏家族战士潜水过渡，死亡甚多。

嗅味皆变，不识酒味。
不视火色，如未见物。
不知热寒，故敢下火。
不惧凶险，不觉疼楚。
攀援如猿，泅水如鲤。

萨玛生世，先验显兆。
天生鸣雷，地生光火。
声尖若雉，不饥不食。
恶症奇愈，恶难立解。
喜焰卧火，暴渴吞泽。
生啖茹血，吞刃嚼铁。
肌紧挛颤，皮如鸡肤。
瞳散耳聪，舌笨识清。
跃枝栖穴，脉洪撞手。
身灼不饥，呼号无定。
怒跳笑唱，昼夜无眠。
贵呼神来，明卜通医。
神讳皆知，萨玛降焉。

神来躯壳，因神而异。
头眼身手，各不尊一。
首生双肩，次第双肋。
兀突昏厥，不必堪忧。
扁鹊临堂，喷摩卜断。
供俎豕鱼，妈妈神降。

神本精气，常磋自感。
神之所临，源在来气。
首来于肩，渐生两肋。
双尻灼烧，热贯股趾。
味逆涕涟，眩晕厥逆。
号跃怪力，攀援飞猿。
迷醉非痴，智明守中。

萨满舞动，源出其气。
首来于肩，渐生双肋。
热及双股，通贯两足。
再冲于首，迷醉非痴。
智亦守中，左右逢源。

愚智亲传，敏慧在人。
平生显暗，贵乎开隙。
隙开豁然，百中有一。
智通神窍，窍通天地。
脑窍延上，智过平人。
脑窍呆痴，庸医不及。

诚静洁善，神魂喜联。
药味小助，体素最关。
勿贪勿惰，一腔拯世。
缅酒媚色，神走早毙。

神圣祝祭，首推降神。
情态百媚，性烈嘶啸。
萨满降神，鱼目混珠。
真伪难掩，神帘验看。
无为静坐，彩珠垂颜。
帘忽颠颤，必报神来。
真神闯坛，狂舞彰显。
疯号怒跃，撼力难御。
盛邪护伐，长帘振持。
彩帘扬美，骨帘慑心。
板帘难挟，通宵达旦。

内气养身功有五要，即以内气抵外气，以正气抗邪气，以吸补清气吐泄浊气，以运化气血消除疲气，以振腹下滋昂生气。

（七）神　　术

凡吾族萨玛，女者为最，技艺精群。医学有穴位之称，其言并不为独到。吴氏祖传家神，授盖世大萨玛以萨玛点身法，计七十四穴位，称"七十有四点抚通经大法"，堪以穴道，七十四点身术，即萨玛特有之七十四穴位，虽不完全与中医穴法同类，然近似极甚。七十四点身法：头十三点，四肢二十四点，周身三十七点。此外，另有胸、背、臀、会阴辅点二十一处，合曰"萨玛九十五气站"。

神术又云：满族吴姓几位颇有造诣的萨满和文化人，将萨满治病、针灸、按摩的所据之穴位，进行归纳、梳理，总结出经验，称"萨玛七十二气站"，其中头部三十六个，上身十八个，下身十八个。

（八）观　　经

萨哈连满洲吴氏"先世自古喜书自然之气，山川、江河、花卉、虫、木、四季风雷、云霓、雪雹、冰霜皆书翔记，祖制如此，世代不更。凡师凡学不单晓祭，必熟天气"。在培训新萨玛时，要用三天时间学观天象，能否观天象，是萨玛能否取得侍神资格的重要条件。

观者在足，在思在目。
足思为重，目为辅也。
观者在铭，在默在析。
铭默为重，析为辅也。
观者在较，在求在取。
较求为重，取为辅也。
只观非才，详观为杰。
观而不察，浮云者也。
观而详察，百问迅下。
观而又察，观察无穷。

（九）耳　　经

耳在聪，在微在求，微求为重，耳为标也。
耳在心，在思在辨。
思辨为重，纳为辅也。
听而不辨，流声者也。
听而辨析，千里在握。
求而又辨，百难无畏。

金声扬，石声坚，
木声柔，洞声空。
雨未来听风，潮未来听浪，
鸟未来听鸣，兽未来听吼。
闻声知象，闻声知况。

（十）医　　经

医魂祛症，焕魄健智。
开聪育魄，神明不敌。

（十一）舞　　经

　　萨玛跳神，必着神服，宏达神威，示其敬诚也。萨玛盛载神意，实施神事而穿用之盛装，神服之孕生，乃氏族远古传替而来，相袭古久，不可更改。故神服有百余岁、数百岁者，子孙祥瑞，氏族珍宝，不可亵渎矣。神衣不葬，俗以尊师授予爱徒为托，代代相因不改。此俗礼，北方诸族皆然，传承为习。相传，远祖头顶牛角，披豹皮虎尾，鬃羽茅树当神衣，狰狞嘶啸唤神。或以疯狼豹骨包头，坠崖野猪匕齿，渐易鱼骨为垂饰，裹豹皮。曩者，社会进化，生民多智，熟皮裁割，缝线刺绣，方有定制。古之神服，皆为通体袍式，与北域生存有关，故兴长衣、左衽、开气、无领。箭袖与骑射相应，最早兴骑服，神人亦驭马、驭兽、驭鹰，驰骋穿宇。短袍系围腰，腰铃与饰物，腰垂石饰、骨饰与金属器具，相击有声，震人发聩，惊慑鬼神。别有围腰，满语多称呼"赫孛特赫"，实际是"女围腰"，因早期侍神者皆女主，后来又能"哈勃打哈"，男女皆宜，随时代演进，渐兴长裙。

　　舞者何为，寸心情溢。

满言"莽势",伴之乌春。
江口赫锦①,言亦相齐。
悠古茫茫,盖有哀欣。
人非木石,熟可无心。
有心有求,心萌祈意。
祈则动肢,手舞足蹈。
耸肩颤背,发髯藏语。

古有踏槌,男女相随。
莽势旋转,栖姿若飞。
萨玛舞跃,奇可枝间。
戏水浮雁,卧菱百绽。
俏扮鹰鹞,鹤唳声声。
蛙虫闹秋,云鹅戏风。
千技百类,悉数家珍。

舞非闲言,祭皆用舞。
先哲有训,古祭无言。
情动于心,澎湃难抑。

哑舞在先,投足稽首。
燔烟万牲,野旷惊嘶。
神效百拟,岂非戏哉。
万动铭心,维宁求安。

---

① 江口,指松花江进入黑龙江;赫锦,系指赫哲人居住的富锦地方。

舞声相钟,古祭日盛。

(十二) 乐　　经

萨玛用鼓,重柔不一。
忽扬忽抑,忽雷忽风。
鼓为心语,情钟妩媚。
文可催眠,武可惊鬼。
小心求索,玄妙难喻。

萨玛咏歌,吟调用情。
奸闻瑟栗,疴闻甘宁。
神人别律,曲韵安人。
悠哉长睡,痛怨遁隐。

(十三) 迷　　经

人迷己不迷,人痴己不痴。
迷痴有度,纵驰神去。
痴不入心,痴不扰情。
迷痴得体,谙练可成。
痴而不盲,痴而不滥。
痴而不饥,痴而不狂。

婴胞雏卵,痴眠心燃①。

---

① 心燃,指萨满外态迷痴,内心仍如烈火熊熊燃烧。

练神生脑，临世职精。

盘环柔骨，沥溺①安耻。

迷痴养髓，迷痴养智。

迷痴养精，迷痴养肌。

昏非人为，运其自然。

百窍通开，浑然无我。

沉疴令眠，安心祛痛。

羸弱可缓，气耗得复。

师哲严训，谎骗招摇②。

华容瞬息，众目睁睁。

安生安卧，苛求已短。

常修百巧，博识广征。

鼓催安眠，治求众生。

（十四）业　　经

凡事情痴，可生神瑞。

凡事精职，百事顺遂。

凡事爱群，平安永驻。

凡事宜缜，福寿齐来。

凡事慎笃，死犹何憾。

凡事竞精，弗有隙憾。

---

①　沥溺，指萨满练达神附时常常排气甚者沥尿，视为祥兆，预示着神灵即将附其体。

②　此为反句，系指萨玛平日勤练迷痴神术，师训殷嘱万不可外泄，向亲属和族人吐露实情，形成萨玛跳神就是谎骗招摇，涣散凝聚力。

师云，万事唯求和顺，乃有阳关坦途耳。古之祭献，篷首豪歌，唯申虔祈也。故萨玛祭祷舞号，顺天之韵，应和之求也。萨玛五应五勿悖，天道箴言，子孙铭鉴耳。

歌曰：

应季勿悖时，颗粒满归仓。

应狩勿悖戮，渔猎岁岁享。

应居勿悖野，水土永安生。

应栽勿悖植，苍森草木香。

应营勿悖堤，洪患免生殃。

（十五）气　　经

1. 回气

所言"回气"，即云重疴者气微无息，俗云"倒气"，人将死之兆，萨玛者，应显挽气之功，祈魂再来，乃为上神。勿可淡漠，何云神师。

气有回返，魂亦回返。

各寻其途，尊天而殊。

天曰大块，遁其自然。

天非上，天非下，天非左，天非右，万宗为天，万气为天。

天则大，天则渺，天域阔阔，天域无垠。

为萨玛者，应知天意。

应晓天理，应运天规。

万事如意，人身若天①。

---

① 人身若天，即言宇宙大气循环，周而复始，人体亦然。

身气自蕴，身血自藏①。

气血有所，交融互生。

形揉②有路，方成永命。

动悉气运，万病可解。

调理血路，塞流安生。

萨玛之责，贵在神知。

天工巧夺，回气安难。

气充塞天③，气回环环。

魂魄塞天，魂魄环环。

气魂天返，古之常理。

气栖于何，循其自然。

百代经世，经年循月。

在祭在祈，不移不远。

先魂即返，返气复元。

形神新色，安乐永恒。

2. 生气（1）

生气曰气生，气生曰生气。

二者恒通，务在晓彻

因族而名，因地而异。

盖出一辙，其理同一。

---

① 指气为血之帅，血由气领。

② 形揉，指在生物体中之气的本体形态或外力催促其变（形体与揉动），皆依血液循环之路而行，这是长命百岁的奥秘。气在生物体内与血相依，气贵养涵，血赖气鲜。气引血流通，气引血舒展；血旺则气壮，血凝则气败。生物体延年益寿，血气相濡为首功，血虚气亏为大忌。

③ 塞，指运行，天，喻指人体，气血通畅则无病，此养生秘诀。

气生之理，然在①外气②。
外引内燃，方可气生。
生气相随，灵物庖服③。
常人守固，勤练自得。
外气有附，各有所尊。
气生来归，先显其附。
降气有路，先行两目。
热胀鼓旋，再透两肘。
双肋寒战，下通腰膝。
足麻而战，俗曰神来。
缓约而正，气充内腑。
情状虽异，不失心态。
失智非神，不称生气。

萨玛人杰，阖族祥瑞。
古之师哲，忖其神否。
首度其肩，后抚双腰。
燥热真气，虚寒诬诓。
真气有时，一忖曰上，

---

① 然在：外气在生运过程，称然在。
② 术语，外气。
③ 灵物庖服：引发气功的外在条件中，摆上供品，器物，铜镜，创造神秘环境，以此来容易引发大气，而产内气。戴上神帽、神服，气来了。普通人也如此，常在一地练，易发气。每个人气形不同，哭、笑、跳等多种形态。所谓"庖服"，即引发灵附萨玛餐用瞬息引发亢奋、激动的心情，一般多用烈酒、蟾酥、罂粟、烟草油、海蟹、蛇胆、乌头等刺激迷痴状态的药。

二忖曰尖，长忖灼身。①

忌惮殒命，族长牢记。（测新萨玛神附，周围昼夜不能离人，来气生热，严防过烫，易有殒命之祸）

严祀勿拖，早请早送。

气贵养涵，朝夕勿惰。

清寒寡居，洁身敛淫。

心正爱勤，气畅常存。

世代名师，贵在自遵。

有气参差，恪守年年。

常秉一心，万勿杂思。

尤忌淫嬉，伤神自恨。

诚乃累积，外气愉身。

神道愈广，邪秽安侵。

3. 守气

吴氏大师，世尊守气。

气虽外物，内敷己身。

常守常在，常守常新。

随疏外泄，悔嫉何奈？

桐鸟择林，潜鱼择泄。

气何它异，喜附正身。

时短时长，切贵安守。

---

① 上，指头部；尖，指心口窝；身，指周身。萨玛与族人探寻灵附萨玛，用手抚身，验其体脉、颤率时，所抚摸体会的感觉状态。

心正则稳，气能常守。

德有多高，功有多高，气功有道，疏则邪道。

守气迥异，千人千别。

身络三百①，头足逾千。

络络可容，上存于首。

中存在胸，两臂双膝。

纳气皆宜，各有所系。

气动运显，宛如流珠。

簌簌若跃，辨析极易。

蒙学不悟，常习感知。

常秉一心，万勿杂思。

尤忌淫嬉，伤神自恨。

气伤补借，以为常理。

降气非一，收气非一。

诚习（乃）累积，外气愈（愉）身。

神道愈广，邪秽安侵？

隔代补气，徒承师气。

孙承祖气，古皆有气。

贵出高洁，孰可攀天。

古之先贤，其名域称②。

古之远贤，其铭惟宗。

古之愚贤，其铭惟先。

茹毛饮血，盖出其类。

---

① 实际三百六十个经络。
② 指奉为地域之神。

4. 降气

生气曰正，回气曰合。
降①气曰逆，勿可疏怠。
正合補人，唯养唯利。
受恶反逆，时久弥罪。
罪极不治，毁己杀群。
生降双备，正合焉衰。
生降盈亏，气神亡哉。

曷气降耶，习者明耶。
鬼气八态，迅降勿疑。
一态火魔，食火狂呓。
二态走魔，昼夜奔兔。
三态笑魔，痴笑忘形。
四态梦魔，终日沉沉。
五态燥魔，嚎啸无常。
六态斗魔，斗闹若狼。
七态疑魔，缩鼠惊慌。
八态淫魔，淫裸不羞。
诸态易辨，目直身战。
哭嚎莫测，智令难诱。
八态为膏，初现可活。
切切谨记，练气必知。

---

① 降音为祥，降服意也。

降气有五，运用自如。
可为降人，亦可降己。
五法兼用，亦可专施。
男女皆通，唯分左右。
降气首要，乱其意念。
动辄求静，长睡醒安。
水浴次辅，卧宿川槽。
身热瀑降，邪气焉留。
鼻槽针刺，穿唇为佳。
不可存针，痛甚气降。
以气降法，功法尤高。
送收兼施，久做邪走。
抚揉其穴，男左女右。
邪遁正生，尤可补牢。
五法降气，勿懈勿辍。
愈者不易，救人以恒。
实难转顺，架柴焚身。
掘土埋毙，族人何惜。

5. 运气

神为气精，气为神形。
形在神在，精亡气消。
神气互生，神气互补。
吸外气则吸神，纳外气则有神。
外气退则形变，外气旺则无畏。
气有正邪浊洁，必擅纳正祛邪。

光洁曰正，寒浊曰邪。
日阳曰正、湿毒曰邪。
朝夕吐纳，风寒不辍。

6. 生气（2）

生气曰气生，气生曰生气。
二者恒通，族地异称。
同气相交，同气相揉。
同气相扶，同气相实。
异气相消，异气相搏。
异气相食，异气相强。
健身养气，祛疾卫气。
气壮精生，气盛精旺。
气衰精杳，气亡精消。
贵在养气，淡泊洁身。
养气养生，百寿安闲。

7. 魂气

萨满人杰，常庸难为。
聪痴舞号，皆溢神瑞。
医魂祛症，焕魄健智。
开聪育魄，神明不敌。
玄勿言玄，神非虚渺。
神灵精慧，百难通晓。
魂岂虚玄，精气凝结。
万物万状，态类大异。

精气参差，魂当有别。

（十六）雪　　经

黑沟①南下，兄弟分三。
居地不同，实难联里。
冬雪祭礼，因地适宜。
余先拜雪，师成定制。
三鹿五狗，九鹰七雀。
牛鱼千斛，殉血燔肉。
九祭为度，年举如是。
麋鹿常缺，族改停祀。
四辈先师，常思祖制。
不舍割弃，豕鸭代之。
五辈先师，诚尊不替。
六辈七辈，民国乱纪。
拜雪何谈，朽思已已。

凡我吴扎，俗重天象。
"乌云"九日，天象三日。
练祭三日，郊祀三日。
天象不晓，不馈宏布②。

吴氏先世，自古喜书。

---

① 黑沟，吴扎拉氏住黑龙江上游的黑沟岭。
② 宏布：即大布也。萨玛学成，身披一块布，布的颜色与族旗相同。

自然之气，山川江河。
花卉虫木，四季星辰。
风雷雨露，雪雹冰霜。
书文皆记，祖制如此。
世代不更，延师崇学。
不独晓祭，必熟天气。

雪有八功，惠顾苍生。
净扬四宇，荡驱恶氛。
筑屋叠墙，民可冬居。
驰猎逐鹿，雪赐双翼。
雪洁若帛，万迹可觅。
滴雪甘饴，万物茁壮。
雪姊冰兄，冬藏不腐。
地饮瑞雪，百渴方解。
雪召日月，光彻不晦。[①]

雪有六祭，吴氏祖制。
黑沟[②]幽谷，荒雪罗拜。
星斗横陈，祈运长安。
宗亲雪猎，丰衣足食。
漠北雪屋，祛病有方。
争食冰偶，子嗣绵延。
九环狗撬，百难呈祥。

---

① 信号台，夜间照明。
② 吴氏曾居黑龙江下游庙街黑沟岭。

祖居北漠，寒凝四野。
霜临似锦，万牲瑟缩。
冰凌故地，盈丈有余。
大气当书，首推雪气。
雪乃寒母，北地充王。
汉书流火，黑水嘶吼。
八月受雪，九月冬藏。
十月袍裘，洞熊偎缩。
天穹无雪，人生苦哉。
地裂开阖，百兽难安。
燥风刺喉，泥尘弥野。
瘟疫横陈，地鼠糜毙。
蛇蛆丝僵，北地害邪。
惟雪难倾，兆吉沃野。

雪兆有五，务宜细验。
天生白眼①，临雪可知。
鹰岩比号，沃雪夜来。②
云风动地，日有暴雪。③
号鸟④啾啾，小雪淋淋。
霜寒暖耳，隔日有雪。⑤

---

① 黑云中出现白洞。
② 鹰飞最高，对云层中气的变化最敏感，雪降后，小动物出来，可觅食。
③ 云风动地，将它地雪吹来，风是雪的前兆。
④ 号鸟：小鸟，千里江、山歌、山雀、黑老鸹。
⑤ 霜降却不冻耳，雪前暖，雪后寒，地气难扬，空气燥干，隔宿，不一定隔一天，几天不定。

长风扰雪，寸雪即降。

地气难扬，隔宿飞霁①。

五兆谙熟，雪生在掌。

雪兆有五，雪气安辨？

其形有七，变幻难测。

六出天正，偏一为缺。②

丘雪穿穴，内寒为缺。③

新雪苦涩，地道为缺。④

雪粘如脂，气道为缺。

雪润浊浊，云道为缺。⑤

雪沙蛰身，勘病却乱。

川峦银素，百命⑥彤彤。

（十七）树　　经

树为地肤，万气窥焉。

宇阔疆遥，测树易断。

---

① 飞霁，带粒的小雪。

② 自然规律正常，正指天道，缺角称病雪，气不全，有灾瘟。古卜常言，盈与缺，即有余与不足，缺，不足也。

③ 人挖洞，探雪气，萨玛带嫩草进穴中，根据草叶生态、温暖程度来判断自然灾异，如洞穴中寒意浓为不正常。

④ 本无味、净洁，如啖之苦味，言地道运行不正常，应以为戒，以求人畜平安。而雪有味，必混杂自然界的矿物质，人畜食之必有害，甚者有失明之虞。

⑤ 查验天气是否清新，可掬雪入室验之，观其雪色，融其雪水，洁可饮，不洁不可。

⑥ 百命即指人、禽、兽、植物。

地沃树壮，地瘠树萎。
地涸树枯，鸟兽号悲。
北树多艰，五月露苍。
六月绿荫，九月吐黄。
萋萋零零，十月铺金。
宿鹿充宿，百木迫冬。
枝脆气盛，篝火不暖。
枝干气枯，转木驱寒。
木可医疗，蒸煮煨煎。
树气育牲，百命蒸蒸。

（十八）石　　经

石者地骨，九彩为耀。
其气最寒，诸徵生焉。
虫兽安府，静泉藏蛟。
石气三鉴，石白为旱。
石绿为湿，石红藏铁①。
石明②尤罕，百姓采焉。

（十九）水　　经

水为液经，布血周土。
喷阳曰川，潜地为泉。

---

① 铁矿为红色。
② 矿砂含金，色黄而明。

亿万斯年，涓涓已哉。
古师先哲，勤言爱水。
望地失水，如瘪堪饥。
望地验水，万祸化解。

（二十）色　　经

先祖尚色，各有所宗。尚白为日风，尚黄为祖风，尚红为血风，尚黑为雄风。萨玛以色铭心，以色铭志，万世崇仰。
颜为光魂，色示生焉。
黄曰日晨，白曰日阳。
红曰日霞，黑曰日眠。
月明阴白，星明烁黄。
萤明微火，闪明瞬失。
色喻凶邪，彪炳中天。

（二十一）星　　经

曩者，人生初开，未晓时日，向以观星而定行止。族有智人，高其树巅，观星云变幻，长号传息，群氓悟之。以星定时，以星定位，以星定岁，传承百代，乃有旺岁。北陆，其气为刚，越斗牛之墟，奉若神明。

（二十二）禽　　经

浩泽无羽，安存虾鱼。
鸟蹈浊浪，必生中鱼。
随季而来，随季而归，与人为伍，不舍不弃。

（二十三）豫　　经

鼋事成师，鼋察成师。
鼋思成师，鼋缜成师。
不为不豫，不鼋不豫。
不恒不豫，不躬不豫。
疲足敛口，悯人寡欲。
贪衍自岌，修心豫正。

天无常道，无常难豫。
豫曰事先，景曰事后。
先豫后景，万物常规。
不贵先豫，虚情夸夸。
贵知景后，谨作敏求。
豫景相合，百师诚愿。
难如翔天，瞽目行舟。
万鬃求缕，百叶寻一。
悟道得景，易如安步。
华豫寡景，失道有因。
戒躁慎察，苦尽藏神。
无豫不言，无景不言。
谈豫洞景，景豫必衔。

（二十四）图　　喇

吴臧张葛，祖籍江东。

江海沧茫，百代荣融。
日阳为父，云霞成孕。
天雨亨光，孳尔众生。
藤槐凿舟，海岩穴洞。
鱼虾饱腹，子孙壮勇。
任我驰骋，海阔天穹。
衍生百代，翔鹤长鸣。
阖族血誓，刻木彪炳。
图喇巍峨，千载传名。

古者为祭，崖木奇巅。
皆视有神，绝非单木。
遍求荒古，百祭不怠。
雕木盈丈，彩绘故事。
应图咏歌，百柱竞奇。

（二十五）神　　兆

萨玛神抓，必有先兆。
一九呆眠，二九闭食。
三九木痴，四九狂趋。
五九踱疯，六九巢树。
七九囚河，八九跷占。
九九抚疾，实难医痊。

满洲北菜索实录

富察希陆·伯严遗著　王鸿涛敬书

整理说明

《满洲北菜索实录》,黑龙江瑷珲富察希陆·伯严遗著,线装 84 页,15 厘米宽,26 厘米高。本书系富察希陆先生据先人"手书《满洲北菜食单图解》""残散遗稿"整理的一部满洲北方菜谱书稿。丁亥年(2007 年)由书坛耆宿王鸿涛照"遗稿"样墨书抄录,天头处注释文字系富察希陆先生所注,抄录时依样抄录于天头。此次整理时,为了便于今人阅读,采取现代规范简体字录排,加注了新式标点,注释文字采取随文方式括注在文中,并在其后附录影印了抄录手稿,以利于读者一览手稿风貌。

满洲肴馔索实录

瑷珲　富察希陆·伯严　谨志

　　钦命宁古塔康熙朝永戍瑷珲八旗后裔，瑷珲满洲正镶黄旗伯尔泰麾下，世袭拨什库（注释：拨什库满语，即领催，清朝下层官员）笔特式衔，圣恤阴子也欤。

　　先考德公讳富察连，敦厚济世，勤思敏求，乡族尊咏。辛未冬染病，壬申春病笃焉。匆兮仙去，痛哉永辞，六十有二耳。英风千古，黑水思怀。

　　慈母双姊，思亲长泪，夜抱遗物不知天之将白也。整拭箅篋，籍物间幸得先人手书《满洲北菜食单图解》，残百数数，抚稿思昔。

　　德公幼长名冑府第。

　　父伊郎阿公，三品参领哨官。庚子殉将（庚子俄难，即江东六十四屯惨案。江东六十四屯位于黑龙江左岸，从黑河市对岸的精奇里江口起，往南至孙吴县霍尔莫津屯对岸止。南北长约一百五十华里，东西宽约八十华里，曾有六十四个中国居民屯。清光绪二十六年庚子七月十七日沙俄制造海兰泡惨案后，乘势出兵驱赶和屠杀六十四屯居民二千多。居民被杀或被赶进黑龙江中淹死，少部分逃过江来。江东六十四屯化成一片焦土，财产洗劫一空，成为俄人领土），与凤翔公（凤翔，杨凤翔，又名锡凤，字集廷，汉军镶黄旗人，瑷珲副都统。光绪二十六年庚子抵御沙俄入侵，战死于瑷珲去嫩江路上的北大岭）捐躯大岭。

　　母陶果罗氏琪任格格格，太皇太后（注：太皇太后，慈禧尊称。慈禧，姓叶赫那拉氏，清咸丰帝妃。咸丰帝崩，同治帝即位。与孝贞皇后并尊为皇太后，垂帘听政。同治帝崩，立五岁侄光绪帝即位，仍行听政。光绪帝崩，於瀛台。太后定策立宣统皇帝，即日尊为太皇太后）钦命懿旨下嫁赐亲福晋，蒙圣恩。德公十六弓手，十七马甲，二十瑷珲副都统衙门随班，教习笔特式。二十二晋黑龙江将军恩泽公麾下笔特式，常驻卜魁。恩泽公光绪二十五年逝。继任寿山将军府内院总管，谙熟满膳宴筵规礼。壬子年民国立政，德公返籍，偕众弟妹田园求趣，常吟归去来辞，放陶公之乐也。

癸丑年正月惊悉，隆裕太后（隆裕皇太后，姓叶赫那拉氏，慈禧侄女。光绪帝皇后。宣统即位，尊为皇太后）殡天。琪任格福晋率子德公驱车入京奔丧。德公献器席十三碗于大内，以述臣心。德公在瑷珲舍银筑修赴墨尔根嫩江汽车陆路，与海兰泡俄人通商埠。

乙丑仲秋，经姚申五福升公（姚福升，字申五，汉军正黄旗人，原在吉林将军衙门听差。光绪朝调瑷珲，署理瑷珲副都统，直至民国十一年末仍留任内。公定居瑷珲，正义亲民，助人为乐，深得民心）举荐延召卜魁黑龙江督军府内操管，颐养齐筵务，颇得吴氏俊升许爱。戊辰，俊升同张雨亭皇姑遭难炸亡。德公归里，命弟主田亩家政，终日渔猎山野，习仿朱耷、徐渭画骨，训育子孙，以己乐云。

瑷珲礼义情真。自圣祖朝始，人杰济济，满洲诸氏不忘故土。逢年忌日，恪守宁古塔古风，祭祖奉先，东南洒酒，拜旧街江神。火茸雄英，敬宾诚挚，竞献满席，汉朋俄使诚佩焉。

谨撰满洲肴馔索实录，勿忘满俗代代相因，以安先灵耳。

康德八年辛巳春正月十三
书于孙吴县四季屯小学茅舍

满洲肴馔索实录

瑷珲 富察希陆 志

宴肴大菜，向为国粹民族精神之结晶，诸种技艺之荟萃，故流芳千古而不衰，传袭百代而长辉。宴肴以地为宗，京津闽粤，川鲁潮港，百花竞放争艳，率因一地之人文物阜所凝成也。然清末民国以降，世人皆巷议南菜，倍崇川鲁京粤诸菜之独秀，寡言北有名菜之事。忘却北菜有清三百余年之盛况。细审之不足怪也，盖由清亡而殃及池鱼，名渐微销然不问也。

北菜者，中华之瑰宝，不得舍也。北菜，满洲等北地渔猎诸部族故肴之精粹者也。北菜，言其产域近者黑水白山，远者黑龙江萨哈连乌拉迤北以及东极于海，万类生物均为北菜之源。飞禽草果，鱼兽虫卉皆可入宴。烤烧炙冰，烹煮蒸晒均称庖法。圣祖康熙东巡，雅称北菜谓"北膳"，故相沿久远。称北菜满语为"阿玛里刻包哈"。"包哈"即汉译：珍馐佳肴之意。有清一代，宫廷中专设在光禄寺中有包哈局衙门。先父德连公曾多次被召入宫，在包哈局子里讲艺。包哈局子，专门研制备办满式席肴名菜及饭食饽饽等等，应对皇家御用。

北菜溯远，源远流长。女真餐食登入宾宴重席，约成于金源。先父德连公常谈光绪朝太监佬佬点心房张阁老曾讲故事。太祖阿骨打宴臣用女真炙烤狍鹿。太宗吴乞买慰宋臣赐食女真肉粥。世宗乌录倍崇女真俗，盛筵命臣书写女真食单。努尔哈齐七大恨兴师老城，明兵百计囚困女真惟就地谋生，筵宴皆凭猎获，使满席尤得光大。宴间，众贝勒同卒共欢，满肴莽式通宵不休，足见满席之丰。抚顺、开原马市，女真专设满席，招待边关明臣商贾，常被女真妙席倾倒，回明廷后竟以得品女真席筵为荣。殆清定鼎中原，满菜入关，遂与享誉海内之汉席并现，称满席、汉席，各踞一席相映比肩。从清初直至乾隆朝，两席格局延续数十余载。不败不减之满席，足证被市井中各层人士所首肯。乾嘉而后，竟至汉席中不可少满席。尤在官宦宫围大筵中，数十款凉热宴菜中，必加满菜烧烤诸款，故而成就赫赫显耀之"满汉全席"。最早介绍"满汉全席"者，当推江苏人李斗著《扬州画舫录》。书中有"满汉全席"食单。自此，有清以来，"满汉全席"之名在国内食坛独领风骚，甚者竟视为满汉全席即为"满菜"，大有替代满席之势，实者谬矣、误矣。"满汉全席"为"满席"之流变者也，绝非满菜之精粹耳。全席中所选诸项菜款，汉菜名类多，而满菜名目少。且菜料，庖工多仿效京粤川鲁诸菜之要典。虽称满菜又几经饰润，较原满菜艳雅有余，而犷朴难觅矣。

全席之满菜，有名易菜存者，有名菜皆易者，亦有名菜皆无而自创者。综观之满菜发端于金，兴于明，盛于清前期，衰于清末。民国以后，满汉全席提法亦少，而满菜声名随满人问津者鲜矣哉。满汉之满菜庖师尤寥寥难寻耳。

注重北菜，并著书载述者，当推清代名学者朱彝尊，浙江秀水人，字锡鬯，号竹垞。康熙朝入直南书房，参与撰修明史，有名著《曝书亭集》等传世。他曾编著专门介绍清代佳肴内容庖法之《食宪鸿秘》一书，满菜涉猎者尚多，对满菜传流后世，功莫大焉。满菜之传流更多途径为族中相传。先父德连公之技艺和博学，便是承继家传而声名斐然。德公述曰：其祖太爷德毅公敬恩巴图鲁，系富察氏五辈祖，雍正朝三品顶戴，身边有岩姓行三者。岩云南音读崖，南人，先世平三藩之乱时受降，遣离云南，劾力于德毅公帐下，因擅调南菜而任大营火头军。岩三亦受祖染，烹饪美食，为八旗将卒所爱。随德毅公来瑷珲，抬旗入满洲镶黄，姓满姓富察，然族众仍习呼为岩木吉，即岩大伯之意。由他首创满洲烤铺，专司烧烤蒸煮之功，此为瑷珲有北菜之始，颇有声誉，时维雍乾之际也。岩木吉后被盛京将军召请，为东巡帝后备宴。岩木吉将瑷珲驻防八旗、墨尔根驻防八旗、齐齐哈尔都统衙门八旗所传之满菜肴食单，留心搜集，又巧揉祖传南菜技法，创研满菜食单百余矣，并将吾祖康熙十九年和康熙二十一年珍藏之为康熙帝东巡专备之布特哈行宫御膳食谱相合，形成了富察岩木吉北菜格局，别具风格，气势雄浑。吾族代代传替相因，时维辛已，书传世世。

余遵家严在世时庭训，经积年整理残散遗稿，文字丢失破损，译满文尤难耳。幌乎有二十余年，虽商务甚繁，在油灯下彻夜撰文，终成《满洲肴馔索实录》。简略收入余著《瑷珲十里长江俗记》，供后世察考耳。

北菜秘旨

烧烤类

北菜烧烤，其工首推以酱与芬芳佐料涂于烤物，亦有坛罐香料层层加入渍以时日，味入肉中，再取出入炉烧烤，香渍法、盐渍法，各有其长。烧烤类，治净第一，涂与罐渍尤为重要。

北菜满筵，庖工以烧烤为风骨，素为北菜之神魂，非其他任肴可攀及比拟者也。人生天地间，水火险烈而难离也。满洲先民殖衍寒野雪原，亘古尤擅驭火，故篝火祭天，万祀之先。北菜万类多用烧工。庖菜讲究用泥火、石火、木火、鬃毛火、枯草火、湿草火、骨火、水气火、炭火、灰火、油火、煴火。而木质火又分松柞火、椴桦火、果木火、秧藤火、花草熏火、果藤熏火、平木熏火、甜木熏火（注：柳叶烟火、柳茶烟火。春柳，幼嫩为茶饮）。而用度又分一炉火、双炉火、四炉火，单壁火、双壁火、四壁火，平炕火、双层炕火，夹板火，地坑火，地沟火，天罩火，香烟火，花烟火。而庖刀坚菜肴又分隔夜火、一日火、二日火、三日火，燎火，水火间济火，几袋烟火，几柱香火。茸绳点燃定其长度火。烧烤禽兽以其部位大小又分：泥平窑、石平窑、三步窑、五步窑、笼窑、圈窑、长蛇窑、房型窑、砖瓦窑、小罐窑（楼窑，北方有楼窑，二至三层，下生火）。瓷罐、古坛罐，陶坛、石坛、泥坛、瓦坛。而小禽小兽烧烤又分：皮囊里烤烧俗名"烧肉包"、绒帛高丽纸里烧烤、鬃羽里烧烤、百花包里烧烤、麝香包烧烤、药枝茎根花蕊缠烧烤、涂血涂香料黄酒烧烤。除此，北菜尚重日光火、月光火、星光火，即日晒风干，阴干诸法庖制。

　　烧烤北菜诸肴，必善用水火相济，纯用诸种火则大谬矣。烧烤秘术必有水汁熨煨，缓滋慢渗，方得烧烤烟熏炙之妙耳。故清水与调配之汁水为北菜之内髓，绝不可轻心妄为。水必为清洁之活水——江心水、湖心水、井深水、江冰融水、天雨清澄水、海心水（用蜂蜜水，亦常用江湖水）。撷水必储于石臼、木桶、瓦瓮等洁器中，勿落尘埃，勿使隔夜。隔夜水必经火煮，然后依所庖各菜，用清水或用花水、果汁水、血汁水、肉汁水、蘑菇水、参茸水等等。烧烤时边视火候，边用勺皿熨滴汁水。烧烤有汁水，肉方嫩香而不柴、不硬焦难嚼且保烤肉之本性，故烧烤庖公甚严。而用水之妙技尤高于使火。纵然火工高超而运水技劣，前功尽废耳。故云：水盛于火，水火相匀，肴香十里。

　　烧烤用火用水两技精湛后，最后还要善察火候，能辨识烟火与火色。火色有白、红、黄、蓝、黑，亮光迥异，热力迥异，皆不可小戏也。随机应变，变幻无穷。北菜可达登峰造极境地也。

　　烤料择肉为要。大凡烧烤燔炙，必精求鲜肉。禽兽虫鱼，非鲜不取、非青嫩不取、非壮健不取，此千古祖训也（忆昔古狩，亦皆殪鲜）。烤料之源，莫过自宰。鲜肉之味香远地可闻，难骗也。宰杀要大开膛，必先放散脏气，要放尽污血。血汁用皮囊、陶罐等器皿储藏，存阴冷处，亦可用木檀盆蓄血，以保原味。心血鲜饮，可补力。余血则做另肴。膛内必用清水冲腥气治净，否则烧烤肉不香嫩，味不纯鲜。宰牲禽放气血，对庖肴至关紧要，不可轻妄也。杀牲，用利刃可保血肉鲜正，不用勒绞锤击拙法。血气不出净，血肉混浊，烧烤后食之乏味，且易酿疾耳。盖因肉中毒气与病气未得发散，误食入口，久之岂不饮鸩自害乎？所以，要谨记放气血。烧烤肉才膨胀松软，否则生熟不匀、难熟难烂。肉色红暗不洁白，刮洗亦不美观，难增食欲也。

烧烤之鲜肉，储藏甚严。夏不过午，春秋不过夜，冬日雪藏最佳，保鲜肉防干裂，尤保肉性如新。瑷珲昔年用冰屋地室存肉，一年后都统官兵食之，不知其为存肉也。井储短时可，长存不宜，味亦散淡。

庖制北菜之烧烤诸佳肴。最上乘之法，莫过于瑷珲岩木吉烤铺之策。庖舍、餐房、料场三地相通连，尤能显满菜之特奇。何谓料场，即在庖舍旁择地建一专设兽圈、禽舍、鱼池、蛇黾之窟以及果园、花圃、菜畦，随用随取，达到真、香、鲜、天然、实惠、粗犷之满菜的最佳境域，边赏景，边观瞻，边玩边烤食，其乐悠然矣。

昔日亦有将满菜同渔猎相和之法。围猎所猎牲品，现场治净而后餐众围篝火燔烤。野意古风，嫩香溢野，竟有不觉间数人餐一豕鹿而不知厌腹，心旷神怡，乐不知返耳。辽、金、清野狩之习也。

北菜烤具，因源于游猎之生。军旅远征亦沿游猎之风，就地取材，石、土、木、陶皆可为具。然木多用柞、柳、榆、桦之干，或取选石板、石皿、石筒、石条块等为之。或以土为坯搭建炉灶。后来亦有制成瓦片、瓦罐、瓦灶，渐为便利。金元后，烤具渐趋精小，尤清以降瓷器日多，已多采用瓷缸、瓷坛、瓷壶、瓷罐。王室与达官名门则渐用红铜、黄铜为烤具，甚有金银烤具，日甚奢求精美矣。北人之烤具，亦为食中之艺术陈设品，为国人青睐，如铜烤炉、金烤炉、银烤炉、合金烤炉，后世传藏镂雕精美，传世之宝。

除烤具外，尚有烧炉、熏炉、炙锅、炙镟等珍品（雕饰俊巧），亦为宝器也。还有铜铁金银之小烤筷、小烤钳、烤叉、烤钩、烤刀、烤板、小锤、片刀、小耳勺。大者有木槽、木方盘、大吊炉、小吊炉。餐宴时亦有餐桌。餐具上之精美金银烤器。一二人、三四人，甚者五八人共餐。此具传自雅克萨之战时如八旗用具，有棹上烤锅、地上窨锅、窨炉，不一而足。见后图示。

四十三 烧烤

四十三烤或称四十三烧。

烧，同汉菜迥别。非油滚，曰烧，而以火煨之。外焦里嫩，香再刮洗活治而后庖之。以火引自体冲脂润渗肉里，非用它油也。求自然之味。

一、烧仔鹿、狍獐之属

近世为乳猪、乳鹿、胎猪、胎鹿，有泥烤，有炭烧，有炙烤。有后清蒸大补也。

二、烧仔猪、野猪、家猪之属

三、烤仔鹅、家鹅、天鹅、雁类之属

四、烤仔鸭、家鸭、野鸭、浮类、鹤类之属

五、烧百珠。鹅、鸭、雀、鹊之卵之属

六、烧鱼虾、河、湖、海产之属

鱼类不限，多择用其体有人臂长者宜佳。次于掌下者不用，不易烧。黑鱼、勾辛狗鱼、草根、鲤等烧极佳。细鳞亦香。蒙温玛哈，海湖皆然。

七、烧龟蛤、鳖等及大蚌蛤之属。

八、焙烤蛇肉，剁去头和尾管等，取中段。

蛇肉嫩畏火，宜转煨烤，宜用石板、骨板、铁板，或土坯烤炉，热气熏之曰焙烤。少顷即出，蘸盐、酱等味佳。湿木板夹之，火炉焙之，木毁而蛇可食矣。

九、烤仔禽，摘毛扒皮除脏

十、吊炉鹌鹑

十一、烧地薯之属

十二、烧百合根

十三、烤岩羊、黄羊、山羊之属

十四、烧地虎、豆、灰鼠之属

扒皮，除头脏，取胸脊腿肉烤之。

十五、烧仔羊、家羊家胎羊之属

胎羊治净，火先熏，干后入炉，不取脏。大补。

十六、烧烤驼肉、烤驼脯、烧驼哈尔巴肋扇子

十七、烧牛肉、烤牛肉，或烧烤其部分

牛肉，凡烧者大块、半整体。小羊大牛整体。然后割肉蘸调料入宴。烧系小肉块，或片厚肉。凡烧类肉，切见方块，绍酒、酱油拌匀。先腌三十分钟，用熟豆油炸，金黄色捞出，再用勺置火上，烧热放入熟油。热时，加葱段、姜片炝锅。入鸡汤大料、盐、糖，沸后，放入烧好之肉块，小火煨至酥烂。汤汁尽移大火，勾芡，淋熟油、香油后即成。

十八、烧骡驴肉

金代由汉民带入。法同前。

十九、烧熊肉。

法同前。

二十、烧熊掌、烧熊脯

熊掌带毛，挖地作炕入石灰，放掌入内，上再加石灰，凉水渍之。候发，待凉取出，毛易去根。洗净，米泔浸一二日，用猪油包煮，复去油。撕条与猪肉其炖，然后再加工，烧制即成。

二十一、烧猴头蘑诸蘑之属

烧蘑为料，同烧烤肉类调食也。猴头蘑放入清水中浸泡，捞出再放沸水中浸泡，洗净除毛根置入盆中。加鸡汤、葱、姜片、大料、花椒上笼蒸二小时。后取出切厚片，勺置火中烧热。放熟猪油、绍酒炝锅。再加鸡汤，放入猴头蘑片，用精盐、糖、味精调好口味。少时以淀粉勾芡，淋熟油、香油即成。

二十二、石球米谷

泥球亦可。米谷干晒、脱皮，果药溷之，烤烧。

木罐金珠白玉

内装米谷、红果柿等共烧之。

二十三、烧蛙营

哈什玛数十只以上，剁头盛于木桶闭封口。烧烤，蘸调料食之。

二十四、吊烤鹿脯、石蹋鹿脯

治法与烤鹿脯相近。石蹋鹿脯，先经烤鹿尾工序后，再在石塔火上烤烧。焦香红嫩可口。

二十五、吊烤鹿尾

治净沸水焯透，置容器内，加酱油、鸡汤、葱、姜、花椒水，上笼蒸熟。剔尾骨，切小条，置火上烧热，加葱、姜、绍酒、酱油、鸡汤、盐，沸后放鹿尾条。小火煨少许，调味精，再移大火，淀粉勾芡，淋熟猪油、香油即成。吊烤，即加此工序后放烤炉上烧烤，抹油与酱油，红酱色出炉。

二十六、吊烤岩羊尾

同吊烤鹿尾。

二十七、烧猩唇犴大犴鼻、烧驼鹿嘴

与熊掌、燕窝齐名。烹制经过泡发、去毛、脱骨、初加工工序后再深制之，制法甚繁。

二十八、烧驼鹿脯、烧犴脯

二十九、烧野猪肉

宰后，扒皮肉，脱骨，皮肉同烧烤。

三十、烤熊头

同野猪法。古者烤兽首，食其脑髓，尤补于耆老长寿。食脑，不可大火，喜煴火，不伤其滋补力。

三十一、烧烤羊腿羊尾

同野猪法。包括牛驴之属。

三十二、烧烤山狸、山兔、刺猬

三十三、火炼倭瓜鸡

选用新摘甜面倭瓜，除籽瓤，内装宰杀除毛及内脏之野鸡、小野鸭，火锻烤。满菜面食烧烤亦多。

三十四、吊烤山雉

三十五、石蹋山鸡脯

三十六、石管烧山鸡卵

火炼金球。

三十七、吊烤树鸡飞龙

三十八、石蹋飞龙脯

三十九、吊烧天禽腿

诸禽皆汇用。清宫筵称，火炼铜锤。

四十、烧烤猪头

四十一、烧烤熊头

四十二、烧烤鹿头、犴头

四十三、烧烤羊头、牛头之属

牛鱼鳇鱼头、驼头亦属之。

诸烧烤中可加山果、山花、山药材，自如调之，自求其味。

《烧烤秘训》，守其型，存其性，保其鲜，扬其味。柞柳代钩，石泥造炉，活水熨炙，烧食并作。仔羔为馐，金红为色。不腻为度，不柴为上。香韵溢野，肉可代粮。人不肥脂，抗疾增肌，千古相沿也。

北人为求烤工，专养烤师。清望族巨户皆有拾数烤师色夫，竞相比艺。王室贵胄烤师若云，不谓奇罕。满人八旗称烤师曰："托牙里赊夫"。

——德连公遗训

烧烤分支晒肉

北菜大款入宴前定必上碟款。

晒肉又称晾肉、肉干、肉米、干肉条。北人便于仓储、携带。闲时当作解闷嚼品。其料多用鹿、野猪、野禽、家畜、家禽、蛇、鱼类等等。其中羊、牛、驼、鹿、狍肉居多。晒肉皆采鲜肉或宰杀时间不长或吃剩之肉，作常备之用，亦为佳肴之一种。肉干有用火煜焙者，但多为将肉切成匀称之长条、长块，在屋外晾晒，于背阴有风处。防虫、防雨，不要曝日，以防干硬，直晒至可储藏为止。吃时洗净，火烤食之。此外，亦可将肉条用各种佐料腌渍一定时候，晒干，蘸酥盐、芝麻、糖类、辣椒面，放炉上烤吃。北菜中有鹿干、狍干、鱼干、飞龙干、熊肉干、蛇肉干等，可充饥，又是一种北方干果、一种菜肴。

烧烤备志：北菜烧烤蒸炖互补，常先烧烤后蒸炖，求肴馔之熟娴也。庖时谨记：

北肴尚烤艺奇难，驭识炉温心寸间。

蒸炖独韵惊汉筵，技拙平平慨妄然。

清蒸类

蒸指笼蒸。凡蒸物必为鲜品，不可用陈硬老物，则索然乏味矣。蒸者求之真味。蒸最可保鲜、保纯正原韵。治净后以酱油、酒、姜、蒜、椒盐、味精等匀擦，腌渍半日，入锅蒸之烂熟，切而食之，味甚鲜矣。

蒸，为北菜又一奇工。蒸传于金代。北人佃猎，常食肥腻，而烧烤味浓重香凝，饱饥增力。据传，辽天祚头鹅宴，强令女真户户献清水鹅，工精则减役，工拙而入牢圄。女真人苦啄蒸术，使肥肉只保其鲜，味淡泊纯正而不厚重，色白净若奶乳而不浊，入口则化。小嚼即滑入胃焉。故蒸菜除禽鱼小者整体清蒸，硕大之牲躯则庖割择腰窝等精嫩少脂肉入笼，以热气煨之使之轻烂至极。而熊掌、猩唇、犴鼻、鲟唇、龟肉等多经治净后一蒸、二蒸、三蒸方上宴席，宜年迈脂高者秋夏赏享也。

蒸器，近世习汉风用笼屉。康熙朝征雅克萨旗军沿用金清俗用之窟蒸。地窟型，下有火道大口，上有泥坯。石板架成之大蒸釜，火焰熏烧石板条，热烟上升入木纲中。蒸肴馔，其热力远较屉强烈，且可多蒸以足将卒餐用。清乾隆朝以后改用封釜式蒸锅，可使味入菜肴。清蒸尤奏清香之效（釜多来看李朝货，分三至七印）。

北菜清蒸制法工细，加松籽、榆钱、黄瓜、香草等淡雅调味品，以别于汉菜。清蒸守乳汤，白淡，不入酱色。

三十七蒸

满宴中皆称XX索索，如北菜中人称吃索索、清蒸索索。"索索"满语"阳茎也"。

一、清蒸熊掌

清蒸诸属之，治净，调制参用烧烤诸工序。清蒸熊掌亦属满洲北菜。其治法先庖制扒熊掌，再用去骨肉加佐料上笼蒸烂。

二、清蒸犴鼻、猩唇

参见烧烤犴鼻猩唇。

三、清蒸里鸭子

与清蒸山雉同。

四、清蒸鱼

细鳞鲈鱼、鲤鱼、狗鱼草根、蛰罗、槐子头。

五、清蒸甲鱼

六、清蒸驼峰

选去毛去骨驼峰肉，清水浸泡。勤换水清除膻味，再入锅焖煮，取出再爆锅，加葱、姜、精盐、鸡汤，煨至八成再上笼蒸烂。可加冬菇等取出。

七、清蒸胎猪

胎猪，即猪胞中未降生之幼猪崽。洗净不开膛，置容器中，清水、葱段、姜片、大料上笼蒸烂。再放盘中，蘸酱油、香油、味精、辣椒油食之。

八、清蒸仔鹿脯

庖法同前。

九、清蒸鳇鱼鼻

十、清蒸哈什蚂

十一、清蒸蛇肉丁

十二、清蒸人参飞龙脯

鹌鹑铁雀之属。

十三、清蒸牛肉

十四、清蒸山雉

家鸡、雏鸡、雏鹅。

十五、清蒸黄花抱河蚌

十六、清蒸鲶鱼尾

十七、清蒸达发哈

鱼仔之属。

十八、清蒸牛鞭

治净至要，除皮筋，泔水泡一二日驱味、洗净，鞭治净后，再用葱、椒盐、酒密器炖食。可制药膳。

十九、清蒸鹿鞭

即鹿阳，庖法同牛鞭。

二十、清蒸狗鞭

即狗阳，庖法同牛鞭。

二十一、清蒸温格勒

紫河车，务要泔水浸。治净加诸佐料清蒸。蒸好，去蒸物上佐料食用。

二十二、清蒸羊肉

选用鲜嫩肥羊切大块，椒盐擦遍，加佐料、鸡汤蒸烂。庖用佐料参见烧烤。

二十三、清蒸猴头蘑

二十四、清蒸出梨核桃汁

柿汁、托盘汁、枢梨汁、蒸用糖与玫瑰等。

二十五、清蒸仔鹿脯

小犴、达犴、小驼、鹿羔之属。米泔水泡一二日，治净，调酱味好，然后清蒸。

二十六、清蒸鹿尾

参见烧烤。蒸前治净，膻去为度。

二十七、清蒸大海虾

海蟹之属。满洲人自古食法，不加诸多佐料，盐、酱油保其鲜嫩。

二十八、清蒸鳇鱼籽

庖法同前。

二十九、清蒸达玛哈鱼籽

庖法同前。

三十、清蒸龟蛋

清蒸白球，贵在调料汤汁。

三十一、清蒸鹌鹑蛋

庖法同前。

三十二、清蒸鹌鸽鸡荷包蛋

又名满天星。

三十三、清蒸鲫鱼

家鲫鱼俗名"吉祥如意"，功可催乳、病后滋补如参杞、汤汁最佳。

三十四、清蒸百蹼

鹅、鸭、鹳之属汇肴。不分家养或野禽，治净其掌蹼，蒸食之。

三十五、清蒸蹄肉

驼、牛、鹿、岩羊、山驴、猪皆可庖治蒸之。庖法治净，调料，火煮熟，去骨再加调料蒸烂，细腻可口。

三十六、清蒸海鱼肚

鲸等海中巨鱼之膘，治净切割庖治后蒸食，为一大良肴。

三十七、清蒸海参

海参崴苏昌沟之王参，向为北菜传统肴料。

炖馔类

时人单知北烤之妙，鲜闻北炖之奇。各地皆有炖肴。其法互有异同。而北菜之炖法较之独特。融诸法于炖肴之中，不落俗套。北菜烧烤为主法，形成粗犷奔放、幽古之风采。而炖法则是北菜内功技法之融汇。技不高则炖不精，故俗有厨者能做烤工，难担炖工之叹。先考德连公每训庖工，必教之先习烧烤，再谙授炖法。究其因概因满洲生息漠北，精骑射，善猎捕。自古烧烤，架火燔食易也，常也。烧烤后食物焦干脂净可代粮充饥，然醇正雅淡之原味无存。尤硕重质硬刃之食物烂熟而不失原味者实难为也。故满洲辽金以来，甚兴炖工。北人古籍中有濡肉之说，即瓮、罐、釜煮炖之法也。古昔亦常用三足铁鼎，鼎内煮畜头、禽头等。清季满洲户户祭祖煮炖阿玛孙牙里祭肉。民间炖法如煮肉。在族众席前片肉，薄若明纸。北菜集民间食法，炖技精深。北菜中之煮，系指用清水煮牲禽鲜肉，制法简单，以熟烂为目的。炖系指将治净和加工好的牲畜鲜肉块或半熟的肉块，加入某些配料，装入一定之容器中，用热火炖熟烂。往昔炖物容器用烧陶锅，后渐用铜器、铁器。清初亦习用高丽产之双耳铁锅。瓷器渐兴之后，渐用各种彩釉的瓷盆、瓷钵、瓷罐、瓷缸等，皆精美艺术品，餐饮同欣赏兼优，赢得世人钟爱。

北人手把肉,皆出自煮工。煮肉,为庖工中之工序,或称初庖,满洲煮肉,则为终序。煮后切割而食之,有先烧烤之工,再经水燉。

满洲北菜炖煮百物炖法有五：

一曰：清炖,又称水炖。

井泉江河湖水炖熟百物。如白炖鸡、白炖鸭、白炖牛肉、白炖羊肉等等,蘸各种香料、酱料、调料而食。调料尚有韭花、香油、苏油,此多源出祭礼。清炖取纯洁之意,形成满族吃白肉盛宴。驼、鹿肉在祭中亦白煮,蘸佐料而食。

二曰：拌炖,又称合炖。

除用清水外,加入牛、马、鹿、羊奶,入锅所用乳汁依菜肴不同而用不同乳汁。此外,如枸杞、黄芪、人参、干贝、果酱、蜂蜜、花瓣、芝麻、榆钱、苏子、松籽、黄酒、白酒、椒类等,根据不同菜肴自如调配,使炖肴除保持原肉性外又渗入不同清香气味。炖法除视火候、汁汤技术外,尤善施调香、存储之术。此法功在扬原性、抑邪性、驱陈性。

三曰：汤炖,又称羹汤入水炖。

即先要烹调、存储好牛、鸡、鸭、飞龙、哈什玛、龟、蛇等各种汤汁。依菜肴不同配汁。蒸炖不用清水,用萨克达希勒炖之（萨克达希勒,即老汤放窖中,妥存,年愈久愈珍稀。北菜有希勤窖,各罐中专储各类高汁）。

四曰：果花炖,又称北料炖。

此法多在庖制大肉类时,驱邪腥杂味,分别不同菜肴加入青蒿条、香梨囊、香蒲瓷把、山花椒枝、山芝麻枝、香桧（北方人谓枫曰桧）木条,以及晒干之各种花瓣、罂粟花等,以扬肉香。

五曰：蜜炖。北菜有甜肴。

南菜挂浆,北菜蜜炖。炖后可长期干藏,为辽金名肴。蜜脯、乳脯、蜜炙腊肉、糖鹌鹑、糖仔羔等，即此法也。

总而言之，北菜能炖煮天下之生熟百味。万肴归宗均不脱上述五法也。

北菜重炖肴器皿。炖器种类繁多。坛分瓦坛、陶坛、瓷坛，大小不一。锅分大、中、小及碗形各式铜铁锅。缸分大甑、中甑、小甑。炖肴有厨师炖者，亦有厨师初炖再搬入筵宴，宾客边炖边填菜肴边食者。炖法多为先在容器中加配方料，多适量汤汁，然后放入主料物。要经过一段时间闭封，盖严坛口。密封一段时间使料味通散主料。冬夏四季皆可制用。坛内主料生熟，切割形体不一，依菜肴而定，食用时取出火炖。炖时又分原体炖，即将坛内主料不用切割，经火炖一炷香、一时辰，一日、二日、三日或更多一些时长取出食用。又可捆体炖，即将料物用蒲黄草、香茅草、马蔺草、白茅草，经水泡柔软有韧性后，缠紧主料，入容器再施火炖。

昔时，尚有囊炖之术传兴于辽金之世。清初旗人北征中，亦有囊炖之举。其法古久，将治好的禽兽肉和各种山菜用皮革包里炖之。皮革多选用牛皮、老驼皮、老熊皮、老里猪皮，除毛、晒干、割取一方，再放温水中浸泡，缝制为囊状，包里料物贮藏，有汁亦不能外溢，两头紧扎，越紧越佳，呈皮囊型。吃时任选其一，放锅中炖熟烂食之。亦有用香梨木、白桦木、栎木、黄菠萝木、柞木制成长方型木槽，加密封木盖，亦有呈筒状者，亦加盖，内装主料，放一大锅中火炖。食者围宴，现煮现食，踏歌畅饮，颇有情致。（任选其一，破囊食之。）

北菜炖者，重于汤汁，调入葱段、姜片、花椒、大料、精盐、酱油、料酒、味精、醋，加肥猪肉片，小火、大火，慢加入香菜、香油等食之。

炖鸡、鹅、鸭，若整燉，入锅前在其腹中放入调料布包一个，使味入肉中，尤为善美。

白芍人参鸡

百合根、芍药花、人参，家鸡野鸡均可。

江水炖蒿鱼

鲤鱼、草根、杆条、勺辛诸鱼之属。鲶鱼红尾巴无麟鱼亦为上品。

清炖鲜江鱼

白水江鱼。

清炖鳇鱼

白水鳇鱼,七里浮子亦可。

炖牛肉

拌炖牛肉、料炖牛肉、蜜炖牛排骨。

炖羊肉

包括黄羊、岩羊之属。酒炖羊肉、料炖羊肉。

清炖鸡

野鸡、家鸡之属。白水鸡、料炖鸡。

枸杞豌豆黄金肉

猪、鹿、驼等皆可,先烧烤后入汤炖。

炖驼肉

熊、兔、刺猬、山狸、大山鼠之属,皆可。拌炖、料炖、汤炖、蜜炖肉干。

清炖鹅、清炖鸭、炖鸡蘑、海参烩鹿尾、白蘑肥鸡。

坛烩关东鸡块

又名诸申鸡块,亦名四块瓦。

群神大聚会

诸禽之心腰、腿肉汇炖。

炖三鸡

又名三吉赐福。三鸡:树鸡、野鸡、沙鸡。

清炖野猪肉、清炖狍肉、参杞炖龟肉、北芪炖鹿肉、龟甲炖鹌鹑。

清炖三鞭

鹿、犴、牛之阳器，治净大补佳肴。

要旨：北人佳肴，首求治净，因物而异。毛爪类除之筋骨类剔之、轻之，精于水泡，水煮，水沸，使之轻烂。北人古代祗重粗饪，多用于火煨、火烤、火烧，再以水洗刮制，然后入于炉，方用蒸煮而食之。满菜烧烤蒸炖诸法，尤重求其味。求味必谙熟调味之法。先熟菜性肉性，花果众蘑，鱼禽百兽，各尊其味。肴馔有剔扬驱净之工，方有纯正甘美之肴。故务须制控有度，然后谙掌火候，再调百味。若葱姜椒料，酱酒辣糖，因性适用。调味亦有君臣佐使之义，贵在精熟生神。后再以鸡汤熟油、香油、淀粉争艳生光，神肴传世矣。

鲜生类

北菜鲜生，重在调料，因人而定。近世调料名目日增，尤增食欲。鲜生类可适当拌入野菜，尤佳。迅及带热气食之。

生食俗，北人故习，历史悠久。各地流传许多独特鲜美之生食做法和吃法，为北菜一绝。所谓生食，将兽类新开膛后，在其血未凝、体温未减之际，便要取狍、鹿、兔、熊、虎、豹、猪、野猪、獐、犴之鲜肝、鲜心、鲜腰、鲜脾，连头甚至鲜血、鲜脑、鲜胆生吃。或加酒和菜等生拌食。兽肚洗净，鲜生吃拌调料亦甚香美。禽类开腔后，取其胸脯肉，切碎加酒醋调料，亦为名贵菜肴。江河湖海中之鲜鱼，活扒皮，用刀从脊背切入，脱骨出膛洗净，剁下头尾，取其中段，片切薄肉丝，醋酒泡一段时辰，拌野菜食用。牲血可食用，可与酒中饮用尤佳。

其北菜名肴有：

生拌鲜肝

兽类之属。

生啖鸟心

生拌狍肚

切成丝，主要调料芥末面、盐、葱姜油、香油、辣椒油、醋、香菜，柳蒿芽、刺老芽等野菜适当拌入，辛辣咸香，滑美脆嫩。

拌仔胎

酒泡熊心、虎豹、野猪、鹿、岩羊均可。獾、猞心亦佳品。

龟血酒

鹿血酒、鹿心血酒、熊血酒、蛇血酒、鹰血酒、天鹅血酒。

生拌鱼

冬日生鱼片冷菜。

粉皮黄瓜生鱼丝

醋渍嫩肉

野牲或野禽之里脊、胸脯肉切碎。

割鱼宴

围坐，将治好之生鱼端上，食客执食刀，蘸佐料拌酒而食，随吃随上。

凉拌鲜肉丝

鲜肉丝要经酒醋渍后食用，里脊肉尤佳。

凉拌鲜肝、凉拌生肚丝、生啖狍肝、生啖狍腰子、生啖狍心、生拌鹿心、生拌刺老芽鹿心肝。

汁饮类

北人汁饮，分冬春冰饮、秋夏凉饮，更分酒果饮，酿技自成一局，均入北菜筵宴酿造类与图式。器皿、酿具等另志。

十一饮

北菜所配饮料和果汁、药饮。

一、花水

依尔哈木克。

二、都柿饮

都柿，兴安岭一种野生植物，矮秧，喜生长在阳光充足、土质润沃的荒野。麦熟七月时都柿成熟，果实为紫红色，手指肚大小，甜酸爽口的小浆果，食多可醉。在中国北方，东北的长白山及大、小兴安岭一带自然生长许多野生的笃斯越橘（俗称笃斯、都柿、笃柿、蓝莓、嘟嗜、甸果）、越橘等蓝莓类植物的野生品种资源。这里生长的蓝莓，风味独特，酸甜适宜，口感好，可用来食用、制作饮料、香料、酿酒之用。

三、花红饮

四、山梨饮

五、草果饮

草莓饮。荷籽、葡干黄酒饮，百合黄花饮、桔梗鸟尾莲饮，百卉鼋血饮、参松龟血饮。

六、雅格达饮

七、枸杞饮

八、红灯笼饮

红菇娘饮。

九、葡萄饮

十、野菊山贝饮

十一、参鞭红灯饮

人参、鹿鞭、红菇娘糖制。

上述诸饮为北菜餐饮中之常见者。北人重宴饮。

往昔，北民村寨常自酿餐饮。夏为花水，甜香适口，当以待客，为饭间一绝。冬则为冰饮，若凌冰、若虹雪、若梨汁菊汁冰坨，亦有制成人、兽、禽、花卉之形，风趣横生。花水之料，采于北方夏秋，以萨哈连黑龙江沿岸、松花江沿岸、嫩江脑温江沿岸、虎尔哈牡丹江沿岸之野花、野果、野药为主要取材之源。北果酸甜爽口，清心养脾，明目健神。北地寒苦，日照少，花果旺期甚短，多集中在阳历七月至九月间，且不宜久存，易霉烂。数千年来，北民创造了巧制饮料、冰饮等特技。秋采冬藏，北方多果窖。冬季降临，村寨自制花水、冰饮，可一直饮用到次年旧历正二月间。望户之家又有深藏之窖。深窖冬暖夏凉，饮汁有在罐筒中深储五七载者，久而甘醇，香气扑鼻，常饮可醉，俗称醉冰。花酒满语称"木克奴勒""朱克奴勒"（依尔哈奴勒，用野花酿造的米酒）。庖制独特，榨汁、磨汁、舀汁、熬汁，天藏、日藏、月藏、地藏、冰藏（冰藏包括雪藏）、石藏、树藏——不等，风味别具。冬则斫塑冰饮，其韵犹存。

干果类

北宴干果菜，按宴规模分二、四、六、八碟。冬季可上冻干果，夏秋伴上冷藏冰果。

糖缠榛子仁

所用糖类皆系北方盛产之甜菜，俗名甜疙瘩。秋后熬制糖稀。此外糖缠也用北方之椴蜜等炮制，饯果类食品亦可。

糖缠杏仁、糖缠核桃仁、糖缠松籽仁。

蜜榛仁

兴安岭椴树蜜，色白润如奶，有油脂，明亮起砂，营养丰富，甚有名气。用椴蜜另制炖烤诸菜，亦颇具特色。

蜜杏仁、蜜核桃仁、枸奶干、葡萄干、梨干、山里红干、蜜倭瓜干、草莓干、黑星星干、都柿干、蜜泡黄花干、花红干、三仁酥（瓜子仁、榛仁、核桃仁糖）、榛仁蜜饯、蜜姑饯。

干果以蜜、糖、盐类泡后，干燥而成，亦有加茴香等使之增味。

冻托盘

（冻草莓）。

冻菇娘

北方喜冻果，如以冬日放窖中，成为冻果，食之清爽提神，犹存鲜果之原味。

蜜草莓、芝麻榛仁酥糖、蜜泡百合根、干炒莲子、糖缠莲子、蜜泡菱角、糖缠菱角粉、蜜花红、蜜甜瓜片、五香倭瓜子、向日葵子、油炸榛子仁、糖泡都柿。

都柿糕、百合糕、榛仁糕、山楂糕、草莓糕、瓜子糕、灯笼果糕、黏米奶糕、松籽糕、苏子糕、菱角糕、核桃蜜饯糕、萨其玛糕、枣糕、山里红糕。

糕类，主要为果汁凝生成糕，研汁过滤沉淀加糖，适当淀粉用火熬制而成。

甲：将军炉

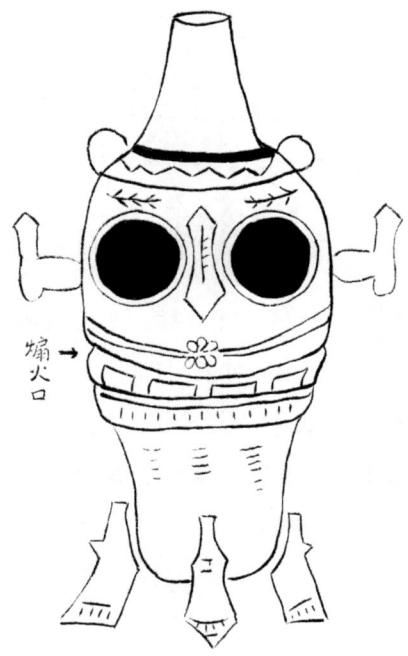

将军炉，下装炭火，上座磨式磁炉。有四柄、四孔，上有罩、有盖，内有悬钩，挂调好之肴。客从四孔中取物，蘸调料食用，边吃边加烤，可在行军车船帐筵中使用。小者两人，略大些四人，竟有八人十人者不等。清代八旗行旅中常随征携带，后用于满洲宴肴，新颖、方便、自然、有风致，有清大筵中常用。炉式样雕镂精美。

除此，尚有十字杆式炉、纲式炉、桥式炉、鼎式炉、环式炉，尤多者瓮炉，大小不一，因物而别。

乙：满洲座式烤炉正面

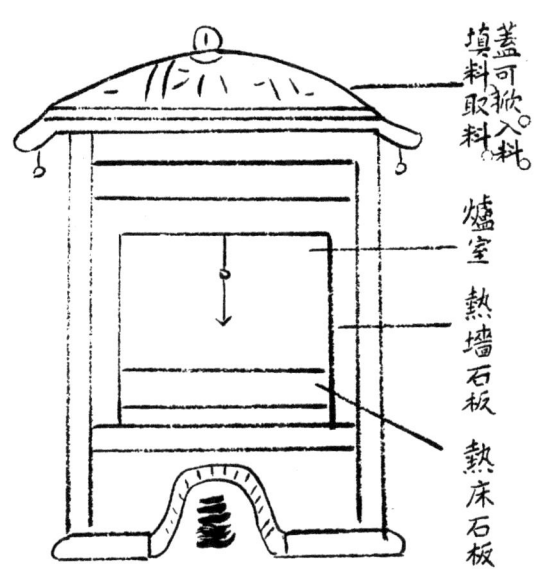

满洲座式烤炉。小者禽兽肉类，大者兽头兽腿肋等，上掀盖，四周封闭。

乙：满洲座式烤炉侧面

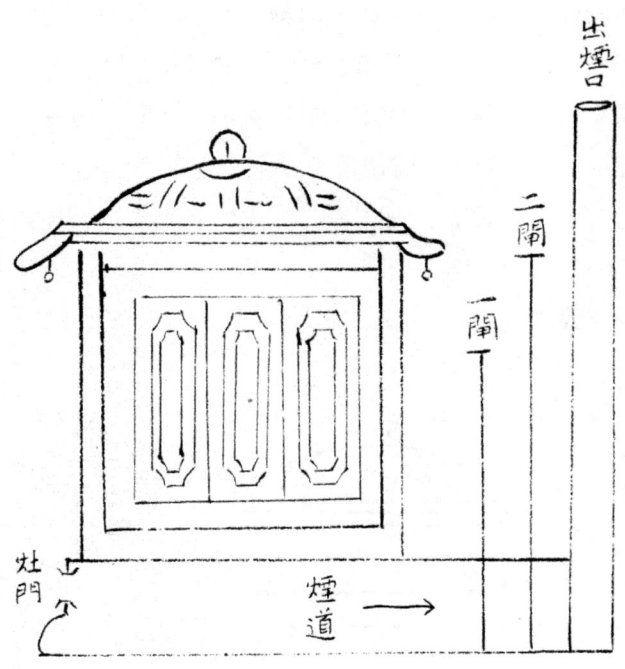

丙：女真窑炉

女真窑炉，可多容烤物。雅克萨战时，八旗军进军路中常设此炉。下为土石筑建，上为石瓦或铁板制盖，中间土坯或石板隔火。

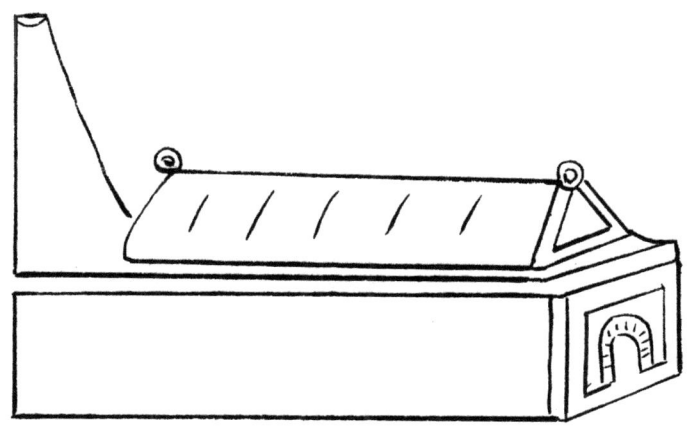

丁：满洲石板瓦板烤炉

满洲石板瓦板烤炉。可筑在室外，或在帐中。众围烤板餐宴。烤板有圆形、长方形、鹅卵形不等，大小亦非均等。

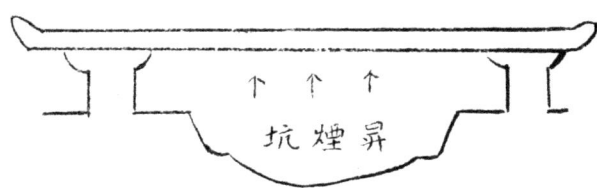

戊：烤盆

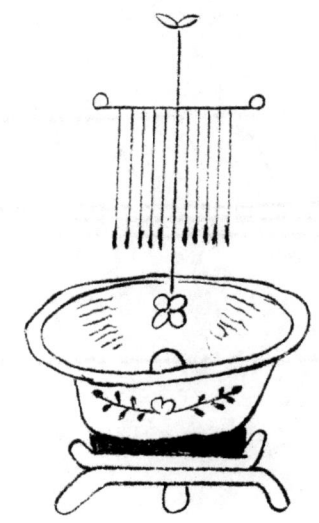

己：女真瓦锅

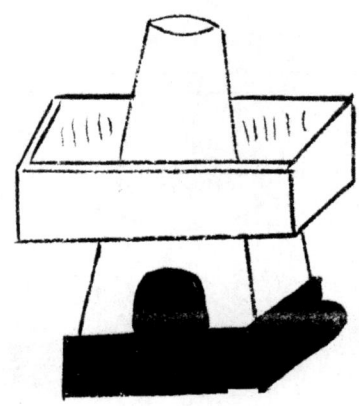

庚：盛器

跋

  谚云：大智成艺，艺则天下兴。祖尚燔艺，时传百载，皆漠北生民之古风。惜乎，北菜诸肴庖法，原有所宗。详条均于戊子散佚，无可追觅。先翁临终犹嗟叹耳，病榻咏述，嘱余聆记之，既缅怀先辈之业，又供后世研考之鉴焉。近恭读吴正格先生《清宫及满族菜点集萃》对满席颇有贡献，甚为钦敬诚谢。丁亥辰瑞，仰赖王公鸿涛大师，耆宿高寿慨然钟允，德行光照，神毫重修，实全族之幸也。后辈铭之。

丁亥八月吉旦

育光顿首

丁亥八月中澣

鸿涛敬书

附　　录

《满洲北菜索实录》手稿

富察希陸 伯嚴遺著

滿洲北菜索定錄

王鴻濤敬書

滿洲餚饌索實錄

富察希陸 伯嚴 謹誌

欽命寧古塔康熙朝永戌璦琿八旗後裔。璦琿滿洲正鑲黃旗伯爾泰麾下。世襲撥什庫筆特式銜聖恤蔭子也歟。

(撥什庫滿語即領催清朝下層官員。)

先考德公諱富察德連。敦厚濟世勤思敏求。鄉族尊詠。辛未冬染病。壬申春病篤焉。奄兮仙去痛哉永齡六

太皇
太皇太后欽命懿旨下嫁賜親福晉蒙
母陶果羅氏琪任格格。
父伊郎阿公三品參領哨官庚子殉將與鳳翔公捐軀大嶺。
德公幼長名胄府第。
慈母雙姊思親長淚。夜抱遺物不知天之將白也整拭筐篋籍物間幸得先人手書滿洲北菜食單圖解殘頁數數撫稿思昔。
十有二耳英風千古黑水思懷。

鳳翔楊陽翔太名錫鳳字集廷漢軍鑲黃旗八瓊琿副都統光緒二十六年庚子氏禦沙俄入德戰殁於璦琿去嫩江路上的北大嶺

聖恩德公十六引手十七馬甲二十璦琿副都統衙門隨
班教習筆特式。二十二晉黑龍江將軍恩澤公麾下
筆特式常駐卜魁。恩澤公光緒二十五年逝繼任壽
山將軍府內院總管諳熟滿膳宴筵規禮壬子年民
國立政德公返籍偕眾弟妹田園求趣嘗吟歸去來
辭仿陶公之樂也。癸丑年正月驚悉
隆裕太后殯天琪任格福晉率子德公驅車入京奔喪德公獻
喪席十三碗於大內。以述臣心德公在璦琿捨銀築
修赴墨爾根嫩江汽車陸路與海蘭泡俄人通商埠。

姚穩陞字申五漢軍正黃旗人原在吉林將軍衛門聽差光緒朝調瓊瑗署理瓊琿副都統瓊至民國十一年末仍留任內公定居瓊琿正義親民助人為樂深得民心。

乙丑仲秋經姚申五福陞公舉薦延召卜魁黑龍江督軍府內操管頤養齋筵務頗得吳氏俊陞許愛戊辰俊陞同張雨亭皇姑遭難炸亡德公歸里命弟主田畝家政終日漁獵山野習仿朱耷徐渭畫骨訓育子孫以己樂云。

瓊琿禮義情真自聖祖朝始人傑濟濟滿洲諸氏不忘故土逢年忌日恪守寧古塔古風祭祖奉先東南澆酒拜舊街江神火茸雄英敬寳誠摯竞獻滿席漢朋俄使誠佩焉。

庚子俄難即江東六十四屯慘案。江東六十四屯位於黑龍江在岸從黑河縣對岸的精奇里江口起徒南至孫吳縣

霍爾莫津屯對岸此南北長約一百
八十華里東西寬約八十華里曾有六十
四個中國居民屯清光緒二十六年庚子
七月十七日沙俄製造海蘭泡慘案
後乘勢出兵驅趕和屠殺六十四屯居
民二千多中國居民被殺或被趕進
黑龍江中淹死少部分逃過江來六十四
屯化成一片焦土財產洗劫一空成為
俄人領土

謹撰滿洲餚饌索實錄。勿忘滿俗。代代相因。以安
先靈耳。
康德捌年辛巳春正月拾參
　　書於孫吳縣四季屯小學茅舍

滿洲餚饌索實錄

璦琿 富希陸 誌

宴餚大菜向為國粹民族精神之結晶諸種技藝之薈萃故流芳千古而不衰傳襲百代而長輝宴餚以地為宗京津閩粵川魯潮港百花競放爭艷率因一地之人文物阜所凝成也然清末民國以降世人皆巷議南菜倍崇川魯京粵諸菜之獨秀寶言北有名菜之事忘却北菜有清三百餘年之盛況細審之不足怪也蓋由清亡而殃及池魚名漸微銷然不問

也。

北菜者。中華之瑰寶不得捨也。北菜滿洲等北地漁獵諸部族故餚之精萃者也。北菜言其產域近者黑水白山遠者黑龍江薩哈連烏拉迤北以及東極於海萬類生物均為北菜之源。飛禽草菓魚獸蟲卉皆可入宴烤燒炙冰烹煮蒸曬均稱庖法聖祖康熙東巡。雅稱北菜謂北膳。故相沿父遠稱北菜滿語為阿瑪里刻包哈。包哈即漢譯珍饈佳餚之意有清一代宮廷中專設在光祿寺中有包哈局衙門先父德連公曾多次被召入宮在包哈局子裏講藝包哈局子。專門研製備辦滿式席餚名菜及飯食餑餑等等。應對皇家御用。

北菜溯遠源流長。女真餐食登入賓宴重席。約成於金源先父德連公常談光緒朝太監佬佬點心房張閣老曾講故事。太祖阿骨打宴臣用女真炙烤狍鹿。太宗吳乞買慰宋臣賜食女真肉粥世宗烏祿倍崇女真俗感筵命臣書寫女真食單努爾哈齊七大恨興師老城明兵百計囚困女真惟就地謀生筵宴皆憑獵獲使滿席尤得光大宴間眾貝勒同卒共歡滿餚菜式通宵不休足見滿席之豐撫順開原馬市女真專設滿席招待邊關明臣商賈常被女真妙席傾倒田明廷後竟以得品女真席筵為榮始清定鼎中原滿菜入關遂與享譽海內之漢席併現稱滿漢席各踞一席相映比肩從清初直至乾隆朝兩席格局延續數十餘載不敗不減之滿席足證被市井中各層人士所首肯乾嘉而後竟至漢席中不可少滿席尤在官宦宮闈大筵中數十款涼熱宴菜中

必加滿菜燒烤諸款故而成就赫赫顯耀之滿漢全席。最早介紹滿漢全席者當推江蘇人李斗著揚州畫舫錄書中有滿漢全席食單自此有清以來滿漢全席之名在國內食壇獨領風騷甚者竟視為滿漢全席即為滿菜大有替代滿席之勢實者謬矣誤矣滿漢全席為滿席之流變者也絕非滿菜之精萃耳。全席中所選諸項菜款漢菜名頪多而滿菜名目少。且菜料庖工多仿校京粵川魯諸菜之要典雖稱滿菜又幾經飾潤較原滿菜艷雅有餘而獷樸難覓矣。

全席之滿菜有名易菜存者有名菜皆易者。亦有名菜皆無而自創者綜觀之滿菜發端於金興於明盛於清前期衰於清末民國以後滿漢全席提法亦少。而滿菜聲名隨滿人問津者鮮矣哉滿漢之滿菜庵師尤寥寥難尋耳。

注重北菜並著書載述者當推清代名學者朱彝尊。浙江秀水人字錫鬯號竹垞。康熙朝入直南書房。參與撰修明史有名著曝書亭集等傳世他曾編著專門介紹清代佳餚內容庖法之食憲鴻秘一書滿菜涉獵者尚多。對滿菜傳流後世功莫大焉。滿菜之傳流更多途徑為族中相傳。先父德連公之技藝和博學便是承繼家傳而聲名斐然。德公述曰：其祖太爺德毅公敬恩巴圖魯系富察氏五輩祖。雍正朝三品頂戴身邊有岩姓行三者岩雲南音讀崖南人先世平三藩之亂時受降遣離雲南劾力於德毅公帳下。因擅調南菜而任大營火頭軍岩三亦受祖染烹飪美食為八旗將卒所愛隨德毅公來璦琿擡旗入滿洲鑲黃。姓滿姓富察。然族眾仍習呼為岩木吉即岩大伯之意。由他首創滿洲烤舖專司燒烤蒸煮之功。此為瑷琿有北菜之始。頗有聲譽。時維雍乾之際也。岩木吉後被盛京將軍召請為東巡帝后備宴。岩木吉將瑷琿駐防八旗墨爾根駐防八旗齊齊哈爾都統衙門八旗所傳之滿菜餚食單留心蒐集。又巧揉祖傳南菜技法創研滿菜食單百餘款。並將吾祖康熙十九年和康熙二十一年珍藏之為康熙帝東巡專備之布特哈行宮御膳食譜相合。形成了富察岩木吉北菜格局。別具風格氣勢雄渾。吾族代代傳替相因時維辛巳書傳世世。

余遵家嚴在世時庭訓經積年整理殘散遺稿。字丟失破損譯滿文尤難耳幌手有二十餘年難商務甚繁在油燈下徹夜撰文終成滿洲餚饌索實錄簡略收入余著瓊琿十里長江俗記供後世察攷耳。

北菜烧烤其王首
推以醬興芥芳佐
料塗於烤物亦有
鹽罐香料層層
加入再取出入爐
肉中再取出入爐
燒烤香漬法鹽燒
烤類治峰第一塗
漬法卷有其長燒
興罐漬尤為重
要

北菜秘旨

烧烤类

北菜满筵庖工以烧烤為風骨素為北菜之神髓
非其它飪飾可攀及比擬者也人生天地間水火險
烈而難離也满洲先民殖衍寒野雪原亘古尤擅馭
火故篝火祭天萬祀之先北菜萬類多用燒工庖菜
講究用泥火石火木火鬃毛火枯草火濕草火骨火
水氣火炭火灰火油火熅火而木質火又分松柞火

柳葉煙火　柳茶
煙火春柳幼嫩
爲茶飮

橩竈此方有樓
窰二至三層下
玉光

楸樺火　菓木火　秋藤火　花草燻火　菓藤燻火　平木燻
火　甜木燻火　而用度又分壹爐火雙爐火肆爐火單
壁火雙壁火肆壁火平炕火雙層炕火夾板火地坑
火　地溝火　天罩火　香煙火　花煙火　而庖靮堅菜鮨又
分隔夜火　一日火　二日火　三日火　燎火　水火　燒烤禽
獸　煙袋火　幾柱香火　茸繩點燃定其長度火燒烤
獸以其部位大小又分泥平窰石平窰三步窰五步
窰　籠窰　圍窰　長蛇窰　房型窰　磚瓦窰　小罐窰　磁罐　古
鏨罐　陶鏨　石鏨　泥鏨　瓦鏨　而小禽小獸燒烤又分皮

烤燒俗名燒肉包。絨帛高麗紙裹燒烤。百花包裹燒烤麝香包裹燒烤藥枝莖根花蕊裹纏燒烤塗血塗香料黃酒燒烤除此。北菜尚重日光火。月光火星光火即日曬風乾陰乾諸法庖製。燒烤北菜諸餚必善用水火相濟純用諸種火則大謬矣燒烤秘術必有水汁熨餵緩滋慢滲方得燒烤燻炙之妙耳故清水與調配之汁水為北菜之內髓。絕不可輕心妄為水必為清潔之活水江心水湖心水井深水江冰融水天雨清澄水海心水攪水必用蜂蜜水亦常用江湖水。

儲於石盆木桶瓦甕等潔器中。勿落塵埃。勿使隔夜。隔夜水必經火煮然後依所庖各菜用清水或用花水菓汁水血汁水肉汁水蘑菇水蔘茸水等等燒烤時邊視火候邊用勺皿熨滴汁水。燒烤有汁水肉方嫩香而不柴不硬焦難嚼。且葆烤肉之本性故燒烤庖工甚嚴。而用水之妙技尤高於使火縱然火工高超而運水技劣前功盡廢耳。故云。水威於火。水火相勻餚香十里。

燒烤用火用水兩技精湛後最後還要善察火候。

憶昔古狩亦皆鏟鮮

能辨識煙火與火色火色有白紅黃藍黑亮光迴異熱力迴異皆不可小戲也隨機應變變幻無窮北菜可達登峰造極境地也

烤料擇肉為要。大凡燒烤燔炙必精求鮮肉。禽獸蟲魚非鮮不取非青嫩不取非壯健不取此千古祖訓也。烤料之源莫過自宰鮮肉之味香遠地可聞難驅也。宰殺要大開膛必先放散臟氣要放盡污血血汁用皮囊陶罐等器皿儲藏存陰冷處亦可用木檯盆蓄血以葆原味心血鮮飲可補力。餘血則做另餚。

膛內必用清水沖腥氣治淨否則燒烤肉不香嫩味不純鮮宰牲禽放氣血對庖廚至關緊要不可輕妄也殺牲用利刃可葆肉鮮正不用勒絞鎚鑿拙法血氣不出淨血肉混濁燒烤後食之乏味且易釀疾耳蓋因肉中毒氣與病氣未得發散誤食人口父之豈不飲鴆自害手所以要謹記放氣血燒烤肉纔膨脹鬆軟否則生熟不勻難熟難爛肉色紅暗不潔白刮洗亦不美觀難增食慾也

燒烤之鮮肉儲藏甚嚴夏不過午春秋不過夜冬

日雪藏最佳葆鮮防乾裂尤葆肉性如新璦琿昔年用冰屋地室存肉一年後都統官兵食之不知其為存肉也井儲短時可長存不宜味亦散淡。
庖製北菜中之燒烤諸佳餚最上乘之法莫過於璦琿岩木吉烤舖之策庖舍餐房料塲三地相通逓一專設獸園禽舍魚池蛇龜之窟以及菓園花圃菜畦隨用隨取達到真香鮮天然實惠粗獷之滿菜的最佳境域邊賞景邊觀瞻邊玩邊烤食其樂悠然矣。尤能顯滿菜之特奇何謂料塲即在庖舍旁擇地建昔日亦有將滿菜同漁獵相合之法圍獵所獲牲品現場治淨而後餐衆圍篝火燔烤野意古風嫩香溢野竟有不覺間數人餐壹家鹿而不知饜腹心曠神怡樂不知返耳遼金清野狩之習也
北菜烤具因源於游獵之生軍旅遠征亦沿遊獵之風就地取材石土木陶皆可為具然木多用柞柳榆樺之幹或取選石板石皿石簡石條塊等為之或以土為坯搭建爐竈後來亦有製成瓦片瓦罐瓦竈斷為便利金元後烤具漸趨精小尤清以降磁器日

雕飾俊巧。

多。已多採用磁缸磁罐磁壺磁罐。王室與達官名門則漸用紅銅黃銅為烤具甚有金銀烤具日甚奢求精美矣。北人之烤具亦為食中之藝術陳設品為國人青睞。如銅烤爐金烤爐銀烤爐合金烤爐後世傳藏鏤雕精美傳世之寶。

除烤具外尚有燒爐燻爐炙錫炙鏇等珍品亦為寶器也。還有銅鐵金銀之小烤筷小烤箱烤叉烤鉤烤刀烤板小鎚片刀小耳勺大者有木槽木方盤大吊爐小吊爐餐宴時亦有餐桌餐机上之精美金銀

烧同汉菜迥别
非油滚回烧而以
火煨之外焦裡嫩
香直刮洗活治而
後庖之以火引目
體冲脂潤渗肉裡
非用之油也求自
然之味

烤器。一二人。三四人。甚者五八人共餐。此具傳自雅克薩之戰時。如八旗用具有桌上烤鍋。地上窖鍋。窖爐不一而足。見後圖示。

四十三烧烤或稱四十三烧烤也。大補

一烧仔鹿狍獐之屬。泥烤。有炭烧。有炙烧。有後清蒸

二烧仔猪野猪家猪之屬。

三烤仔鵝家鵝天鵝雁類之屬。

四烤仔鴨家鴨野鴨鶇類鶴類之屬。

濕木板夾之火爐燔之木贄而蛇可食矣。

五燒百珠鵝鴨雀鵲之卵之屬。
六燒魚蠏河湖海產之屬。魚類不限多擇用其體有長者宜佳次於掌下者不用不易燒黑魚勾辛狗魚草根鯉等烤極佳細鱗亦香蒙溫瑪哈海湖皆然
七燒龜蛤鱉等及大蚌蛤之屬。
八熸烤蛇肉剁去頭和尾管等取中段用石板鐵板或土坯烤爐熱氣爐之曰熸燒少頃即出蘸鹽醬等味佳蛇肉嫩畏火藜煨烤宜
九烤仔禽摘毛扒皮除臟
十弔爐鶴鶉
十一燒地薯之屬。

十二燒百合根。

十三烤岩羊、黃羊、山羊之屬。扒皮除頭臟。取胸脊腿肉烤之。

十四燒地虎、豆鼠、灰鼠之屬。

十五燒仔羊家羊胎羊之屬。胎入爐不淨取臟。先大燎補乾

十六燒烤駱駝肉、烤駱駝脯、燒駝哈爾巴肋扇子。

十七燒牛肉、烤牛肉或燒烤其部份。牛肉凡燒整體者大羊整體。然後割肉蘸調料入宴。燒類肉切見方塊。或片厚肉凡燒類肉切見方塊。先置於火上燒熱用熟豆油熬三十分鐘放入熟豆油炸時加葱。熟時加葱段撈出再用勺匀入鷄湯大料鹽糖、薑片燴肉塊香油烙醬王欽滴大火蒜淋熟油

後即成。

十八 燒騾驢肉。金代由漢民帶入。同法前

十九 燒熊肉。同法前

二十 燒熊掌燒熊脯 熊掌帶毛挖地作坑入石灰放候發待涼取出毛易去根再加石灰涼水漬之用豬油包煮復去油撕條與豬肉同燉加燒製成。米泔浸一二日。然後再工即成。

二十一 燒猴頭蘑諸蘑之屬 燒蘑為料同燒烤肉類調食也。猴頭蘑放入清水中浸泡撈出再放滾水中浸泡洗淨除毛根置入盆中加雞湯蔥薑片大料花椒上籠蒸二小時後取出切厚片勺置火中燒熱放入猴頭蘑片用精鹽紹酒燴鍋再加雞湯。醬油

二十二石球米穀 脫皮球亦可浸之菓烤燒。
　粉勻芡淋熟油味精調好口味少時即以殿米穀乾曬。

二十三燒蛙營 哈什螞什閒數十隻烤醮上調料食之盛於
　木罐金珠白玉 木桶閉蓋封口。燒烤之菓共燒紅之菓剝頭。

二十四吊烤鹿脯石塔鹿脯 塔治法與烤鹿脯相近。石
　序後再在石塔犬上烤燒香焦紅嫩可口。

二十五吊烤鹿尾 治淨滾水焯透置容器內加醬油
　骨切小條置火上燒，鹿尾條小火燜少許，調味精再移大
　鹽滷後放勻鹿尾雞湯滾熱加葱薑花椒紹酒醬油鷄湯
　工序後放烤爐上燒，烤猪油抹油與醬油吊烤紅醬色出
　火澱粉勻芡淋熟油即成

二十六 吊烤岩羊尾。鹿尾同吊烤爐。

二十七 烧猩唇犴大犴鼻烧驼鹿嘴。與熊掌燕窩齊名，烹製經過泡發去毛脫骨，初加工工序後再深製之製法甚繁。

二十八 烧驼鹿脯烧犴脯。

二十九 烤野猪肉。同野猪宰後扒皮，骨肉同烧烤法。

三十 烤熊頭。於者老長壽食腦，首食其腦膾。尤補傷其滋補力。不可大火。喜煴火。

三十一 烧烤羊腿羊尾。括牛驢之屬。同野猪法。包

満洲麵食燒烤示多

三十二 燒烤山狸山兔刺猬。

三十三 火煉倭瓜雞。選用新摘甜麵倭瓜。除籽瓤。内装宰殺除毛及内臟之野雞小野鴨。火鍛烤。

三十四 吊烤山雉。

三十五 石燜山雞脯。

三十六 石管燒山雞卵。金球。

三十七 吊烤樹雞飛龍。

三十八 石燜飛龍脯。

三十九 吊燒天禽腿。諸禽皆匯用。清宮芝蔴火煉飼鶉腿。

德建公遺訓。

四十　燒烤猪頭。
四十一　燒烤熊頭。
四十二　燒烤鹿頭犴頭。
四十三　燒烤羊頭牛頭之屬。牛魚、鯉魚頭、駝頭亦屬之

諸燒烤中可加山菓山花山藥材自如調之自求其味。

燒烤秘訓守其型存其性葆其鮮揚其味柞柳代鈎石泥造爐活水熨炙燒食並作仔羔為饈金紅為色不膩為度不柴為上香韻溢野肉可代糧人不肥

滿洲土菜索隱錄

脂。抗疾增肌。千古相沿也。
北人為求烤工。專養烤師。清望族巨戶皆有拾數
烤師色夫。競相比藝。王室貴冑烤師若雲。不謂奇罕。
滿人八旗稱烤師曰托牙里瞇夫。

北菜大款入宴前
之必上壓款

燒烤分支曬肉

曬肉又稱晾肉肉乾米乾肉條北人便於倉儲攜帶閒時當作解悶嚼品其料多用鹿野猪野禽家畜家禽蛇魚類等等其中羊牛駝鹿狍肉居多曬肉皆採鮮肉或宰殺時間不長或吃剩之肉作常備之用亦為佳餚之一種肉乾有用火煴焙者但多為將肉切成勻稱之長條長塊在屋外晾曬於背陰有風處防蟲防雨不要曝日以防乾硬直曬至可儲藏為

止吃時洗淨火烤食之此外亦可將肉條用各種佐料醃漬一定時候曬乾蘸蘇鹽芝蔴糖類辣椒麵放爐上烤吃北菜中有鹿乾狍乾魚乾飛龍乾熊肉乾蛇肉乾等可充饑又是一種北方乾果一種菜餚燒烤備誌北菜燒烤蒸燉互補常先燒烤後蒸燉求餚饌之熟爛也庖時謹記

北餚尚烤藝奇難　馭識爐溫心寸間
蒸燉獨韻驚漢筵　技拙平平慨妄然

蒸指籠蒸凡蒸物必為鮮品不可用陳硬老物則索然乏味矣蒸者求之真味蒸最可保鮮保純正原鍋沸後以醬油酒薑蒜椒鹽味精等勻擦腌漬半日入鍋蒸之唰釈切而食之味甚鮮美。

清蒸類

蒸為北菜又一奇工蒸傳於金代。北人佃獵常食肥膩。而燒烤味濃重香凝飽饑增力。據傳遼天祚頭鵝宴強令女真戶戶獻清水鵝工精則減役工拙而入牢圄。女真人苦冬蒸術使肥肉祗保其鮮味淡泊純正而不厚重色白淨若奶乳而不濁入口則化小嚼即滑入胃焉故蒸菜除禽魚小者整體清蒸碩大之牲軀則庖割擇腰窩等精嫩少脂肉入籠以熱氣

滿洲土菜素烹錄

釜多采自李朝
覽分三至七印

煨之使之軟爛至極而熊掌猩唇豻鼻鰭唇龜肉等多經治淨後一蒸二蒸三蒸方上宴席宜年邁脂高者秋夏賞享也。

蒸器近世習漢風用籠屜康熙朝征雅克薩旗軍沿用金清俗用之窰蒸地窰型下有火道火口上有泥坯石板架成之大蒸釜火皴爌燒石板條熱煙上昇入木網中蒸餚饌其熱力遠較屜強烈且可多蒸。以足將卒餐用清乾隆朝以後改用封釜式蒸鍋可使味入菜餚清蒸尤奏清香之效、北菜清蒸製法工細。加松籽。榆錢黃瓜香草等淡雅調味品。以別於漢菜清蒸守乳湯白淡不入醬色。

三十七蒸

一　清蒸熊掌。清蒸諸屬之。治滌。調製參用燒烤諸工序。清蒸熊掌亦屬滿洲北菜其治法先庖製扒熊掌再用去骨肉加佐料上籠蒸爛

二　清蒸犴鼻猩唇。參見燒烤犴鼻猩唇

三　清蒸野鴨子。山雉同

四　清蒸魚。細鱗。鱸魚。鯉魚。狗魚。草根。哲羅。槐子頭

五清蒸甲魚。

六清蒸駝峰。選去毛去骨駝峰肉。清水浸泡。勤換水。蔥薑精鹽。雞湯煨至八成再入鍋燜煮。取出再爆鍋。加上籠薑燜。可加冬菇等取出。

七清蒸胎豬。不開膛置容器中未降生之幼豬崽。洗淨上籠蒸爛再放蟹醬。中蘸醬油香油味精辣椒油食之。

八清蒸仔鹿脯。同前庖法。

九清蒸鰉魚鼻。

十清蒸蛤什螞。

十一清蒸蛇肉丁。

滿case中皆稱又久素
如北菜中有稻芸
葷清蒸棠素棠
棠滿語陽莖也

十二 清蒸人參飛龍脯。鴿鵪之屬。
十三 清蒸牛肉。
十四 清蒸山雉。家雞、雛鵝
十五 清蒸黃花抱河蚌
十六 清蒸鯰魚尾。
十七 清蒸達發哈。魚籽之屬。
十八 清蒸牛鞭。味洗淨鞭治淨後再用蔥椒鹽酒密器煩食。可製鞭膳。治淨至要除皮筋泔水泡一二日驅
十九 清蒸鹿鞭。法同牛鞭即鹿陽庖

二十清蒸狗鞭。法即同牛鞭廚，同狗陽。

二十一清蒸溫格勒。佐料清蒸蒸好，去蒸物上佐料紫河車。務要泔水浸泡淨加諸食用

二十二清蒸羊肉。加佐料，雞湯蒸爛。廚用佐料參見選用鮮嫩肥羊切大塊椒鹽擦遍。

二十三清蒸猴頭蘑。燒烤

二十四清蒸出梨核桃汁。汁蒸用糖與玫瑰等。榔柿汁托鹽汁榲梨

二十五清蒸仔鹿脯。水泡一二日治淨，調醬味好。然後清蒸小狍達狍小駁鹿蒸之屬米泔

二十六 清蒸鹿尾。治淨躉去爲度參見燒烤蒸煎

二十七 清蒸大海蝦。海蟹之屬滿洲人自古食法不加諸多佐料鹽醬油保其鮮嫩

二十八 清蒸鰉魚籽。同庖法

二十九 清蒸達瑪哈魚籽。同前

三十 清蒸龜蛋。在調料湯汁貴同前

三十一 清蒸鵪鶉蛋。又名滿清蒸白球

三十二 清蒸鵓鴿雞荷包蛋。天星

三十三 清蒸鯽魚。家鯽魚俗名吉祥如意功可催乳病後滋補如蔘杞湯汁最佳

三十四 清蒸百蹼。或鵝鴨鶴治淨其掌蹼蒸食之野禽之屬不分家養

三十五 清蒸蹄肉。駝牛鹿岩羊山驢豬皆可庖治蒸加調料蒸爛。之庖法治淨調料火煮熟去骨再細膩可口。

三十六 清蒸海魚肚。鯨等海中巨魚之臁治淨切割庖治後蒸食為一大良餚

三十七 清蒸海參。向海參歲蘇昌溝之王參為北菜傳統餚料

燉饌類

時人單知北烤之妙,鮮聞北燉之奇,各地皆有燉饌,其法互有異同,而北菜之燉法較之獨特融諸法於燉饌之中。不落俗血北菜燒烤為主法,形成粗獷奔放幽古之風采,而燉法則是北菜內功技法之融匯技不高則燉不精,故俗有厨者能做烤工難擔燉工之嘆。先考德連公每訓庖工必教之先習燒烤再諳授燉法,究其因蓋因滿洲生息漠北,精騎射善獵

滿洲北菜素烹錄

捕自古燒烤架火燔食易也，常也。燒烤後食物焦乾質硬難之食物爛熟而不失原味者實難為也。故滿洲遼金以來甚興燉工，北人古籍中有濡肉之說，即食罐釜煮燉之法也。古昔亦常用三足鐵鼎，鼎鼎肉煮畜頭禽頭等。清季滿洲戶戶祭祖煮燉阿瑪孫牙里祭肉民間燉法如煮肉在族眾席前片肉薄若明紙北菜集民間食法燉技精深，北菜中之煮系指用清水煮牲禽鮮肉，製法簡單，以熟爛為目的，燉系指將

北人手把肉皆出自煮工。
煮肉為庖工中之工序，或稱初庖。滿洲煮肉則為終序，煮後切割而食之，有先燒烤之工，再經水燉。

治淨和加工好的牲畜鮮肉塊或半熟的肉塊。加入某些配料裝入一定之容器中用熱火燉熟爛往昔燉物容器用燒陶鍋後漸用銅器鐵器清初亦習用高麗產之雙耳鐵鍋。磁器漸與之後漸用各種彩釉的磁盆磁鉢磁罐磁缸等皆精美藝術品餐飲同欣賞兼優贏得古人鍾愛。

滿洲北菜燉煮百物燉法有五

一曰清燉又稱水燉。水燉。井泉、江、河、湖。熱百物。如白燉雞。白燉鴨。白燉牛肉。白燉羊肉等等。蘸各種香料醬料調料

駝鹿肉在祭中亦白煮蘸佐料而食。

薩克達希勤即老湯放窨中安存年愈久愈珍稀北菜有希勤害各罐中專儲各類高汁。

而食。

二曰拌燉又稱合燉，奶入鍋開吃，白肉威宴，源出祭禮，蘇油此多加入清水用牛馬鹿羊菜餚不同。此外加入人蔘菜餚，根醬，菓類外又尤據蜂蜜不同花瓣芝蘇榆錢蘇子松樹枸杞籽黃酒白酒做類等同而用不同菜餚自如香氣味調配法調燉餚除視火候保持原汁技藝外尤善施調香抑邪性存儲之術此法陳性功。

三曰湯燉又稱羹湯入水燉，即先要烹調存儲好龜蛇等各種湯汁，依菜餚不同配汁多在庵製大肉類燉，不用清水用薩克達希勤燉之。此法牛雞鴨飛龍哈什螞雜味分別不同

四曰菓花燉又稱北料燉，同菜餚加入青蒿條，香梨囊之各種花瓣蟹粟花等山芝蘇枝香椈木條以及饟乾之各種花瓣蟹粟花椒枝等山

五曰蜜燉。北菜有甜餚。南菜掛漿。北菜蜜燉燉後可長期乾藏為遼金名餚蜜脯乳脯。蜜炙臘肉。糖鵝鶉糖仔薰等。即此法也。

總言之。北菜能燉煮天下之生熟百味萬餚歸宗。均不脫上述五法也。

北菜重燉餚器皿燉器種類繁多。罎分瓦罎陶罎磁罎大小不一。鍋分大中小及碗型各式銅鐵鍋缸分大甑中甑小甑燉餚有廚師燉者。亦有廚師初燉。再搬入筵宴賓客邊燉邊填菜餚邊食者。燉法多為

以楊肉香

滿州北菜索隱錄

二三

先在容器中加配方料多適量湯汁。然後放入主料物要經過一段時間開封蓋嚴罈口密封一段時間。使料味通散主料冬夏四季皆可製用罈內主料生熟切割型體不一依菜餚而定食用時取出火燉燉時又分原體燉即將罈內主料不用切割經火燉一柱香一時辰一日二日三日或更多一些時辰取出食用又可細體燉即將料物用蒲黃草香茅草馬蘭草白茅草經水泡柔軟有靭性後纏緊主料入容器再施火燉。

昔時尚有囊燉之術傳與於遼金之世清初旗人北征中亦有囊燉之舉其法古久將治好的禽獸肉和各種山菜用皮革包裹燉之皮革多選用牛皮老駝皮老熊皮老野豬皮除毛曬乾割取一方再放温水中浸泡縫製為囊狀包裹料物貯藏有汁亦不能外溢兩頭繁繋越繋越佳呈皮囊型吃時任選其一破囊食之。

有柞木。

放鍋中燉熟爛食之亦有用香梨木白樺木櫟木黃菠蘿木製成長方型木槽加密封木蓋亦有呈筒狀者亦加蓋内装主料放一大鍋中火燉食者圍宴現

北菜燉者重於湯汁調入蔥段薑片花椒大料精鹽醬油料酒味精醋加肥猪肉片小火大火慢火燉之出鍋前可加入香菜香油等食之

燉雞鵝鴨若整燉入鍋前在其腹中放入調料布包一個使味入肉中尤為善美

滿洲地菜索宴錄

煮現食踏歌暢飲頗有情緻。

白芍人參雞。百合根芍藥花人參。

江水燉蒿魚。鯉魚草根棹條。句辛諸魚之屬。

清燉鮮江魚。鯰魚紅尾巴無鱗魚亦為上品。

清燉鯉魚。白水鯉魚。

燉牛肉。肉拌燉牛肉。

燉羊肉。酒包括蜜燉羊肉、岩羊料燉羊肉之屬。

清燉雞。白野雞家雞料燉雞之屬。

枸杞豌豆黃金肉。猪鹿駝等皆可。先燒烤後入湯燉。

燉駝肉。熊參剝猬山獾大山鼠之屬皆可拌燉科燉湯燉蜜燉肉乾。
清燉鵝。
清燉鴨。
燉雞蘑。
海參燴鹿尾。
白蘑燴肥雞。
鏟燴關東雞塊。亦名四塊民。
群神大聚會。諸禽之心腰腿肉滙燉。
燉三雞。又名三吉賜福三雞。樹雞野雞沙雞。

清燉野猪肉。
清燉狗肉。
蔘杞燉龜肉。
北芪燉鹿肉。
鼈甲燉鷓鴣。
清燉三鞭　治鹿、狂牛之陽器。
○　治淨大補佳餚。
要旨　北人佳餚首求治淨因物而異毛爪類除之筋骨類別之輭之精於水泡水煮水沸。使之輭爛北人古代祗重粗飪。多用於火煨火烤火燒再以水洗刮製。然後入於爐方用蒸煮而食之，滿菜燒烤蒸燉諸法尤重求其味。求味必諳熟調味之法。先熟菜性肉性花菓眾蘑魚禽百獸各尊其味，餚有剔揚驅淨之工。方有純正甘美之餚，故務須制控有度。然後諳掌火候再調百味若蔥薑椒料醬酒辣糖。因性適用調味亦有君臣佐使之義。貴在精熟生神，後再以雞湯熟油香油澱粉爭艷生光，神餚傳世矣。

北菜鮮生重在調料因人而定近世調料名目日增尤增食慾鮮生類可通當拌入野菜尤佳迅反帶熱氣食之

鮮生類

生食俗北人故習歷史悠久各地流傳許多獨特鮮美之生食做法和吃法為北菜一絕昕謂生食將獸類新開膛後在其血未凝體溫未減之際便要取狍鹿兔熊虎豹猪野猪獐犴之鮮肝鮮心鮮腰鮮脾運田甚至鮮血鮮腦鮮膽生吃或加酒和菜等生拌食獸肚洗淨鮮生吃拌調料亦甚香美禽類開膛後取其胸脯肉切碎加酒醋調料亦為名貴菜餚江河

湖海中之鮮魚活扒皮用刀從脊背切入脫骨出膛洗淨剁下頭尾取其中段片切薄肉絲醋酒泡一段時辰拌野菜食用牲血可食用可與酒中飲用尤佳。

其北菜名餚有。

生啖鳥心。

生拌鮮肝。之獸類屬

生拌狍肚。切成絲主要調料芥末麵鹽蔥薑油香椒油醋酒香菜柳蒿芽剌老芽等野菜通常拌入辛辣鹹香滑美脆嫩

拌仔胎。猪鹿岩羊均可酒泡熊心虎豹野

雞鴨心亦佳哉

冬日生魚片冷菜。

鮮肉絲要經酒醋漬後食用。熏養肉尤佳。

龜血酒。蛇血酒、鹿血酒、鹿心血酒、熊血酒、鷹血酒、天鵝血酒。

生拌魚。

粉皮黃瓜生魚絲。

醋漬嫩肉。野牲或野禽之里脊胸脯肉切碎之生魚端上，食客執

割魚宴食。刀，蘸佐料拌酒而食，隨吃隨上。

涼拌鮮肉絲。

涼拌鮮肝。

涼拌生肚絲。

生啖狍肝。

生啖狍腰子。
生啖狍心。
生拌鹿心。
生拌刺老芽鹿心肝。

櫥柿與安嶺一種野生植物矮秧喜生長在陽光充足土質潤沃的荒野麥熟七月時櫥柿成熟果實為紫紅色手指肚大小甜酸爽口的小漿果食多可醉。

汁飲類

北人汁飲，分冬春冰飲秋夏涼飲更分酒菓飲釀技自成一局均入北菜筵宴釀造類與圖式釀具器皿釀具等另誌。

十一飲

北菜所配飲料和菓汁藥飲依爾哈

一、花水木克。
二、櫥柿飲。
三、花紅飲。

四 山梨飲。
五 草菓飲。草莓飲
六 雅格達飲。
七 枸杞飲。
八 紅燈籠飲。菇蘘飲
九 葡萄飲。
十 野菊山貝飲。
十一 蔘鞭紅燈飲。人蔘鹿鞭。菇蘘糖製。

荷籽葡乾黃酒飲。
百合黃花飲。
桔梗鳶尾蓮飲。
百卉龜血飲。
蔘松龜血飲。

上述諸飲為北菜餐飲中之常見者。北人重宴飲。

往昔北民村寨常自釀餐飲夏為花水甜香適口。常以待客為飯間一絕冬則為冰飲若凌冰若虹雪若梨汁菊汁冰坨亦有製成人獸禽花卉之形風趣橫生花水之料採於北方夏秋以薩哈連黑龍江沿岸松花江沿岸嫩江腦溫江沿岸虎爾哈牡丹江沿岸之野花野菓野藥為主要取材之源。北菓酸甜炙口。清心養脾明目健神北地寒苦日照少花菓旺期甚短。多集中在陽曆七月至九月間且不宜久存易霉爛。數千年來北民創造了巧製飲料冰飲等特技。秋

依爾哈奴勒用野花釀造的米酒。

冰藏。包括雪藏。

採冬藏北方多菓窖。冬季降臨村寨自製花水。冰飲可一直飲用到次年舊曆正二月間。望戶之家又有深藏之窖。深窖冬暖夏涼。飲汁有在罐筒中深儲五七載者。久而甘醇香氣撲鼻。常飲可醉。俗稱醉冰花酒。滿語稱木克奴勒。朱克奴勒庖製獨特。搾汁。磨汁。窨汁。熬汁。天藏。日藏。月藏。地藏。冰藏。石藏。樹藏。一一不等。風味別具。冬則斫塑冰飲。其韻猶存。

乾果類

北宴乾果菜。按宴規模分二、四、六、八碟。冬季可上凍乾果。夏秋伴上冷藏冰果。

糖纏榛子仁。可用糖類皆系北方盛產之甜菜。俗名甜疙疸。秋後熬製糖稀。此外糖纏也用北方之椴蜜等炮製餞菓類食品亦可。

糖纏杏仁。

糖纏核桃仁。

糖纏松籽仁。

蜜榛仁 興安嶺榛樹蜜色白蘭如奶有油脂明亮烤諸菜亦頗具特色 砂營養豐富甚有名氣用蜂蜜另製烤

蜜核桃仁。
蜜杏仁。
葡萄乾。
枸奶乾。
梨乾。
山裡紅乾。
蜜倭瓜乾。

乾果以蜜糖鹽類泡後乾燥而成亦有加茴香等使之增味

滿洲地菜索隱錄

草苺乾。
黑星星乾。
櫻桃乾。
蜜泡黃花乾。
花紅乾。
三仁酥 瓜籽仁、榛仁、核桃仁、糖
榛仁蜜餞
蜜菇娘
凍托盤 草苺、凍

北方喜凍果、如以冬日放窗中成為凍果、食之清爽提神、猶存鮮菜之原味。

凍菇䓴
蜜草莓
芝蔴榛仁酥糖
蜜泡百合根
乾炒蓮子
糖纏蓮子
蜜泡菱角
糖纏菱角粉
蜜花紅

糕類主要為菓
汁凝生成糕研汁
過濾沉澱加糖
適當澱粉用火
熬製而成

蜜甜瓜片。
五香倭瓜子。
向日葵子。
油炸榛子仁。
糖泡榧柿。
榧柿糕。
百合糕。
榛仁糕。
山楂糕。

草莓糕。
瓜子糕。
燈籠菓糕。
黏米奶糕。
松籽糕。
蘇子糕。
菱角糕。
核桃蜜餞糕。
薩其瑪糕。

滿洲事業彙鑑

棗糕。
山裡紅糕。

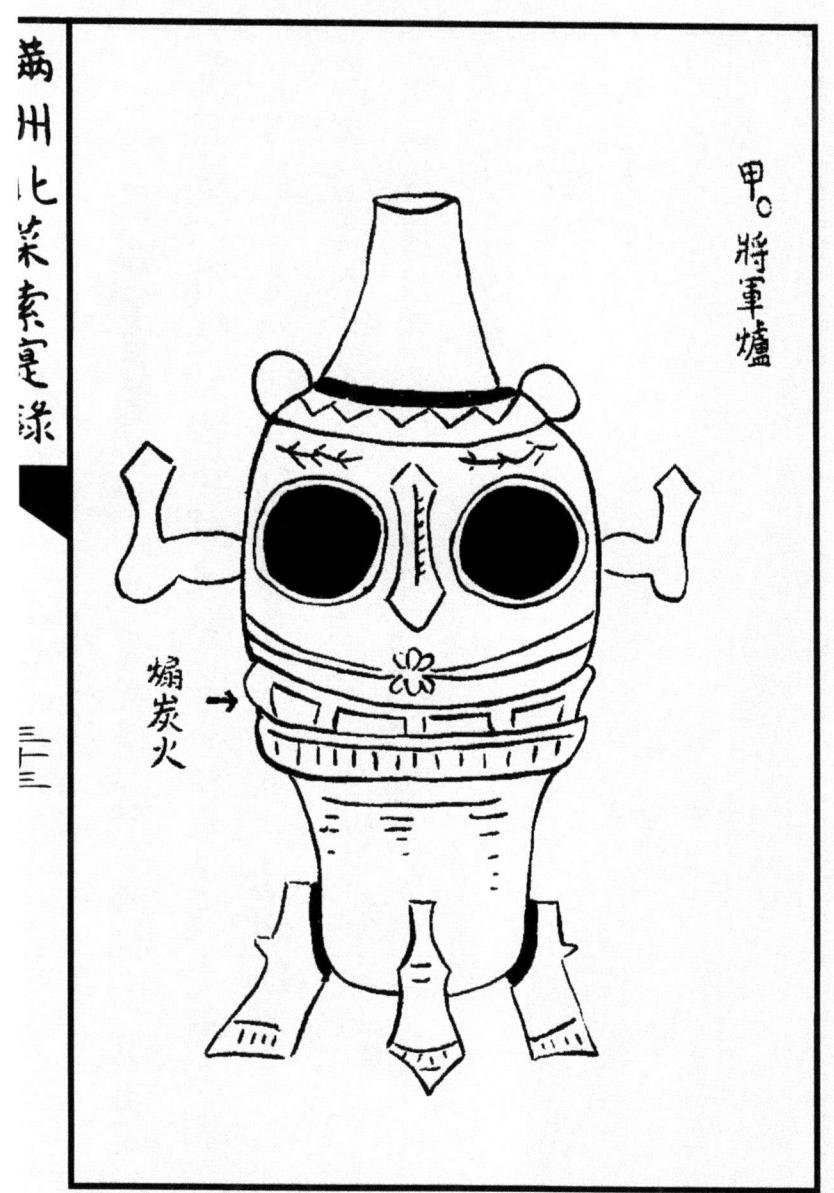

將軍爐。下裝炭火。上座磨盤式磁爐。有四柄。四孔。上有罩。有蓋。內有懸鈎掛調好之餚。容從四孔中取物蘸調料食用。邊吃邊加烤。可在行軍車船帳筵中使用。小者兩人略大些四人。竟有八人十人者不等。清代八旗行旅中常隨征攜帶。後用於滿洲宴餚。新穎方便。自然有清大筵中常用爐式樣雕鏤精美。

除此尚有十字桿式爐。網式爐。橋式爐。鼎式爐。環式爐。尤多者瓷爐。大小不一。因物而別。

乙．滿洲座式烤爐

滿洲座式烤爐小者禽獸肉類，大者獸頭獸腿肋等，上掀蓋，四週封閉。

蓋可掀入料，填料取料。

爐室，熱牆石板，熱床石板。

正面

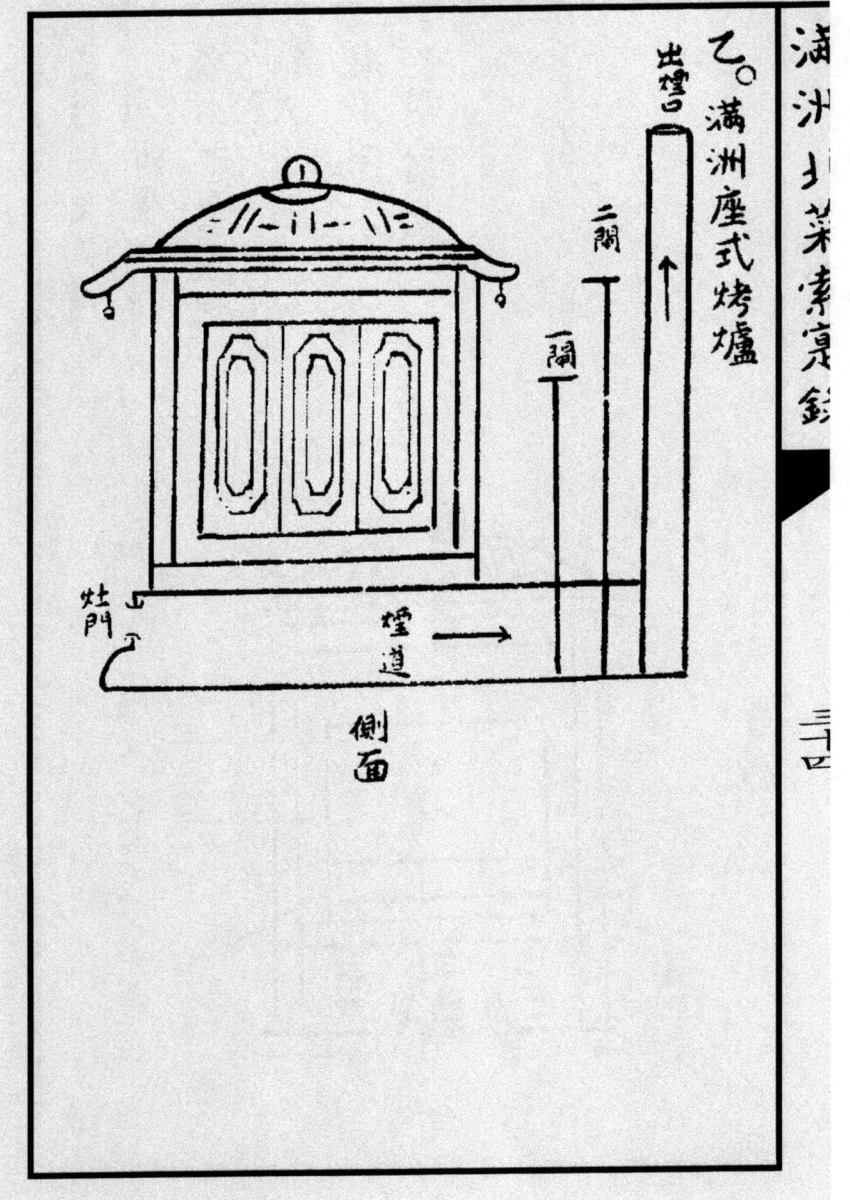

丙。女真窯爐

女真窯爐可多容烤物雅克薩戰時八旗軍進軍路中常設此爐下為土石築建上為石瓦或鐵板製蓋中間土坯或石板隔火。

丁。滿洲石板瓦板烤爐

滿洲石板瓦板烤爐可築在室外或在帳中衆圍烤板餐宴烤板有圓型長方型鵝卵型不等大小亦非均等。

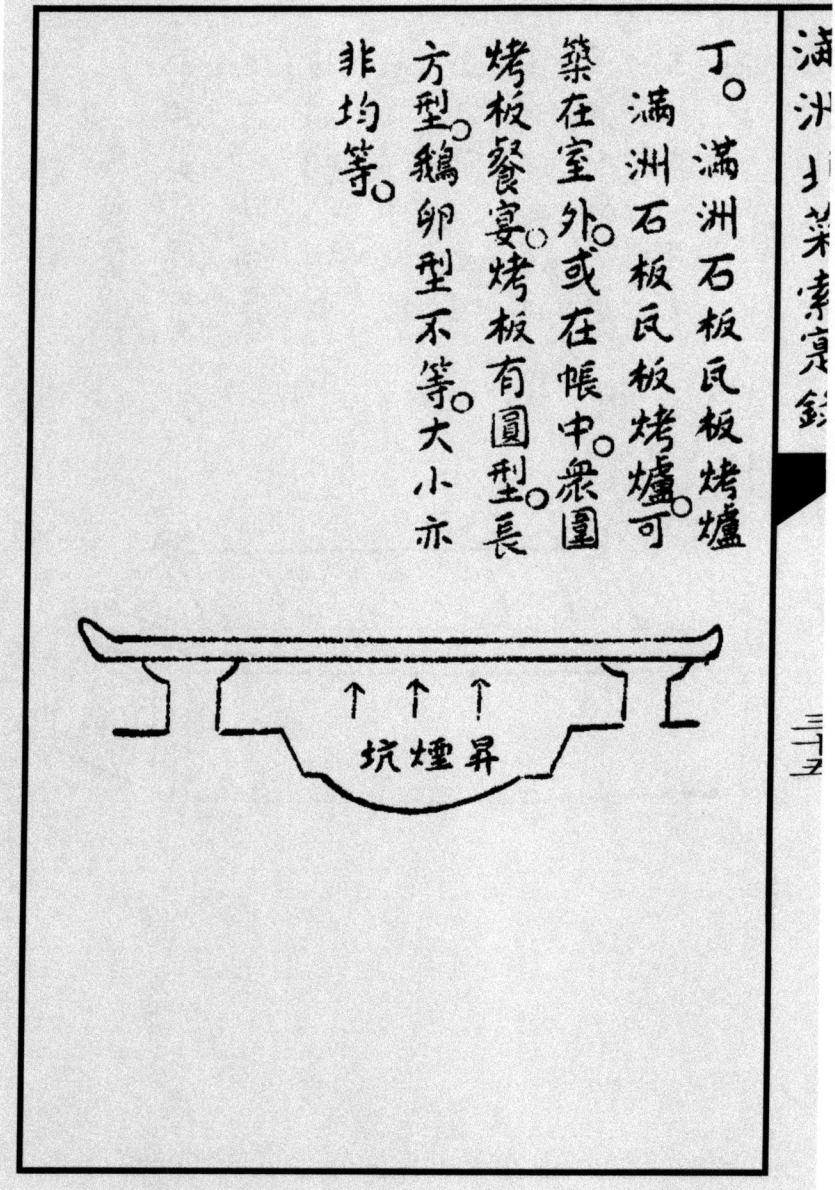

昇煙坑

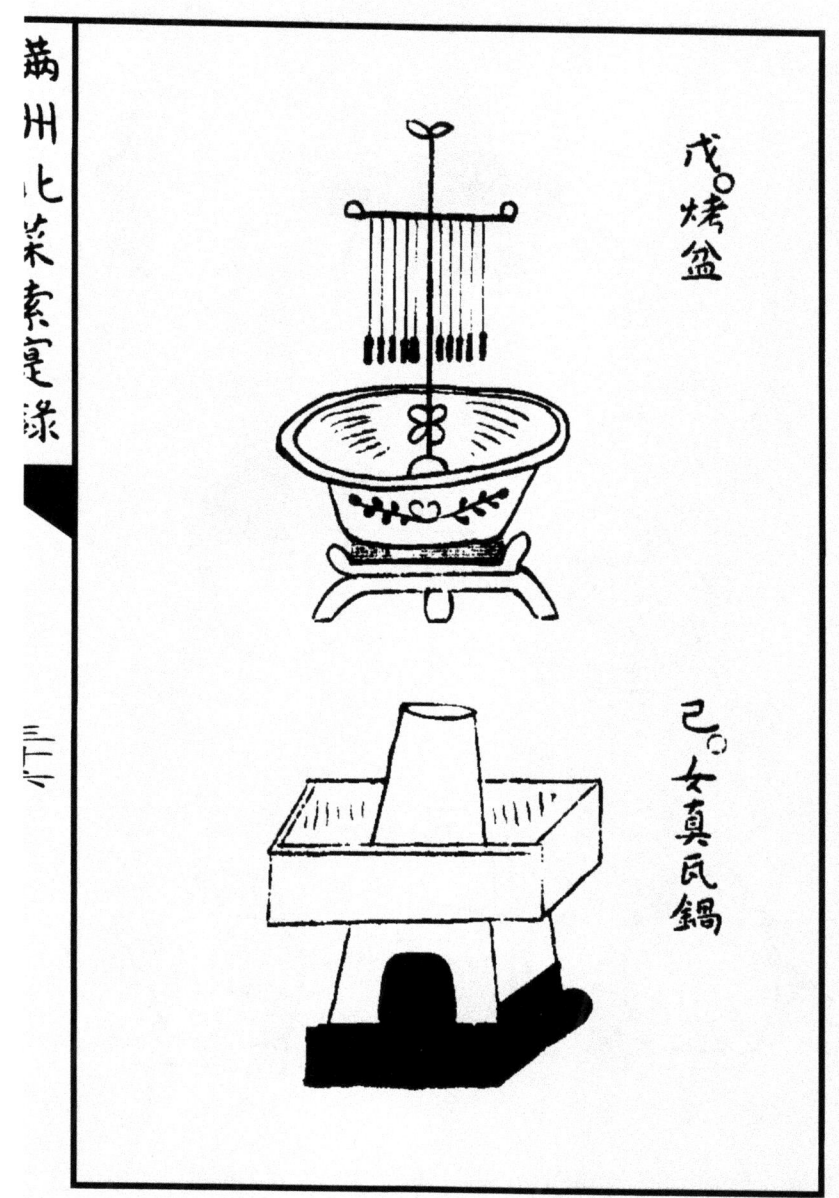

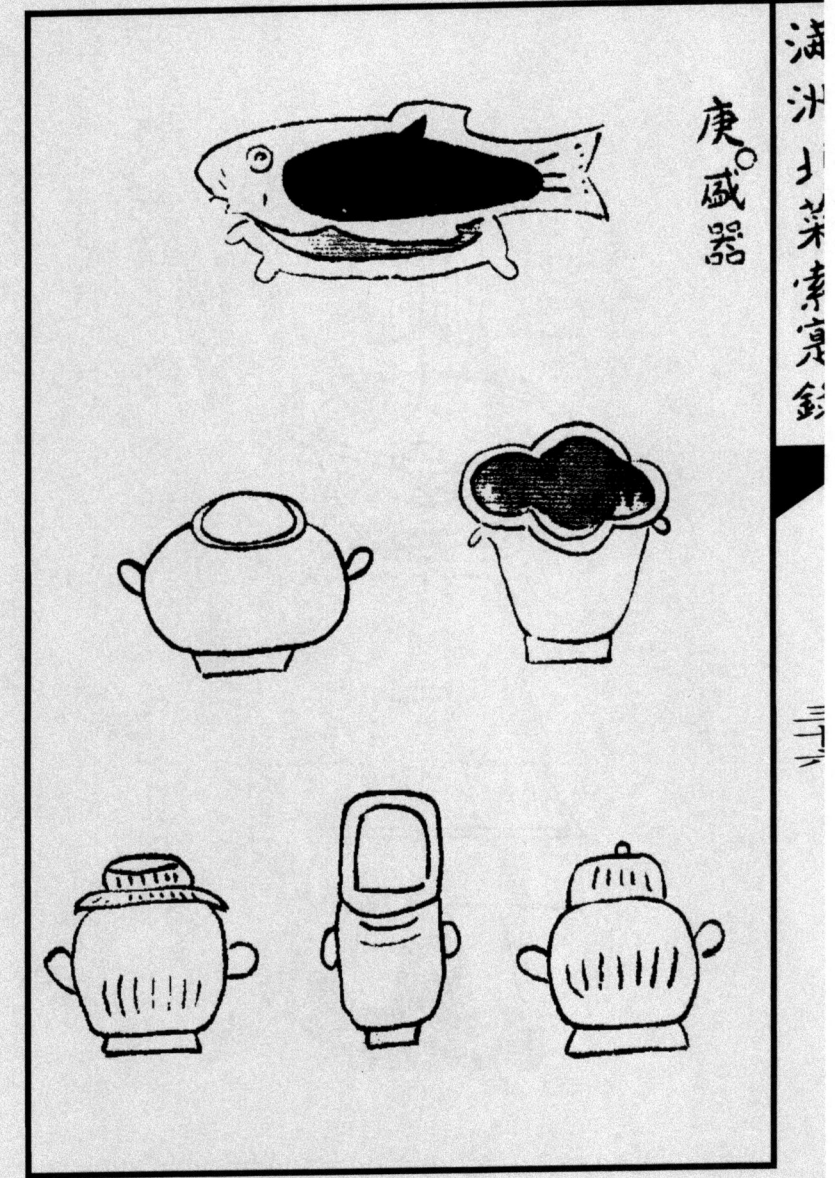

跋

諺云。大智成藝藝則天下興。祖尚燴藝時傳百載。皆漠北生民之古風惜乎北菜諸饈庖法原有所宗。詳條均於戊子散佚無可追覓先翁臨終猶嗟嘆耳。病榻咏述囑余聆記之既緬懷先輩之業又供後世研攷之鑑焉近恭讀吳正格先生清宮及滿族菜點集粹對滿席頗有貢獻甚為欽敬誠謝丁亥辰瑞仰賴王公鴻濤大師耆宿高壽慨然鍾允德行光照神毫重脩實闔族之幸也。後輩銘之。

丁亥捌月吉旦

　　　　育光頓首

丁亥八月中澣

　　　　鴻濤敬書

滿洲餚饌索寔錄終

附录

瑷珲富察氏托雍额宗支谱系

一世——托雍额

二世——发度

三世——果拉查

四世——嘎哈

五世——嘎泰

六世——达期哈

七世——吗奇泰

八世——岳力

九世——西林保

十世——吉屯保（御赐名讳发福凌阿）

十一世——伊朗阿

十二世——德连

十三世——希陆

十四世——育光（谱书名万仁）、世光（万义）、亚光（万礼）

图书在版编目（CIP）数据

瑷珲十里长江俗记/富察希陆·伯严撰；富育光，富艳华整理. -- 北京：学苑出版社，2018.3
　ISBN 978-7-5077-5438-4

Ⅰ.①瑷…　Ⅱ.①富…②富…③富…　Ⅲ.①满族—家族—史料—中国　Ⅳ.①K282.1②K820.9

中国版本图书馆CIP数据核字（2018）第052402号

出 版 人：孟　白
责任编辑：洪文雄　杨　雷
编　　辑：陈柯宇
印制总监：张　翔
出版发行：学苑出版社
社　　址：北京市丰台区南方庄2号院1号楼
邮政编码：100079
网　　址：www.book001.com
电子信箱：xueyuanpress@163.com
联系电话：010-67601101（销售部）、010-67603091（总编室）
印 刷 厂：北京京华虎彩印刷有限公司
开本尺寸：787×1092　1/16
印　　张：19.25
字　　数：260千字
版　　次：2018年3月第1版
印　　次：2018年3月第1次印刷
定　　价：148.00元